# カロリング帝国とキリスト教会

オイゲン・エーヴィヒ
Eugen Ewig
瀬原義生 訳
Sehara Yoshio

文理閣

カロリング帝国とキリスト教会　目次

## 第一部　ローマ教皇の東ローマ皇帝権からの離脱とそのフランクへの接近



## 第二部　カール大帝と教会



## 第三部　カロリング時代の絶頂とその下降の始まり（八一四―八四〇）

# 第一部　ローマ教皇の東ローマ皇帝権からの離脱とそのフランクへの接近

# 第一章　八世紀初頭のキリスト教世界

七世紀から八世紀にかけてのキリスト教世界には、暗雲が垂れ込めていた。アングロ・サクソン族のキリスト教民族への加入も、当時の人々にとっては、重要視されなかった。何故なら、二つの古くからのキリスト教属州、すなわち、アフリカとスペインが、アラブ人の襲来のまえに葬り去られ、消えていったからである。ラテン・アフリカの偉大な時代は、崩壊が目立つようになったときには、すでに過ぎ去っていた。六世紀にユスティニアヌス帝がアフリカを帝国に取り戻したときには、それはひどく零落した属州に過ぎなくなっていた。しかし、この地は、東ローマの支配下で、いくらか繁栄を取り戻した。アフリカの教会は、三章論争(1)およびキリスト単意説論争(2)において、なお重要な発言をしたし、ベルベル人に対して大きな伝道成果をあげた。さしあたってトリポリで停滞していたアラブ人の拡張が、再び開始したのは六六九年のことである。アラブ人は、属州ビザセネを占領し、そこに将来北アフリカのイスラム首府となるはずのカイルアンを建設した。六九八年、カルタゴが陥落した。キリスト教ベルベル人、およびアフリカ西方にある帝国最後の砦の抵抗も、八世紀初頭、打ち破られた。アフリカは、キリスト教文化圏から切り離されることになった。なお残った少数のキリスト教徒も、次第に減っていき、歴史的意義を失ってしまった。

西ゴート王国は、七世紀のローマ・ゲルマン文化の中では、指導的地位をもっていた。しかし、その内部対立から、ベルベル人ターリク(3)は、ヴィティザ家(4)出身のゴート王位請求者と同盟して、容易にスペインに渡ることができた。七一一年七月十九日、グァダレーテ（ヘレス・デ・ラ・フロンテーラ）の戦い(5)で、最後の西ゴート王ロデリックは王冠と生命とを失ってしまった。この土地の征服は、アラブ代官ムーサ[6]の仕事となった。アラブ人が、西ゴート王領ガリア属州セプティマニア[7]を占領している間に、国王ロデリックの剣持ちペラーヨ[8]は、スペイン北部のアストゥリアスでキリスト教徒の抵抗を組織した。七二二年コヴァドンガ[9]でのペラーヨの勝利は、小国家アストゥリアスの存立を確保したが、それは九世紀後半になってようやく重要性をえることになる。代官がコルドバに本拠を構えたイスラム・スペインでは、キリスト教会はなお存続したが、しかし、それは次第に自由なキリスト教世界との接触を失っていった。

その間にも、カリフの主力はボスフォラスの帝国首都に向けられた。六九五年以来帝位をめぐる紛争によって動揺していた帝国は、容易に餌食になるようにおもわれた。コンスタンティノープルが陥落すれば、普通に考えて、中部・東部ヨーロッパの未開世界は、イスラムに向かって開かれることになり、それによって、またラテン・キリスト教世界も死命を制せられることになろう。まる一年――七一七年八月十五日から七一八年八月十五日まで――アラブ人は、帝国首都の城壁を包囲攻撃した。大方の予想に反して、コンスタンティノープルは持ちこたえた。その防御者、皇帝レオ三世はキリスト教世界の防衛者となった。十四年後に、カール・マルテルもまた、ポワティエの勝利（七三二）によって、西方からするアラブ人の拡張を阻止した。自由キリスト教世界は、アフリカとスペインを失ったが、しかし、アラブ世界の大攻勢を防ぎ、イスラムに対して中・東部ヨーロッパを守った。地中海領域の属州の喪失は、ヨーロッパ内の伝道によって相殺された。キリスト教世界の重点は、「西ヨーロッパ内へ」と移行し始めるのである。

この変化は、ローマが、ボスフォラスに重点を移し、ギリシア化するにいたった古い帝権から分離することを前提としていた。しかし、そのような分離は、同時代人にとっては、ほとんど理解できない考え方であった。何故なら、帝権はただに政治的現実であったばかりでなく、精神的現実であり、そこにおいては、教皇は皇帝よりは遥かにささやかな存在にすぎなかったからである。皇帝については、四八二年のヘノティコン(10)以来、たえず紛争が起こっていた。この紛争は、まずもって宗教、教会に関わる種類のものであったが、そこにおいてはまた、イタリアとギリシアの対立がいつも明白に現れていた。教皇は、もちろんイタリア側の代弁者であったが、しかし、同時に、宗教・教会の中の一グループの発言者にとどまった。帝国はまだ教会を一体のものと見做していたからである。だから、六八一年の教会内平和の回復とともに、ギリシア・オリエントの勢力がローマで最高頂にたっしたのも別に驚くべきことではない。六七八―七五二年間の十三人の教皇のうち、十一人がシチリア、ギリシア、あるいはシリア人であった。オリエントの影響下で、ローマに、十字架奉賛祭や四大マリア奉祝祭（お潔め、受胎告知、昇天、誕生）が導入されたが、その最初の記録は教皇セルギウス一世（六八七―七〇一）のときである。一般的には六、七世紀の設立といわれ、そして、西ヨーロッパでは教皇ベネディクト二世（六八四―六八五）のとき初めて現れる助祭修道院 Monasteria diaconae は、主としてギリシア的オリエント的特徴をもった儀式を保持している。この修道院は、大多数、ローマ皇帝の故宮〔パラティウム〕のぐるりに集まっていたが、この故宮はビザンツから派遣されてきた総督のローマでの居館となっていた。ギリシア人居留地の中心は、サンタ・マリア・イン・コスメディン教会傍らのフォールム・ボアリウム Forum Boarium であった。そのほかのギリシア人地区は、サンタ・マリア・アンティクァ（グラエコスタディウム）や、サンタ・セルギウス・エト・バックス（グラエコスタティス）に付属する下町 Suburra にあった。ギリシア人の教会や修道院は、カピトル丘（サンタ・マリア・デ・アラ・コエリ教会）、パラティン丘（サンタ・カエザリウス教会）、アヴェンティ（サンタ・サバ教会）、コエリウス丘（サンタ・エラスムス教会）、エスクィリーニ丘（サンタ・ルチア・レナーティ教会）にあった。教皇ヨハネス七世（七〇五―七〇七）は、サンタ・マリア・アンティクァに司教座教会を建てさせ、彼の後継者たちは、教皇ザカリアスがラテラン宮を修復するまで、そこに所在していたようである。

「助祭修道院」の長は、教皇直属助祭のグループには属していなかったが、教皇の助言者としては一定の役割を演じた。グレゴリウス大教皇まで教皇顧問団を形成した七人の地区助祭集団は、もはや唯一の指導的存在ではなくなっていた。ヨハネス五世（六八五―六八六）からグレゴリウス二世（七一五―七三一）まで、一人の助祭も聖ペテロの座にはのぼっていないのである。のちの七人の枢機卿司教からなる協議団は、七三二年に初めて登場する。シュテファヌス三世（七六八―七七二）は、彼らの職務、すなわち、おそらく既に当時行われていた儀式に則り、ローマ大聖堂での礼拝勤行にあたっての職務を定めた。称号つき教会――その長がのちの枢機卿付司祭のグループを形成する――の数も、この機会に、二五から二八へとふやされた。後世の枢機卿のサークルが、八世紀初頭に、次第に明確に現れてきているのである。

教職者とならんで、司法職の上級官僚団も、七世紀末以来、はっきりと立ち現れてくる。古くからの位階保持者としては、書記局長官、同次長（Primicerius, Secundicerius nota-riorum）、教会守護職筆頭（Primus defensorum）があった。これと並ぶのが、収入管理官（Arcarius）、支出管理官（Sacellarius）および教皇謁見取次役（Nomenculator）、救貧・巡礼監督官）である。教皇の家政を司ったのは家令補佐（Vicedominus）、財宝室・衣服室を管理下においたのは衣裳管理官（Vestararius）であったが、この両者は上級司法官には数えられていない。また、八世紀末に現れてくる図書管理官（古文書室・図書室長）も、上級司法官集団の外におかれたが、この司法官集団は、九世紀初めになって、古記録保安官（Protoscriniar ローマ市書記官長）の加入によって、その人数が七人に引き上げられたのであった。この上級司法官は、もっぱらローマ人出身の貴族に属したが、もちろん、何人かの非ローマ系の皇帝所属官僚貴族がそれに任じられることもあった。

ギリシア・オリエント出身の教皇たちは、皇帝の忠実な臣下であったが、しかし、教会問題に関しては、ローマ・イタリア出身の教皇にいささかも劣らず、ローマの立場を頑強に主張した。シリア出身の教皇セルギウスは、司祭の結婚、断食、儀典に関して、ギリシア・オリエント的風習の普遍的適用を布告した六九二年の「売春婦」公会議（Quinisextum）に反対した。皇帝ユスティニアヌス二世が、彼に対してマルティヌス一世の運命[11]を用意しようとしたとき、イタリア駐屯の皇帝軍が彼に味方した。皇帝の逮捕命令がローマで働かなかった最初である。六九五年に勃発した帝位をめぐる紛争が、皇帝の権威をさらに弱めることになった。教皇コンスタンティヌス一世は、もちろん七一一年、ユスティニアヌス二世との平和締結のためコンスタンティノープルに赴いたが、これは、教皇がボスフォラスを訪れた最後の旅行となった。単意説論者のフィリッピークス・バルダーネス帝（七一一―七一三）は、ローマでは、皇帝とは認められなかった。ラヴェンナでは、ユスティニアヌス二世の任命した総督が殺された。ビザンツ皇帝領イタリアの指導を引き受けたのは、教皇グレゴリウス二世であったが、彼はイタリア駐屯皇帝軍をイタリア民兵に変えてしまった。フィリッピークス・バルダーネスの没落とともに、イタリアにおける皇帝不在の状態は終わりを告げた。しかし、帝権における混乱状態は、皇帝レオ三世によるアラブ人防御のときまで続くのである。

シリア朝の開祖である皇帝レオは、精力的に帝権の再編成に着手した。しかし、彼が新しい租税を通達するや、彼はローマで教皇グレゴリウス二世（七一五―七三一）の激しい抵抗にぶち当たった。グレゴリウスは、ローマ市民出身者として、ギリシア・オリエント出身の前任者たちよりも、イタリアの利害について十分な理解をもち、また同時に、彼の教会財産のために闘ったのである。皇帝によって発せられた教皇逮捕の命令は、またもやローマ民兵の抵抗にあって挫折したが、そのさいスポレートやベネヴェントのランゴバルト人が抵抗に協力した。また、ヴェネツィアやペンタポリス[12]の軍隊も蜂起した。ビザンツ総督パウルスは、七二六／七二七年、殺された。彼の後任エウティキウスは、ランゴバルト王リウトプラントと結び、リウトプラントは反乱を起こしたスポレト、ベネヴェントの諸公を鎮圧した。エウティキウスは七二九年ローマに入ったが、しかし、ランゴバルト王が教皇支持に廻り、総督は、聖像禁止令紛争によって深刻化するにいたった皇帝領イタリアの状況にかんがみて、ローマに対しそれ以上の処置をとることを断念しなければならなかった。

聖像破壊運動――それは、神の超越性にかんがみて、神や聖者たちの画像描写を根絶しようとする戦いである――は、オリエントから起こったものであるが、そこでは、七二三年、教主（カリフ）イェシュドが宗教施設から一切の画像の撤去を命じていた。それが小アジアに波及してきたのである。コンスタンティノープル総主教ゲルマーヌスは、この聖像破壊に反対の立場をとった。それに対して、キリキア・シリアの辺境地出身の皇帝レオは、聖像反対論者に同調し、七二六年、カルケトーレスの有名なキリスト聖像を派手な仕方で破壊させた。それによって彼は、聖像を愛好するギリシア人のあいだに、憤激の嵐をまき起こした。軍隊の一部は反乱を起こし、対立皇帝さえ擁立した。しかし、この反乱は、七二七年四月二十八日、鎮圧された。皇帝は、教皇を自分の考えに引き入れようとした。七二八年から七二九年まで書簡が交換されたが、しかし、一致にはいたらなかった。グレゴリウス二世は総主教ゲルマーヌスの側についたが、ゲルマーヌスは、七三〇年一月十七日の明確な聖像禁止令ののち、皇帝に追随しやすい後任者によって取って代わられた。七三〇年の禁令は、反対派の血なまぐさい迫害へとすすんだ。イコノドゥーレ（聖像崇敬）の神学上の代弁者ヨハネス・ダマスケーヌスは、教主（カリフ）宮廷の高級キリスト教徒官吏となり、七三六年にはエルサレムの聖サバ修道院に入った。聖像芸術と聖像崇敬をキリストの受肉の理論をもって根拠づけたヨハネス・ダマスケーヌスの観点からすれば、聖像破壊主義は、キリスト単性説の最後の派生物とみなされた。「皇帝は、この聖像破壊主義を、遠いイタリアに適用しようとはおもっていなかった」（オストロゴルスキ）。他方、教皇は教会の中での反対の線を堅持したが、イタリア軍隊による対立皇帝の擁立は阻止した。彼は帝権からの背離は考えてはいなかったのである。グレゴリウス二世は、七三一年二月十一日に死んだので、取り返しのつかない背離には事態はいたらなかった。彼の後任、シリア人のグレゴリウス三世（七三一―七四一）は、再び皇帝との接触を回復した。だが、皇帝レオ三世は、一度乗り出した軌道をもはや修正しようとはしなかった。七三一年十一月ローマで開催された教会会議——それには、「帝国の西方部分に所在する何人かの司教 cum ceteris episcopis istius (He) speriae partis」とともに、ラヴェンナとグラードの首都大主教が出席した——は、教会の慣行を無視して、聖像崇敬を拒否し、これを冒涜した者を、教会共同体から排除すると決議した。それ以後の経過は不明である。おそらくレオ三世は、艦隊の示威行動によってローマ、ラヴェンナ、ヴェネツィアを自己の意志に屈服させようとして失敗したのち、ローマを無意味な存在に化する措置を取るように指令したとおもわれる。すなわち、彼は南イタリア、シチリアの教皇世襲領を没収し、それまでローマ首都大司教・総主教管轄区に属していたシチリア、カラブリア、イリリア州（マケドニア、ヘラスを含めたテッサロニケ）をローマから切り離し、コンスタンティノープル総主教の所属へと移したのである。おそらく彼は、イタリアの反対派を単に取るに足りないものとして無視し、以前の高みから落とされたローマを、その運命のままに放置しようとしたものであろう。いずれにせよ——皇帝は、すでにグレゴリウス二世が彼に示唆していたことを、見逃していた。「未開人と野蛮人が強化され……全西欧が聖使徒（ペテロ）に信仰の成果をもたらすであろう」という示唆を。

「西欧」の基礎が実をつけるかどうか、を以下検証しなければならない。

# 第二章　フランク王国の興隆とアングロ・サクソン人の大陸伝道

ゲルマン世界とローマ世界とを結びつけた西欧の大きな権力はフランク王国であるが、それは、七世紀初頭、最初の頂点を経験したのち、同世紀の終わりには、メロヴィング王朝の衰退の結果、内部的解体の危機に見舞われていた。重大な危機は、六七五年、国王キルペリック二世の暗殺をもって始まった。権力をめぐる豪族たちの闘いの中から、勝利者として立ち現れてきたのは中ピピンであったが、彼はアルヌルフ・フォン・メッツを父方、大ピピンを母方とする血統を享《う》けて生まれ、ムーズ河、モーゼル河にまたがる両家の家領を一手に統合したのであった。六八七年テルトリの勝利(13)は、彼を全王国の支配者たらしめ、七〇〇年ごろ完全に実権を失った王権を手にせんばかりにした。たとえアクィタニアやライン右岸の諸大公国が、フランクから離れて独自の途を歩むようになったにせよ、王国自体は再び強化された。しかし、二人の息子ドローゴとグリモアルドの早逝によって、アルヌルフ家の事業は揺らいだ。フランク人の第一元首〔中ピピン〕が七一四年末に死んだとき、彼は、自分の生涯をかけた事業を受け継ぐべき嫡出の成年相続人をもってはいなかった。かくしてフランク王国は、カール大帝のもとでその頂点に達するまえに、庶出の男子カール・マルテルの鉄の時代を経なければならなかったのである。

中ピピンの死後、フランク王国では、三つの党派が対立した。一つは、ピピンの未亡人プレクトルートのそれで、彼女は未成年の孫テウドアルトのために闘った。第二は、ピピンの庶出の息子カールのそれで、彼にはアルヌルフ党の一部がくみした。第三は、ネウストリア人によって担ぎ上げられた宮宰ラガンフレットのそれで、彼はメロヴィング家の国王を手中に収めていた。カールは、七一七年三月、カムブレ近傍ヴィンシーでネウストリア人を破った。七一七／七一八年には、彼は義母プレクトルートをケルンで制圧した。七一九年には、ネウストリア人との戦いが再燃したが、この度は、ソワソンで勝利がえられた。カールは、ネウストリア人に対してロワール河までの支配権を獲得したが、しかし、アクィタニアに対しては独立した貴族支配体制を認めねばならなかった。七三二年、ポワティエでのアラブ人に対する勝利が、初めて南フランスへの途を開いた。カールは、七三三―七三六年、ブルグントを占拠した。プロヴァンス州知事マウロントゥスは、サラセン人に援軍を求めたが、そのプロヴァンスも七三七―七三八年に征服された。かくして、フランク王国は改めて統合されたのである。ライン右岸では、テューリンゲンとフリジアの大部分とが王国に編入された。アラマンネンの併合には着手されたが、完結をみなかった。バイエルンに対しては、アクィタニアに対すると同様、カールは、さまざまな程度の有効な宗主権を行使することで満足しなければならなかった。

フランクの第二の波は、カロリング朝によるフランク王国再征服の過程の中で、ガリア、ゲルマニアの上にあふれ出した。ムーズ、モーゼル、ラインの執政〔カール・マルテル〕付き従士たちは、征服地で指導的地位を占め、「カロリング帝国貴族制」の基礎を形成した。「フランク人の元首 Princeps Francorum〔カール・マルテル〕」は、中央権力のために新しい権力手段を用意した。国庫領や敵対者の没収財産だけでは不十分であったので、カール・マルテルは、六、七世紀に著しく増大した教会領に手をつけた。教会領の「世俗化」は、直接的押収とか、信頼できる俗人家臣の司教・修道院長への任命を通じて行われたが、彼らは教会の財産を執政の軍隊の装備のために役立てたのである。侵害は野蛮に行われ、教会内部に大きな混乱を呼び起こした。首都大司教座秩序は完全に崩壊することになった。「世俗化」が、強い道徳的荒廃をもたらしたのはいうまでもない。もちろん、その作用は、すべてのところで等しく働いたわけではない。最小のところは、カールのもっとも古い支持基盤を形成した地域であり、もっとも大きかったところは、激しい闘争ののち、はじめて屈服した。カールの侵害は、教会に対する敵意から生じたことではなかった。フランクの首長とその人民たちは、確固とした信仰心によって充たされており、それこそが、サラセン人との闘争にさいして彼らに大きな励ましを与えたものであった。彼らはキリストの助力をえて勝利をかちとった。〔サラセン人の保塁となっていた〕アヴィニョンは、エリコの城がラッパの響きだけで崩れたように、陥落した。カールの兄弟キルデブラントが編纂した年代記は、フランクの首長のなかにヨシュアの像を見出している。征服者の次には、立法者の時期が続かねばならない。

三十年間のあいだに、カールの地位はきわめて強固なものとなったので、彼は、王冠を戴かなかったけれども、死ぬ前に、王国を息子たちのあいだに配分することができた。息子カールマンと〔小〕ピピンとは、七四一年十月二十二日死去した父をサン・ドゥニの王墓に埋葬した。彼らは異母兄弟グリフォを父の遺産相続から排除した。支配交替にともなう最初の危機はまもなく克服された。兄弟は、七四三年、いま一度、メロヴィング王〔キルデリック〕を空虚な王座へと登らせたが、しかし、王国そのものは自分たちのものと、あからさまに見做していた。アラマンネンの制圧は、七四六年完了した。最後のアラマンネン大公テウデバルトの一味徒党をカンシュタットで厳重な裁判(14)にかけたのち、カールマンは、七四七年、政権から退いた。最後には、モンテ・カシーノのベネディクト修道院へ、みずから修道士となって入っていった。政治的動機ではなくて、宗教的なそれが、カールマンの決心を促したとおもわれる。フランクの太守〔カールマン〕は、父の死後、ボニファティウスと協力した。「〔カールマンにとって〕決定的模範となったのは、その道をすでに先行しているアングロ・サクソンの諸王以外にはなかったからである」（シーファー）。

ローマの伝道者たちは、かつてフランク王国を通って、アングロ・サクソンのブリタニアへと赴いた。アングロ・サクソンの巡礼者、教会人、そして国王たちは、七世紀の半ばになると、道を逆の方向へとたどることになる。彼らは通常、カントヴィク（ブーローニュ）、ルーアンへと渡航し、そこからリヨン経由のローマ街道をイタリアへと旅した。ヨークのヴィルフリートは、六七八年、はじめて違ったコースをとり、ライン河口に渡った。というのも、彼は、〔北フランスを支配する〕ネウストリア・ブルグントの宮宰エルボインと仲違いしていたからである。彼は六七八／六七九年の冬をフリースラントの王アルトギズルのもとで過ごし、そこで福音を説教した。たとえヴィルフリートの働きが一挿話にすぎなかったとしても、それはフリジア伝道の出発点をなすものであり、その十年後に、ヴィルフリートの弟子ヴィリブロルドが本格的にそれに取り組むことになるのである。

およそ六五八年頃生まれたノーザンブリア人ヴィリブロルドは、ヴィルフリートのリポン修道院で成長した。師匠が六七八年、ヨーク司教の地位を降職されると、弟子〔ヴィリブロルド〕はリポンを去り、次の十二年間をアイルランドで過ごした。そこで彼の教師となったのは、同じように布教の野心に燃えていたアングロ・サクソン人エグバートであった。アングロ・サクソンの土地は、サセックスとホワイト島の改宗（六八一―六八六）後は、布教の余地がなかったので、エグバートは、六八八年、同僚のヴィクトバートをフリジアに派遣した。遠い目標は、アングロ・サクソンと同族のザクセンの布教である。しかし、ヴィクトバートは、仕事を果たさないまま、すでに二年後に帰国した。フリースラントでは、キリスト教の敵対者ラトボートがアルトギズルに取って代わっていたのである。エグバートは気落ちしなかった。彼の命令によって、六九〇年、ヴィリブロルドは十一人の同僚とともに大陸へ向かって出帆したのである。

ヴィリブロルドは、ラトボートではなく、中ピピンのところに赴いたが、ピピンは南西フリースラントの支配権を回復したばかりであった。フラマン人改宗の使徒アマンドゥスによるそれ以前からのフランクの伝道は、アントヴェルペンまで進出していた。そのアントヴェルペンがヴィリブロルドの最初の拠点となったが、彼は六九二年ごろローマへ行き、そこで着手したばかりの事業に対する教皇の祝福をえた。当時、布教はフランク王国のそのほかの辺境地域にも及びはじめていた。ヴィリブロルドの同行者スウィトバートは、師匠〔ヴィリブロルド〕不在の間に、ヴィルフリートによって司教に叙任され、リッペ河の南に居住するボルクトゥアリア族のあいだで説教を始めた。もう二人のアングロ・サクソン人——二人ともエーヴァルデと名のった——は、西ミュンスターラントのザクセン人の中へ入っていった。しかし、この進出はあまりにも早過ぎた。二人のエーヴァルデは斬られ、ザクセン人の西方進出によって、世紀転換直前ごろ、ボルクトゥアリア族での布教活動は壊滅させられてしまった。スウィトバートは、ピピンからノイスのところのライン中洲——今日のカイザースヴェルト——を賜り、七一三年、そこで死んだ。

　こうした状況のもとで、アングロ・サクソン人の布教は、さし当たってフリースラントに集中した。中ピピンの要請をうけて、ヴィリブロルドは改めてローマへ行き、そこで彼は、教皇セルギウス一世によって布教大司教に叙せられ、クレメンスの名を賜った。大司教の所在地はユトレヒト城であったが、この地はすでに七世紀初め、一度はフランクの手中にあったものであった。ヴィリブロルドは、壊れたフランクの〔マルティン〕教会を再建して、大聖堂を建て、カンタベリーの模範にならって、それを救い主に奉献した。後衛拠点としては、彼はしばらく前に建てられたばかりのエヒテルナッハ修道院（トリアー）とジュステレン修道院（マーストリヒト）をえた。布教は、ピピンが生きているあいだは順調に進んだが、このアルヌルフ家当主の死とともに、完全に崩壊した。ようやくラトボートの死後（七一九）、カール・マルテルによって、南西フリースラントに対する支配が回復されるとともに、ヴィリブロルドは中断していた事業を再開することができた。ユトレヒトの教会は甦り、新たに整備された。そのために発布された七二三年一月一日付のカール・マルテルの文書は、布教活動の第二の段階を示すものである。もちろん、布教は、ズイダー海の西、および南、イーセル河にいたるフランク支配の境界内においてのみ、永続的な成果を収めることができた。しかし、フリジアの使徒が思い描いたような、新しい教会管区を設けるには、基盤はあまりにも狭すぎた。とはいえ、ヴィリブロルドが七三九年十一月七日に死んだときには、将来のユトレヒト司教座を設立する基礎は創られていたのである。当時、すでにヴィンフリート＝ボニファティウスは、フランク王国に滞在するアングロ・サクソン教会人の中では、傑出した存在であった。ヴィンフリートは、アングロ系のノーザンブリアではなくて、〔サクソン系の〕ウェセックスの出身である。彼は六七二／六七三年、エグゼターで生まれ、六八〇年ごろ教育を受けるためエグゼター修道院へ預けられた。その後、彼はウィンチェスターのナースリング修道院に入り、そこで説教師に叙せられた。成人して彼は、キリストのための遍歴説教師 Peregrinatio prope Christum になろうと決心した。彼のはるかな目標は、最初から、彼と同族である大陸ザクセン人の改宗におかれていた。しかし、そのための手掛かりを与えてくれるのは、ザクセンに隣接した布教地だけである。そこでヴィンフリートは、七一六年、ロンドンからドーレシュタット（ユトレヒト近傍）へと渡った。ラトボートを改宗させようという試みは、六八八／六八九年のヴィクトバートの場合と同様、失敗におわった。ヴィンフリートは、一度は故郷へ帰ったが、しかし、七一八年改めてそこを立ち去り、二度と帰ることはなかったのである。

カール・マルテルが、フランク王国東部に突入したのは、ちょうどこのような時であった。ヴィリブロルドは七一八年二月、新執政から特許状をえた。ヴィンフリートの方は、カールと接触をもたず、ネウストリアを経てローマへ赴き、教皇グレゴリウス二世は七一九年五月十五日、彼に布教全権とボニファティウスという名前を与えた。ヴィンフリートはこれ以後もっぱらこの名前を用いることになる。フリジアの布教はさし当たって見込みが立たなかった。ザクセン南境がむしろ有利な状況にあった。テューリンゲン大公ヘデンが、七〇四年と七一七年にヴィリブロルドに豊富な贈り物をおくり、それによってアングロ・サクソン人宣教師に大きな関心を示していたからである。そこでボニファティウスは、バイエルン――そこで彼は、弟子のシュトゥルミを見出したようである――を経て、テューリンゲンへ入っていった。しかし、彼は、すでに前からここに入り込んでいた聖職者の抵抗にぶち当たった。その紛争から、彼はフランクの土地に引き上げることにしたが、帰路の途中、フリジア王ラトボート死去の知らせが届いた。ボニファティウスは再度フリジア布教に向かうことになり、ヴィリブロルドの監督のもとで、二年間フリースラントで働いたのである。

ボニファティウスは、七一六年と七一八年、独自の行動を取ったことがある。だから、彼が七二一年にヴィリブロルドとまたもや袂を分かったとしても、別に不思議ではない。トリアー——そこでフランク人のグレゴリウスという若者が彼に加わった——を経て、彼はオーバー・ラーンに入ったが、このザクセンと境を接するヘッセンの地で、〔現在の〕フリッラール、カッセル周辺に住む異教徒を改宗させようとしたのである。彼はフランクの砦アメーネブルクの指揮官の後援をえ、そこで最初の修道庵室を建てた。ヘッセンでの説教は、彼に最初の大きな成功をもたらした。ボニファティウスは再度ローマに旅し、そこで七二二年十一月三十日、グレゴリウス二世によって司教に叙階された。そのさい彼は、ローマの属司教たちが首都大司教としての教皇に対して行うことになっていた服従誓約をなしている。この誓約に含まれていた〔東ローマ〕皇帝に対する忠誠義務は、次のような義務によって置き換えられていた。すなわち、聖なる教父の制度 Instituta sanctorum patrum に反対して行動する司教たちといかなる協同もしない、そのような者に反対して行動する、それが不可能な場合には、教皇に報告する、というのである。このようにして、ボニファティウスの布教管区はローマと緊密に結ばれることになった。グレゴリウス二世は、推薦状を添えてカール・マルテルのもとへと新司教をおくりだし、カールは七二三年初め、ボニファティウスに保護状を交付した。それによって、ヴィリブロルドとの対等の地位が得られたのである。

ヘッセンの布教は、フランク執政の保護のもとに急速に進んだ。ボニファティウスは七二三年、ガイスマールにあったドナール神〔雷神〕の宿るとされた樫の木を伐り倒し、その木でもってフリッツラールの最初の教会を建て、そのまわりに第二の修道士集落が形成された。七二五年には彼は、テューリンゲンの森を越えて、北東テューリンゲンに入っていったが、そこは、〔ヘデン〕大公家門の消滅後、異教的ザクセンの勢力がひろがっていた。第三の修道院オールドゥルフが森の東麓に成立した。〔始めてから〕十年後に、ヘッセンとテューリンゲンの布教活動は完了した。新しい教会管区を設立する時が熟した。教皇グレゴリウス三世は、七三二年、パリウム⒂を交付して、ボニファティウスを大司教にのぼしたのである。

ところで、計画された教会管区は、ボニファティウスが布教した地域だけを包括すべきものであったのだろうか。じつは、テューリンゲンのマイン河流域地方も、ずっと以前からキリスト教化されてはいたが、まだ教会運営上の自治をもってはいなかった。七三八年の教皇書簡には、ボニファティウスの管区に入る種族として、次のものがあげられている。テューリンゲン、ヘッセン、ボルターリ（ボルクトゥアリア族?）、ニストレシ（ニスターか、ディーメル地域か?）、ヴェドレキー（ヴェッターか、ヴェッテラウか?）、ログナイ（ラーンガウ）、スドゥオーディ（?）、グラッフェルティ（グラープフェルト）である。つまり、新しい教会管区は、「ゲルマニア（ライン右岸）」の、間接的にフランクの支配下にある地域の大部分を含むものであった、と推測される。政治的に自治を認められたアラマンネン、バイエルン各大公国を除いてではあるが。しかし、この大きな計画が発表されると、強力な抵抗を呼び覚まさずにはおかなかった。すでに以前から、ボニファティウスは、聖職者たちの地方的反対に遭遇しており、これまでは、それらをどうにか処理してきた。彼が遠い辺境地の布教指導者として働いていたかぎりでは、フランクの司教たちとはあまり摩擦も起こらなかった。しかし、新しい計画は、ライン右岸の「ゲルマニア」の広汎な部分を自分たちの利害領域と見做しているライン流域の司教たちを、彼に反対して立ち上がらせることになった。計画された教会管区は実現されなかった。そのために必要なカール・マルテルの援助は、「これまでの保護関係をさらに拡大する必要があったにもかかわらず、なされないままであった」（シーファー）。

大司教は、次の年月を、自分の足場の強化に費した。アングロ・サクソン系の助力者の流入が、新しい教会建設を可能にした。テューリンゲンのマイン河流域地方では、アングロ・サクソン系の女子修道院タウバービショフスハイム、キッツィンゲン、オクセンフルトの三つが成立した。ボニファティウスにとって大成功となったのは、バイエルン大公フークバルト（七三六没）とその後継者オディローとの関係を樹立したことであった。七三八年に開始されたカール・マルテルのザクセン遠征行は、かねてから望まれていたザクセン布教への展望を切り開いた。かくしてボニファティウスは、これらの年月、希望と幻滅のあいだを動揺したが、結局、七三七／七三八年の第三回のローマ訪問は、彼の希望をすべて満たしてくれた。すなわち、テューリンゲン、ヘッセンだけでなく、バイエルン、ザクセンまでもがボニファティウスに委託されたのである。教皇グレゴリウス三世は、大司教の任務を拡大するとともに、彼をゲルマニアにおける教皇特使に任命した。教皇は彼に、全権委任の推薦状のほかに、フランクによって支配されるライン右岸の地の人々に宛てた書状、バイエルン、アラマンネン（アウクスブルク）各司教に宛てた書状、そして、「古ザクセン人」に対する布教宣言文を餞別として授けた。

ザクセン開拓の希望はやや早過ぎたものであり、まもなく放棄されねばならなかった。しかし、ボニファティウスは、七三九年には大公オディローの援助をえて、バイエルンの状態を整え、すでに以前からキリスト教化されていたレーゲンスブルク、フライジンク、ザルツブルク、パッサウ各司教座を誕生させたのであった。バイエルンはまだ固有の教会首座をもっていなかったので、その上級指導権をボニファティウスは自分の手に握った。テューリンゲン、ヘッセンの教会整備がいまやさし迫ったものになったが、マルテルの生きている間には実現することはできなかった。フランク太守の死によって、ようやく彼に道は開かれたのである。

東部フランク王国の相続者カールマンは、ゲルマニアにおいて、このアングロ・サクソン出身の大司教と密接な協働をしようと努めた。この協働をえるためには、ボニファティウスは、バイエルンでの自分の地位を放棄しなければならなかったのはいうまでもない。すでにカール・マルテルの晩年、フランクの主権からのバイエルンの離脱という事態が新たに起こっていた。バイエルンの王女〔スヴァナヒルト〕を母とする異母兄弟グリフォーを〔相続から〕排除したことが、カロリング家と大公オディローのあいだの関係断絶を引き起こした。ボニファティウスは初めはグリフォーを支持したが、次の段階ではカールマンの手を喜んで取った。何故なら、そうすることによって、彼には、フランク王国教会の改革の展望が開かれるからである。だから七四二年にはもう、「ボニファティウス」の司教座ヴュルツブルク、ビューラブルク（フリッツラール）、エルフルトが設立されていた。さらに続いてアイヒシュテット司教座がこれらに付け加えられたが、これは、フランクに譲渡されたバイエルンの辺境領スヴァラフェルトとノルトガウを管区として建てられたものである。七四三年四月二十一日、最初のフランク教会改革会議が招集された。それに続いて、七四四年三月、ヘンネガウ〔エノー〕（カールマンの統治領）のレ・ゼティエンヌと、ソアソン（小ピピンの統治領）とで、それぞれ改革教会会議が開催されたのであった。三度にわたるフランク・ボニファティウスの教会会議は、教会における法秩序の再建と聖職者・俗人における風儀・宗教上の秩序の回復を目指したものであった。カールマンは、その支配する国家内の司教たちを、大司教にして教皇特使であるボニファティウスの統制下においた。ピピンの支配する国家領域内においては、ルーアン、ランス、サンスの旧三大司教管区が再建されるべし、とされた。毎年の大司教管区教会会議は、管区内の内的つながりを強め、風儀上の改革を促すはずであった。

そのほかの決議は、司教管区内の結合の再建を目指すものであった。管区司教の下への聖職者の服従が新たに厳しく定められた。司祭たちは、司教に対し、自分たちの生活と職務遂行に関する報告書を定期的に提出しなければならないとされた。遍歴司教・同司祭は、教会会議の承認なしには、任命されてはならなかった。しかし、私有教会という難しい問題は取り上げられなかった。

教会復興は、また物質的基礎の保証を要請した。教会領を全体的に回復するという、七四三年、カールマンが大変な意気込みで発布した布告は、レ・ゼティエンヌ、ソアソン両教会会議で弱められてしまった。教会領の一部

――しかも、それはかなり大きなものだったが――は、戦備の必要にかんがみて、教会領回復から除外されることになったが、しかし、これ以後は、「地代義務を負った貸与地」と見做されることになった。この決議は、フランク封建制の発展にとってきわめて大きな意義をもつものとなるのである。

精神生活上の改革は、聖職者ならびに俗人の風儀上の規範をつくりだそうとしたものであった。すなわち、司教の（狩猟や戦争にさいしての）武器携行の禁止、妻帯の禁止、異教的風習の禁止、そして、俗人に対する教会法に則った結婚の奨励がそれである。聖務からの解任は、ただ下級聖職者に属する者に限って適用される。司教職の人的更新は、むやみに行われるべきではなく、場合に応じて、長期的展望においてなされるべし、とされた。七四三／七四四年に導入された改革は、教会だけでなく、すでに俗人領化された教会領に関する規定が示すように、国家の再編を目指すものであった。二人のカロリング家当主〔カールマンとピピン〕は国王の如き様子を示していた。両人は教会会議を招集し、それを主宰し、司教を任命し、教会管区を創った。「領域教会的原則が、少なからずアングロ・サクソン的模範の影響を受けてではあるが、国王・神政政治的方向で強まりはじめた。……教会会議の決議が、メロヴィング時代とは異なって、もはや司教たちの決議としては布告されず、支配者の指図、勅令として布告されるにいたったが、それもイギリスにおける立法の慣例とよく似ている。さらに新しい慣例となったのは、カールマン……そして、ピピンが、その最初の教会会議を俗人豪族たちの帝国集会と結び付けたということである。……教皇には、なんら独自の積極的役割は宛てがわれず、彼は真の信仰と古き道義の護り手、証しをする人として、敬意を表せられる最高審判者として、背後に退くことになった。……ボニファティウスのまえに提出された課題は、かつて大司教セオドア(16)がその郷里の教会に招請されて演じた役割を、演ずることであった」（シーファー）。

ボニファティウスは、その創造の頂点に立っていた。しかし、三度の改革教会会議は、ただ始まりを意味したのであって、完成を意味するものではなかった。そして、作品を完成することは、大司教兼教皇特使にはもはや許されてはいなかった。一番最初の改革教会会議には、「ボニファティウス系」司教たちのほかには、ただケルンとシュトラスブルクの司教が参加しただけであった――つまり、アウストラシア司教たち内部の反対はなおずっと強かったのである。レ・ゼティエンヌ教会会議の参加者は判っていない。ソワソンには、もっぱらランス、ルーアン、サンス各大司教管区に属する二、三人の司教だけが出席した。つまり、それは、トゥール大司教管区、ブルグント・プロヴァンスの諸司教区の改革が未着手のままにとどまったことを意味し、アクィタニアは、バイエルン同様、完全に問題外であった。

七四三年の改革計画は、フランキア〔王国北部〕においてさえも完全には実現されなかった。西方における三大司教管区の再建は実現しなかった。ルーアンのグリモにパリウムを賦与するという提議が支持されただけである。より良く進んだようにおもわれるのは、さし当たって王国東部における再興事業であった。七四五年の全フランク教会会議は、ケルン首都大司教座にボニファティウスを指名し、血の復讐を行ったという罪でマインツ司教ゲヴィリオプを廃位した。ケルン大司教管区は、シュパイヤーからユトレヒトにいたるライン諸司教管区、およびムーズ流域の司教管区トンゲルン・リエージュを包括することとされた。つまり、トリアー司教管区は、そこから除外されたのである。〔ボニファティウスの〕主要な反対者トリアー司教ミロに対するこのような譲歩にもかかわらず、事態はそれ以上進展しなかった。首都大司教座制の復興は、王国東部においても挫折したのである。七四七年、大司教兼教皇特使を座長として開かれた教会会議は、もちろん、アウストラシア、ネウストリアからの改革友好者の堂々たる勢揃いを意味したが――しかし、カロリング家の祝福を受けはしなかった。同年、ボニファティウスは、カールマンの退位によって、最強の支持を失うことになった。ピピンは、以前から、教会政策に関しては慎重な態度を持していた。甥ドローゴを脇に押しのけ、全王国の支配権を掌握するにいたったいま、ピピンはまさしく、豪族とのいかなる衝突も避けねばならなかった。ボニファティウスは、背後に退くほかはなかったのである。

ボニファティウスは、大司教兼教皇特使の地位にとどまったが、しかし、王国はもはや彼の活動舞台ではなかった。彼の生涯の晩年は、より狭められたヘッセン・テューリンゲンの布教圏の世話と、大部分はアングロ・サクソン人である助力者たちの世話に捧げられた。前面に押し出されたのは、七四四年に設立されたフルダ修道院とマインツ司教座であり、後者は、七四六／七四七年のケルン大司教座就任のプランが挫折したのち、彼に委ねられた地位であった。フルダ修道院は、前もって、一大修道院文化の中心として計画され、ボニファティウスの弟子シュトゥルミによって、ベネディクト会大修道院モンテ・カシーノを模範として建てられた。フルダはヴュルツブルク司教管区内にあったが、その最北端に位置し、創立者ボニファティウスの意志に従って、とりわけ「異教徒と境を接する prope marcam paganorum」ビューラブルク・フリッツラール、エルフルト両司教座内のキリスト教信仰の貫徹に奉仕するものとされた。そのため、ボニファティウスは、七五一年、教皇ザカリアスに働きかけて、この修道院をヴュルツブルク司教の管轄権から解放するという免属特権をえさせてやった。そうすることによって、ボニファティウスは、昔の彼の勢力圏の中に「大司教の飛び地領」を創り出し、マインツからその領地との密接なつながりを保つことにしたのであった。マインツでの後継者としては、彼はアングロ・サクソン人の弟子ルルを見込んでいた。教皇ザカリアスはボニファティウスの意図をくみ、七四八年、彼に、後継者と見込んで一人の共誦司教を任命することを認めた。しかし、ボニファティウスがその叙階を行ったのは、七五二年のことであった。ボニファティウスは、自分の計画実現のためには、ピピンの同意を必要としたのであり、その同意は、結局、サン・ドゥニ修道院長フルラッドの仲介によってえられた。次の段階では、どうやら彼は、ビューラブルクとエルフルトを共誦司教の管区としてマインツ司教管区に編入し、それによって、これまで彼個人に負うていたマインツとヘッセン・テューリンゲンのあいだの結び付きを制度的に保障しようと考えたようである。かくして彼は、後継者ルルに、ボニファティウスの布教した両地域をマインツ司教管区に編入する道を用意したのである。

また、アングロ・サクソン人の布教地フリースラントも、ボニファティウスの管轄下におかれた。大司教兼教皇特使は、七四一年、ここにヴィリブロルドの後任として一人の司教を任命し、ユトレヒトのマルティン修道院を、フランク人の彼の弟子グレゴールに委ねた。七五二／七五三年、ユトレヒト司教座が再び空席になったとき、ケルンのヒルデガールは、これを自分の司教区に編入しようとした。ボニファティウスは、ケルン司教の要求をピピンの支援をえて退けることに成功したが、ピピンは七五三年、親しく彼にフリジア教会の指導を委ねた。その同じ年にもう、ボニファティウスは、フリースラントへ旅立ったが、その旅行で彼の生命は念願をかなえた。七五四年六月五日、聖霊降臨祭の最終日、彼が中部フリースラントの新洗礼者の堅信のため司牧職を執行中、この八十歳の老人はドックムの地で異教徒に襲われ、殉教者の死をとげた。彼の遺骸は懲罰遠征隊によって収容されたが、偉大なる教会人自身の意志にしたがって、フルダに葬られた。殉教はフランク豪族たちの意識に完全な転換をもたらし、彼らはいまや、この聖者に対して、生前の大司教に全く拒否してきたところの敬意を払ったのである。

# 第三章　カロリング王権の成立と教会改革の継続

カロリング王国の運命は、七四七年以来、宮宰小ピピンの手中にあった。七一四年生まれのこのカール・マルテルの息子は、サン・ドゥニで教育された。父は彼をブルグントとネウストリアの後継者と定め、七四〇年、叔父キルデブラントとともに、ブルグントへ派遣した。若き太守はフランクの思想世界で成長し――アングロ・サクソンは遠い存在であった。

われわれは、サン・ドゥニでピピンの教育に当たった人物がだれであったか、知らない。が、カール・マルテルのもとで、一人の教会人が立ち現れてくるのに出会う。彼こそは、ヴィリブロルドやボニファティウスと対抗して、フランクの教会の中に生き続けていた宗教勢力を代表する人物である。「アラマンネンの使徒」とよばれるピルミンその人である。ピルミンの「郷里ともいうべき土地」については、数年来論争のあるところであり、彼の育った精神世界についても定かではないが、彼は確かに南ガリア修道院文化の特徴を帯びており、その言葉遣いが明瞭にそのことを示している。おそらく、このアラマンネン修道父士は、スペインかセプティマニアからの移住民で、アイリッシュの仕方に従って司教叙階を受けたけれども、ベネディクト戒律を守り、フルクトゥオースス・ダ・ブラガ(17)の仕方にならって、一つの修道団体を生み出したひととおもわれる。おそらくは、また、ブルグントのフラヴィニー修道院（オータン司教区）も、彼の行路の一停留地であったろう。彼が歴史の光の中に登場して来るのは、七二四年、カール・マルテルの援助のもとに、ライヘナウ修道院を建立したときからである。アラマンネン大公やコンスタンツ司教との確執は、彼を追放へと追いやった。ピルミンはアルザスへ赴き、そこでムルバッハ修道院を建て、カール・マルテルはそれに対して保護状を発給している。ライヘラウからは、ラエティアのプフェッファース修道院（クール司教区）、ムルバッハからはルーツェルンのレオデガル女子修道庵室が生まれている。ピルミン自身は、なおもシュトラスブルク、メッツの司教区内で働きつづけた。彼の弟子エッドーは、七三四年、シュトラスブルク司教となっている。メッツ司教管区では、ノイヴァイラー、ホルンバッハ両修道院がピルミンの手に成るものである。アルザス大公領の解体（七三九）後、バーゼル司教区が新たに成立し、シュトラスブルク司教が、〔バーゼル司教に譲った〕ズントガウの代償として、オルテナウ地方を得たとき、ピルミンは修道父士としてオルテナウに現れている。つまり、ゲンゲンバッハ修道院の建立（七四八後）、シュヴァルツァハ修道院の改革（七四九前）、シュッテルン修道院の改革に関与しているのである。彼の座所はホルンバッハ修道院であったが、七五三年、彼はそこで死んだ。

　ホルンバッハは、強力なフランクの貴族家門ヴィドーネン家の首位修道院であったが、アウストラシアにおいてボニファティウスの中心的反対者となったトリアーのミロも、この家に属していた。オルテナウの諸修道院の建立と改革は、モーゼルラント出身のもう一人の貴族の後援をえて行われたが、それは大公ロートハルトであり、彼は七四六年以後、貴族ヴァーリンとともに、アラマンネンの国王代官の職に任じ、そこにカロリングのグラーフシャフト〔伯〕制を導入した。ロートハルトはまた、ピピンのもとで、フランク教会の指導を引き受けた人物たちと密接な関係をもっていた。すなわち、ピピン家系の郷里であるムーズ河流域地出身のメッツ司教クローデガング、アルヌルフィング家系の郷里モーゼルラント出身のサン・ドニ修道院長フルラッドである。フルラッドは、ピピンの宮廷礼拝室付きであり、クローデガングは調査官としてカール・マルテルに仕え、七四二年、メッツ司教を受領した。彼はメッツ司教として、模範的修道院ゴルツェを建立し、そこから修道士がゲンゲンバッハへ、またラインガウの伯コンカールの建立したロルシュ修道院（七六四）へ派遣されているのである。

フルラッドは、フランク史の決定的転換期に、初めて現れてきた。ピピンは、彼の兄弟カールマンの退位ののち、争いもなくアウストラシアの支配を掌握したが、しかし、再度異母兄弟グリフォーに立ち向かわねばならなかった。グリフォーは、恩赦ののち、ザクセンとバイエルンの援助をえて反乱を企てたのである。ザクセン（七四八）、バイエルン（七四七）へのそれぞれの遠征の勝利ののち、ようやく平和が訪れた。「二年にわたる戦争ののち大地は静かになった Quievat terra a proeliis annos duobus」と、叔父キルデブラント編の半ば公式の年代記は、ヨシュア書との共感において書き、それによって、この平和の摂理的性格を強調している。そこでピピンは、宮廷司祭フルラッドとヴュルツブルク司教ブルクハルトを教皇ザカリアスのもとへ遣わし、「現在、良きにせよ、悪しきにせよ、正常の権力を持たないフランクの国王について de regibus in Francia, qui illis temporibus non habentes regalem potestatem, si bene fuisset an non」有名な質問をさせている。二人の使者は教皇の次のような回答を持ち帰った。「秩序を紛糾させないためには、正常の権力を持たないで居座りつづける者よりは、権力を持つ者を王と呼ぶ方が良い ut merius esset, illum regem vocari, qui potestatem haberet, quam illum qui sine regali potestate manebat, ut non conturbaretur ordo……」七五一年末、ピピンはフランク人たちによって王に選ばれ、王座の上に挙げられて、フランクの司教たちによって国王として塗油された。最後のメロヴィング王は修道院へおくられた。

ちょうど九十年まえ、ピピン家系のグリモアルトは、自分の息子のために王座をつかみ取ろうとした――そのときクーデターは失敗に終わった。グリモアルトは世俗法の形式に則り、養子という形で息子をメロヴィング王家に受け容れさせようとしたのである。〔今度の〕ピピンの選挙と登位は、等しくゲルマン法に則ってはいるが、しかし、それはいまや、旧約聖書に依拠した国王塗油によって補足され、強化された。旧約聖書への遡及は自然になされたことであろうし、またキリスト教の典礼を通して思い付かれたことであろう。しかし、塗油の方は、すでに以前から、スペインの西ゴートで通例となっており、スペイン・ゴート人の模範がフランク王国に影響したとしても、あながちありえないことではない。初期カロリング時代のスペイン文化の流入を示すものとしては、クローデガングと結び付いたピルミン・グループだけでなく、スペインの大教会法集成、いわゆる「イスパニア法令集Collectio Hispana」の普及があげられるが、これは、七八七年、シュトラスブルク司教ラキスが書き写させ、さらにオータンで手を加えさせたものであった。それに対して、教皇への質問〔状提出〕の方は、アングロ・サクソン人の活動、彼らのローマへの恒常的な使節派遣を前提とし、そのやり方は、ボニファティウス改革の発端以来、〔フランク〕宮宰のところにまで広がっていた。カール大帝のもとで編纂された『帝国年代記』によれば、ピピンはボニファティウスによって塗油されたといわれるが、その記事の信憑性は他の同時代史料によって確認はされていない。〔質問に対する〕教皇側の回答は、教父たちの世界秩序観を基礎としてなされているが、その考え方とは、名と物とは、神の世界秩序においては相対応している、というものである。その回答は、「往復文書というこれまでの形式を装った、最高宗教権威者の回答」（ビュットナー）であり、いかなる政治的条件によっても制約されないものであった。このような教父たちの世界秩序観は、真の王権はカリスマ、すなわち「王の神聖」によって証明されなければならない、というゲルマン的観念にとって、きわめて適合的なものであった。

ピピン王の祝聖は、西ヨーロッパにおけるキリスト教的王権観の発展にとって画期的意義をもつものであった。支配者の地位は、今後は、教会における秘蹟によって根拠づけられることになり、実際、秘蹟としての国王塗油は、聖職叙任権闘争まで行われた。神の恩寵を受けた国王Dei gratia rexという定式は、カール大帝のとき、初めて現れる。国王儀式は、まもなく祝聖のときばかりでなく、国王が王冠を戴いて出席する高位の祝祭においても、繰りひろげられた。そのすばらしい表現が「国王頌讃歌」であった。それは、カール大帝のために唱えられたことが史料に初出するが、おそらくピピンのとき初めて唱えられたものであろう。勝ち誇った叫びは、キリストは勝ち、キリストは支配し、キリストは統治し給うChristus vincit, Christus regnat, Christus imperatという言葉で始まり、その締めくくりは、キリスト、天使、聖者への次々の呼びかけに結び付けられた教皇、国王、王妃、王家の人々、そしてフランクの軍隊 Exercitus Francorum に対する歓呼であった。カール大帝のとき定められた基本的式次第によれば、使徒への呼びかけは教皇に、マリアと天使は国王に、殉教者は軍隊に係わるものとされている。この呼びかけられる人々のグループは、西ゴートのスペインでは、三つの神人に対応するものとされる、すなわち、天使は父に従う者、使徒は子に従う者、殉教者は聖霊に従う者とされるのである。かくして、「讃歌」は、そのキリスト論的基本性格にもかかわらず、王権が神なる父の創造行為に、司祭権が神なる子の救済行為に、それぞれ根差すものであることを、象徴的に表現したものにほかならない。フランクの軍隊は、この象徴主義においては、キリスト教人民、すなわち、教会（聖霊）の位置に立つ。軍隊のために呼びかけられたのは、偉大なる古ガリアの司教たち、ポアティエのヒラリウス、トゥールのマルティヌスであり、そのほか民族的守護聖人と見做される古ガリアの殉教者たちであった。つまり、フランクは、はっきりと新イスラエルと見做されているのである。同じ考えが、ピピンのとき編まれた『サリカ法典』の序文の中に表現されているが、それは、神により選ばれた民としてのフランク人、その武器操作の巧みさ、その正統性を強調し、フランク人は、異教時代にあっても、すでに神の導きによって賢明なる道を探し求め、「その道徳性の程度に応じて」正義を求め、敬虔さを保持してきた、とされているのである。このフランク人の自己讃美は、より古く、一世紀以上まえにセヴィリアのイシドールによって編纂された西ゴート人の自己讃美と並ぶものであり――むしろ、前者は後者から直接的影響をうけたとおもわれる。

上記のピピン期の序文は、七六三／七六四年、カロリングの官房において編纂されたものであるが、その官房長バッディーロは七五七年から書記活動の指導者となり、七六〇年から七六六年にかけては唯一人の官房長であったことが証明されている。バッディーロは国王付き司祭であった。国王付き司祭は、献身礼による封臣と同様、カロリング王に奉仕し、それも、軍隊においてではなく、宮廷での礼拝にさいして仕えたのである。この「基本機能」

に、まもなくさまざまな、例えば文書作成や使者としての出向といった役目が付け加わった。ピピンの国王戴冠とともに、宮廷礼拝堂はキリスト教的国王支配のもっとも重要な機関となった。ピピンは、七五〇年、もっとも高貴な国王修道院であるサン・ドゥニ修道院を宮廷付き司祭フルラッドに委ねたが、同時に彼を宮廷付き司祭長 summus capellanus に任命し、宮廷礼拝堂に確固とした組織を与えた。また国王官房は、宮廷礼拝堂の職務執行範囲に取り込まれ、より厳格に組織されることになった。七六〇年、その最初の長となったのがバッディーロである。

教会改革は、七五四年、クローデガングがボニファティウスの後継者として、フランクの司教たちの頂点に立ったのち、再び進行を開始した。ヴェルの教会会議（七五五）に続いて、ヴェルブリー（七五六）、コンピエーニュ（七五七）、アティニー（七六〇／七六二頃）、ジャンティリ（七六七）と司教会議が開かれ、この最後者の会議でフランク人は、はじめて聖像論争の問題に係わりをもつことになる。ヴェルでは、首都大司教制再建への新しい始動がおこったが、この度は、はっきりとした成果はなかった。ただ、ヴィルカール・ド・サンスが七六九年、大司教 archiepiscopus と称されている。司教管区における司教の権威の問題とならんで、とくに婚姻法の問題が審理された。王国の教会を物質的に再び支え起こすため、七六五年、ピピンは十分の一税賦課令を発布した。十分の一税は、ただ救霊のためだけに使用されるべきであり、その四分の一は司教に、四分の三は教区聖職者に宛てるべきとされた。十分の一税の全般的導入は、教会組織にとって大きな意義をもつものであった。十分の一税徴収区の境界設定によって、「新しい小教区制の基礎がおかれた」。聖職者の風儀改善には、七五四年頃、メッツの大聖堂聖職者のためにクローデガングが定めた司教座聖堂参事会員規則が用いられた。クローデガングはこの場合、ローマの模範にならっているが、しかし、規定の大部分はベネディクト戒律から借りてきたものであり、またフランクの教会会議法にも依っている。〔この規則によれば〕修道士とは対照的に、聖堂参事会員は個人財産を享受することができた。ヴェル教会会議において、はじめて、教会法に基づいて、在俗聖職者階層と修道士階層とが対峙させられることになったのである。また、クローデガングとピピンは、ガリア教会礼拝儀式と教会讃美歌のローマ化を推進し、それはカール大帝のとき実現した。ピピンによるイタリア遠征がつくりだしたローマとの密接な関係の作用が、すでにこの点でも認められるのである。

# 第四章　ローマ教会のフランクへの嘆願と教会国家の発端

皇帝レオ三世との紛争以来、ローマとラヴェンナ――それらは、なお帝国領の一部であった――は、それぞれの力と策略でもって、拡大しつつあるランゴバルト王権に対処しなければならなかった。ローマ市壁の再建は、すでに七〇八年に始められていたが、教皇グレゴリウス二世のもとで再開され、グレゴリウス三世（七三一―七四一）のとき、完成された。ローマの政策の基礎となったのは、ラヴェンナ、スポレート、ベネヴェントとの連帯であったが、この連帯はすでにグレゴリウス二世のもとで形成されていた。市壁や他都市との連帯よりも、より有効な防禦を教皇に提供したのは、ゲルマン・ローマ世界における使徒ペテロの後継者としての声望であった。それは、ランゴバルト王リウトプラントにも当てはまることで、彼は、なるほど東ローマ総督領〔ラヴェンナ〕、スポレート、ベネヴェント両大公国をその王国下に収めようとしていたが、しかし、ローマ教会そのものは大切にしようと努めていた。使徒後継者という声望のおかげで、グレゴリウス三世は、リウトプラントに働きかけて、七三二／七三三年に占拠されたラヴェンナを総督に返還させることに成功した。しかし、スポレートとの友好関係は、七三九年、教皇を破滅の淵にまで追い込んだ。というのも、王が大公国を制圧したのち、ローマの前面に現れたからである。グレゴリウス三世は、カール・マルテルの助けを呼ぼうと決心した。フランクの太守――彼が七三七／七三八年、プロヴァンスでサラセン人と対戦したとき、ランゴバルト王は彼に味方した――は、修道院長グリモを平和仲介者としておくった。直接的危険性は去ったが、しかし、ランゴバルトというダモクレスの剣は、以前と同様、ローマの上に吊り下げられたままであった。

グレゴリウスの後任、ギリシア人のザカリアスは、七四二年、再び選出の届け出と信仰告白とを皇帝とコンスタンティノープル総主教のもとにおくった。皇帝レオの息子であるコンスタンティヌス五世は、まさにそのとき、聖像賛成派の対立皇帝によって脅かされていたが、どうにか克服することができたばかりであった。ランゴバルト王はこうした状況を利用して、ローマと二十年間の平和を結び、これに中立化することを約束させた。ザカリアスは、七四二年、スポレートとの同盟を放棄し、ランゴバルト王の〔ラヴェンナ〕総督領の征服を承認しなければならなかった。リウトプラントは、それに対して、教皇世襲領 Patrimonium、および七三九年に占領していたローマ大公領の四つの境界守備城砦を旧に復した。王は、教皇の介入によって、いま一度、ラヴェンナへの攻撃を思い止《とど》まった。平和はリウトプラントの後継者ラトキス（七四四―七四九）まで保たれた。しかし、ランゴバルト王は、ラヴェンナとローマの独立がただ自分たちの好意にかかっている、ということを隠そうとはしなかった。七四九年、兄弟ラトキスを倒して王となったアイストゥルフは、決着をつけようと決心した。七五〇／七五一年、彼はラヴェンナを占拠し、七五二年春には、ローマに対する経済封鎖戦争を開始した。

ランゴバルトの意図がローマ側で察知されたとき、教皇ザカリアスは死んだ。彼の後任でローマ人出身であるシュテファーヌス二世は、交渉の途をとり、七五二年六／七月、休戦締結にこぎつけた。アイストゥルフは、教皇が、ランゴバルトの征服の承認を皇帝にとりなしてくれるであろう、と期待していた。しかし、シュテファーヌスはラヴェンナの人々との連帯を強く意識し、皇帝に軍事的救援を求めた。この知らせを受け取ったランゴバルト王は、七五二年十月、自分の支配権を承認し、高額の貢納金を〔ランゴバルトの首府〕パヴィアへ支払うように、という最後通告をローマ人にもたらした。皇帝は軍隊を送って来ず、シレンティアール・ヨハネスを長とする使節団を派遣し、彼らは七五二年十一月、ローマに到着し、さらにラヴェンナでアイストゥルフにより迎え入れられた。交渉は長引き、シレンティアールが皇帝宮へ帰るときには、国王と教皇の使節が同伴した。

教皇は、皇帝からなんら決定的な援助が期待できないことを悟った。コンスタンティノープルは新しい公会議を準備しており、それは、ローマとの宗教論争を激化するにちがいなかった。このような困難に逢着して、シュテファーヌス二世はピピンに向かうことになった。七五三年三月、一人の巡礼に秘かに託された最初の通信は、ローマの容易ならざる情勢を述べている。それに続いてまもなく、教皇はフランク王国へ入国する正式の招請を求めた。それに対するピピンの使者は、同年六月と七月、ローマに入った。いまや、アイストゥルフはローマへの軍事的攻撃に着手した――フランク人を既成事実のまえに立たせようというのである。しかし、それが発動されるには、遅きに失していた。九月に、二人のフランクの高官――大司教クローデガングとピピンの舅で大公のアウトカール――が、正式の招請状をもたらした。同じとき、皇帝の名前においてランゴバルト王と交渉してよい、という命令をたずさえて、シレンティアールが現れた。七五三年十月十四日、シュテファーヌス二世は、シレンティアール・ヨハネスとフランクの案内人を伴って、永遠の都を出立し、パヴィアへと向かった。ランゴバルト王はなおも譲歩しなかったが、しかし、教皇がフランク王国へ旅程を続けることを敢えて妨げようとはしなかった。皇帝使節もこの旅には同意を与えたようにおもわれる。シュテファーヌス二世は、十月十五日、パヴィアを立ち去った。フランク領に入って、サン・モーリス修道院で彼を出迎えたのは、サン・ドニ修道院長フルラッドと大公ロートハルトであった。ピピン王は、シャーロン・シュル・マルヌの南東にあるポンティオンの館で教皇を待ち受け、当時十二歳であった息子カールを出迎えに向かわせた。主のご公現の祝日に、シュテファーヌス二世はポンティオンに入った。ピピンは馬に乗って彼のまえに進み出、皇帝の儀典書に規定されているところに従って、〔下馬して〕彼に跪拝し、教皇の馬の手綱を手ずから取って、宮内へ導きいれた。次の日に交渉が始まった。シュテファーヌス二世は、保護懇願者としてピピンの前に現れたが、ピピンは彼と彼の息子の名において、誓約によって彼を保護すること（Defensio）を約束した。これによって決定は下された。条約の個々の条項は、のちの取り決めに残された。シュテファーヌス二世は、冬のあいだを国王修道院サン・ドゥニで過ごしたが、その間、王は、差し当たってはアイストゥルフとの交渉によって、目的を達成しようとした。

三度より少なからざるフランクの使者が、七五四年、パヴィアの宮廷に赴いた。しかし、ランゴバルト王は、はるかに頑固で、危険な敵手である姿をあらわにした。彼は、フランク豪族たちのあいだに、イタリアへの軍事介入に対する強い反対のあることを知っていた。ベルニー・リビエールの野原での五月野会でも、実際、ピピンと豪族たちとのあいだの一致はえられなかった。アイストゥルフは、ピピンの兄カールマンを〔修道院から担ぎ出して〕フランク王国に旅立たせ、反対派に強力な後楯を与えた。この危機にさいして、教皇とフランク王とはより密接に結合することになった。シュテファーヌス二世は、ピピンに、カールマンとその息子たちを修道院へ追放する宗教的権威を賦与した。七五四年復活祭に、ピピンは、キエルジー（ラン近傍）の会議でイタリア遠征の決定を承認させることに成功した。国王は教皇に、どうやら書面を提出して、ローマとラヴェンナ、ヴェネツィアとイストリアにおける支配領域、スポレートとベネヴェントの自治を保障する、と約束したようである。双方は友好協約を結んだ。戦争に発進するしばらく前に、シュテファーヌスはサン・ドニにおいて、ピピンとその息子たちカールとカールマンを国王として聖別した。シュテファーヌスは、カロリング家の支流を王権から排除し、三人のフランク国王に――皇帝の委任を受けてか、彼自身の権限においてか、は不明だが――ローマ都市貴族（パトリキウス）の称号を与えて、ローマに対する彼らの保護支配を根拠づけたのであった。

ピピンが、七五四年八月、モン・スニ峠を越えてイタリアに入りつつある間に、彼の兄カールマンはヴィエンヌの一修道院で生を了《お》えた。フランク王国内のクーデターの企ては失敗した。アイストゥルフは、フランク軍が彼をパヴィアに囲んだとき、平和交渉に入った。彼は平和条約で、ランゴバルト王国に対するフランクの宗主権を認め、ラヴェンナをそのほかの都市とともに cum diversis civitatibus 返還することを約した。

平和は「ローマ人、フランク、ランゴバルト」のあいだに締結された。事実、皇帝もローマ都市も、パヴィアには代表を送っていない。アイストゥルフは、次の段階で、ヴェネツィア、イストリアから軍隊を引き上げ、ラヴェンナをその地の首都大司教に返還したが、しかし、総督領の一部を自分の手中に留保し、またローマに対する〔教皇世襲領の〕現状回復の約束も完全には果たさなかった。ローマとラヴェンナの国法上の不明確な位置が、アイストゥルフをして、その義務の履行を引き延ばし、ローマに対してラヴェンナをけしかけることを許したのである。まさに当時、聖像論争が再燃したので、ランゴバルト・ビザンツ連合が可能になっていた。しかし、ランゴバルト王には、忍耐が欠けていた。七五五年十二月、彼はローマへ向かって前進し、七五六年一月一日、これを完全に包囲した。ただ海路だけが開かれていた。フランクの特使ヴァルネハルと三人の教皇使者は、その海の出口に突入して脱出し、彼らは、使徒ペテロの後継者の名において、救援への絶望的な叫びを、三月、フランク国王のもとへもたらした。五月に、皇帝の使節が、ピピンのところへ向かう途中、ローマへ入って来た。彼らも同様にして、海の出口を経てマルセーユへ向かった。彼らがそこへ着いたとき、ピピンはすでにパヴィアの前面に現れていた。皇帝使節ゲオルギウスは王のところへ移動してきて、主人の要求を彼に伝えた。すなわち、ラヴェンナと総督領を皇帝に引き渡すように、という要求である。ピピンは、自分はただ至福なるペテロの愛と罪の赦しのために pro amore beati Petri et venia delictorum 戦場に臨んでいるのである、と答えたが、しかし、皇帝に対して友好条約を提案した。使節はこの提案をもってビザンツへ帰っていった。

アイストゥルフは、七五六年六月末、降伏した。第二のパヴィア平和の諸条件は、第一のものより、基本的により厳しいものであった。ランゴバルトは、王領地の三分の一を引き渡し、メロヴィング時代に課せられていた年々の貢納を復活し、教皇領〔の返還〕回復はフランク国王の全権委任者の手を経て教皇に返還されねばならなかった。かくしてローマ「教会国家」は現実のものとなった。それはローマ大公領、ラヴェンナ総督領、そしてペンタポリスを含むものであった。官吏と人民は教皇に忠誠を誓い、教皇の行政管理が樹立される。法的には、「教会国家」は、もちろん、以前と同じく皇帝権に属するものであった。ピピンは、ローマの都市貴族Patricius Romanorumを帯びようとはしなかった。彼は皇帝の同意以前にそれをしようとは思わなかったのである。シュテファーヌス二世とその後任者たちの方も、その鋳貨〔に刻まれる皇帝の肖像〕と文書に付ける〔皇帝在位年〕日付とによって、自分たちがなお皇帝の宗主権を承認していることを示したのであった。引き続く数年間の出来事は、ローマ側のプログラムを最大限に実現するのに有利に働いた。ランゴバルト王アイストゥルフは七五六年没し、彼の後継者デシデリウスは、七五七年、教皇とサン・ドニ修道院長フルラッドの了解のもとに王位に登ったが、フルラッドは教皇領回復の実行を監視する役目を帯びていた。デシデリウスは、さらに追加として、ボローニャ、フェラーラ、イモラ、ファエンツァ、アンコーナ、ヌマナ、オシモの譲渡を約束した。スポレート、ベネヴェント各大公は、教皇に対して献身礼を行わねばならない。しかし、ローマの高く掲げられた期待は、満たされなかった。パウロ一世が、彼の兄弟シュテファーヌスの後を継いで、七五七年五月十九日、聖ペテロの座に就き、フランク王に選出届け出を行った――以前、ラヴェンナ総督に対して行った選出届け出の仕方に倣って――が、彼はまもなくその要求を引き下げなければならなかった。デシデリウスが、その約束を果たそうとはしなかったからである。彼は七五八年、スポレートとベネヴェントを制圧し、ビザンツと連結することになった。ピピン王は再度のイタリア遠征を拒否した。彼はフランク王国の建設に全身を打ち込んでいたからであるが、その中で、西ゴート人の居住するナルボネンシス〔セプティマニア〕が七五九年に、反抗を続けるアキタニアが、長い戦争ののち七六八年に、ようやく支配下に編入された。ランゴバルド・ビザンツの連合を阻止しようとして、彼はデシデリウスの意を迎える態度をとった。パウロ一世も折れ、〔教皇領〕回復要求については、基本的には、第二パヴィア平和の諸条件の線に立ち帰ることになった。彼は、ラヴェンナについては、教皇の直轄管理に代わって、首都大司教を通しての間接的管理が行われることを容認しなければならなかった。

たとえ不安定なものにせよ、ランゴバルドとの和解が見いだされたのち、パウロ一世によって前面に押し出された問題は、コンスタンティノープルとの関係であった。運命の年、七五四年に、ボスフォラスのヒエレイアで、聖像破壊論者たちの教会会議が開かれ、帝国内の聖像破壊運動は最高潮を迎えた。ギリシア移民の新しい波がイタリアに達した。教皇はギリシア人修道士たちに、七六一年に設立された家門修道院サン・シルベスター・イン・カピテを使用させることにした。七五六／七五七年のフランク・ビザンツ友好関係樹立の交渉が失敗におわったのち、七六三年になってようやく、フランクと教皇の使節が皇帝宮におくられることになった。パウロ一世は、この機会を利用して、聖像擁護者の迫害に抗議した。彼は、同年（七六三）のパレスティナの教会会議で聖像破壊に反対する立場をとったオリエントの三人の総主教と結び付きをもつにいたった。フランクの使者が、七六五年、初めてバグダッドのアッバス朝宮廷に使いしているが、それは、教皇とアレクサンドリア総主教によって勧められたものとおもわれる。同年（七六五）末、フランク王・教皇の使節は、異常に長い皇帝宮での滞在ののち、帰国してきた。これには、ギリシア側の使節が同伴しており、同使節はピピンに対し婚姻同盟をした。皇帝は明らかにフランクをローマから切り離そうと考えたのである。アクィタニア戦争の長い中断ののち、七六七年、再びジャンティリに王国教会会議が招集され、そこで、聖像問題についてギリシア人とローマ人とのあいだで宗教論争が行われた。パウロ一世の怖れは杞憂におわった。フランク人はローマ側に踏みとどまったのである。

パウロ一世は、ジャンティリ教会会議後まもなく、七六七年六月二十三日、死んだ。彼はその在任中、あまりにも宗務総長 Proceres ecclesiae を重用しすぎたので、その死後、軍事長官 Judices militiae たちの反動が起こった。ローマの軍事貴族たちは、大公ネピのテオドドール（トト）のまわりに集まり、その敵対者となったのは教皇侍従長クリストフォールスであった。ネピのテオドールは、クーデターを敢行することも辞さなかった。選挙という体裁を整えることもなしに、彼は友人や庇護民を動員して、自分の兄弟コンスタンティンを教皇であると触れ回させ、コンスタンティンは塗油 per saltum の聖別をえて、七六七年七月五日、ペテロの座に登ったのであった。きわめて疑わしい事情のもとで登位させられた新教皇は、熱心にフランク王の承認をえようとしたが、無駄におわった。しかし、彼はほぼ一年間、ローマの直接的支配者であった。相手方のクリストフォールスは、七六八年復活祭中にローマを去らねばならなかった。しかし、彼は約束通りにスポレートの一修道院に入ることはせず、スポレート大公およびデシデリウス王のところにいって、助けを乞うた。ランゴバルド王は、なかなかと懇願させるような真似はしなかった。侍従長はローマ市内に友人をもっており、その援助をえて、七月末、ローマでクーデターを起こすことに成功した。彼は心得ていて、騒々しい仕方で教皇を創り出そうとしたランゴバルドの同盟者を排除し、八月一日、聖なる椅子に奉仕する場 Servans locum *s.* Sedis として、正規の選挙集会を招集し、サン・カエキリア教会の司祭シュテファーヌスを全員一致で選んだ。コンスタンティンは罵声のなかローマ中を連れ回され、八月六日、ラテラン教会会議によって解任された。八月七日、シュテファーヌス三世は教皇としての聖別を受けたのである。

勝ち誇った党は、新教皇の意志に反して、激しい残虐行為に及んだ。サバ修道院に収容されていたコンスタンティンは、一味によって目をえぐられた。同じ運命に苦しんだ者にランゴバルドの密使ヴァルディペルトがおり、彼は身体を切断されて死んだ。暴力的な成り行きは、シュテファーヌスをして、新教会会議を招集することを思い立たせ、これにはフランク人も招かれた。九月初め、使者はカロリング宮廷に到着したが、もはや生きている国王を見ることはできなかった。ピピンは九月二十四日、亡くなり、次の日、サン・ドゥニの国王納骨所に葬られた。きわめて危険なこの瞬間、ローマ教会の保護は、いまや若い二人の国王カールとカールマンの手に委ねられることになったのである。

# 第二部　カール大帝と教会

# 第五章　カールの登場、ランゴバルド王国の併合、ペテロ世襲領の境界設定

ピピンの長男カールは、父の死んだとき二十六歳、次男のカールマンは十七歳であった。豪族たちは、カールにはノワヨンで、カールマンには、七五一年ピピンが国王に上げられたソアソンの地で、それぞれ忠誠を誓った。カールはガスコーニュからフリースラントにいたる大西洋、北海沿岸沿いの属州を、カールマンはフランク王国の中央および地中海沿岸沿いの地域を支配下においた。両フランク王は、七六九年四月十二日に招集されたローマの教会会議に、司教代議員団をおくった。その教会会議は、十三人のフランク司教たちのほかに、七人のランゴバルド、二十一人のローマ大公領、十一人のラヴェンナ総督領を各代表する司教たちから成り立っていた。盲いた教皇コンスタンティンは贖罪を命ぜられ、彼の選出と聖別は無効と宣せられた。そのほかの決議は、将来の教皇選挙の方式について規定したものである。すなわち、選挙投票権は聖職者に、被選挙権は枢機卿司祭ないし同助祭に限られることになった。俗人には、ただ拍手喝采の権のみが残されたが、しかし、これもまた法的には必要なことであった。何故なら、拍手喝采があって、初めて選挙行為は完了するのであり、その完了したこともまた俗人によって署名・確認されねばならなかったからである。この選挙規定はいわば理想的な規則であり、実際はしばしばそれからずれ、のちの改革者たちはその理想に立ち戻らねばならなかった。最後に、オリエントの三人の総主教の提案を承けて、聖像論争に対する態度を協議し、聖像破壊を有罪と宣告した。

ローマの教会会議は、軍事長官に対する宗務総長の勝利を確定的なものにした。ローマ市の支配者となったのは侍従長クリストフォールスであり、その息子セルギウスは侍従次長ならびに謁見取り次役へ、また娘婿グラティ

オーススはローマ大公へと昇された。この党は、ランゴバルドに対して、ローマ側のプログラムの最大限実現を主張した。デシデリウスは異議を唱えたが、それは彼の不利益になるばかりであった。しかし、ランゴバルド王は、無為に過ごしていたわけではない。彼は、七六九年八月末、ラヴェンナの首都大司教交替にさいして、民兵たちを煽って、彼らの候補者を推させることに成功し、またイストリア地方を占拠し、それをグラード大司教の管轄から切り離し、ランゴバルド領のアクィレイア大司教管区に編入しようとしたのであった。ランゴバルドにとって都合のよいことに、フランク内では内紛が起こっており、それはすでに七六九年春に露わになっていたが、七七〇年夏には公然たるものになっていた。

王母ベルトラーダが、七七〇年六月、カールマンに改めて調停を試みて、失敗に了《おわ》ったのち、カールは弟に対抗するための同盟者を求めた。ベルトラーダは、デシデリウスとカールのあいだに友好同盟を成立させ、カールはランゴバルド王の娘と結婚した。それによってカールは、バイエルン大公タッシーロ、ベネヴェント大公アリキスと義兄弟となったが、両者はそれより少し前、ランゴバルド王のほかの娘たちと結婚していたのである。だからといって、カールは、ランゴバルドにローマの自由な操縦を許すつもりはなかった。彼はイタリアで、ピピンが第二パヴィア平和ののち進めたような、妥協政策を追及した。彼の勧めによって、ローマ教皇に、ベネヴェント大公国内にあるサムニウム世襲領 Patrimonium Samniticum が返還された。デシデリウスは、ラヴェンナでも後退しなければならなかった。教皇側の候補者、首席司祭レオが首都大司教に選ばれ、彼はシュテファーヌス三世みずからの手によってローマで聖別されたのである。

シュテファーヌス三世は、カールのランゴバルドの娘との結婚について、けっして同意していたわけではなかった。彼はカールマンに接近し、七七〇年に生まれたその息子ピピンの代父さえ引き受けようとした。侍従長クリストフォールスの方も、思い切ってカールマンとの連携にふみきった。カールマンから、反ランゴバルドの政策が期待できたからである。しかし、教皇は、その非道ぶりをけっして容認できない全権力を握った男〔クリストフォールス〕とその一党の影響下から逃れようと欲していた。この侍従長に反対して行動したのが、教皇近侍のパウルス・アフィアルタであるが、彼は秘かにデシデリウスと通じていた。アフィアルタの助言にもとづいて、シュテファーヌス三世はランゴバルド王と談合したが、王は七七一年の四旬節（二月—三月）に、軍隊を連れてローマの前面に現れていたのである。サン・ピエトロでの教皇と王の会談で、デシデリウスは、もしシュテファーヌスがクリストフォールスを見放すならば、大規模な世襲領返還をする用意がある、と言明した。教皇はだまされ、クリストフォールスを犠牲にした。彼はデシデリウスの手を経てパウルス・アフィアルタに引き渡され、これによってひどい肢体切断の虐待を受け、その傷がもとで三日後に死んだ。シュテファーヌス三世がランゴバルドとの協定においていた期待は満たされなかった。デシデリウスは、その義務を果たさない口実に、ローマはカールマンと対抗するためにはなお自分を必要としているのではないか、と嘲るようにうそぶいた。ランゴバルド王はローマの守護者（プロテクトール）となった。シュテファーヌス三世は、クリストフォールスの後見をアフィアルタのそれに取り替えたにすぎなかった。彼はそのような屈辱のなかで長く生き続けることができず、七七二年二月三日、死んだ。最良の衝動に心を動かされながら、彼は、情容赦のない環境の中にあって、彼の職務の高い要求を実現させることはできなかった。彼の教皇職は失敗におわったのである。

カールがどのような気持ちでローマの激変を聞いたか、は想像に余りあるものがある。その事態をまえにして、彼の使節も手の施しようがなかった。ランゴバルド王の政策は、カールを袋小路に追い込んだ。何故なら、カールは、ランゴバルドのローマ守護職も、カールマンのローマ介入も、ともに許すつもりはなかったからである。兄弟間の葛藤にもかかわらず、七七一年になお戦争にいたらなかったのは、以上のようなローマの出来事があったからだとおもわれる。おそらくこの年の末、カールはデシデリウスの娘を離別し、それによってランゴバルドとの関係を解消した。それより少し前、状況を完全に一変させ、カールの手に勝利をもたらす出来事が起こった。二十歳になったばかりのカールマンの死である。彼は、七七一年十二月四日、サムーシー（ラン近傍）の宮廷で亡くなり、ランスのレミギウス修道院に葬られた。クリスマス直前にはもう、豪族たちはコルベニーにおいてカールに忠誠を誓ったが、カールマンの未亡人ゲルベルガは、二人の息子と数人の側近を連れて、ランゴバルドの許に逃れたのであった。カールがフランク王国を再び統合している間に、ローマでも事態の転換が起こっていた。シュテファーヌス三世の後任には、助祭であったハドリアーヌスが選ばれたが、彼はヴィア・ラータの都市貴族の出身で、その出自と経歴からいって、宗務総長側と軍事長官側とのあいだを橋渡しするのに最適任者であった。七七二年二月九日に執り行われた聖別のすぐ後で、ランゴバルド王はもう新教皇に対し友好協約を結ぶようにという要求をつきつけた。ハドリアーヌスは、その条件としては、デシデリウスが先任教皇になした教皇領回復の約束の実現が先になされるべきであるとし、三月末にアフィアルタを使者としてパヴィアへ派遣したが、じつはこの危険な人物をローマから遠ざけるねらいもあった。この教皇使節が到着するまえに、デシデリウスは総督領への攻撃を開始し、フェラーラ、コマッキオ、ファエンツァを占領し、ラヴェンナを包囲したのであった。

ハドリアーヌスは、平和の破棄に対して抗議した。デシデリウスはアフィアルタと相談して、前の年の遊戯を繰り返すこととし、ハドリアーヌスに個人的会談を要求した。それによって、彼から、カールとの断絶、カールマンの未成年の息子たちを王として聖別することを約束させよう、というのである。しかし、ハドリアーヌスは、「ダイヤモンドの心臓」を持った人物であり、縮みあがりはしなかった。彼は自分の条件に固執し、シュテファーヌス三世の最後にさいして、アフィアルタの一味によって殺害されたセルギウス事件の審問を開始した。アフィアルタの罪状はまもなく明白となった。ランゴバルド王の手先となったこの男は、総督領を通って帰ろうとしたところを逮捕された。ハドリアーヌスはラヴェンナ首都大司教レオに、アフィアルタをギリシアに送還し、皇帝に引き渡すように、と要求した。しかし、大司教はこの支持に従わず、結局、独断で処刑の命令を出してしまったのである。

危機は引き続く数カ月のうちに頂点にたっした。すなわち、ランゴバルドはペンタポリスへ、そして最後には、ローマ大公領へ向かって前進を始めたのである。彼らが、七七二年から翌年にかけての冬、ローマを包囲したとき、ハドリアーヌスは「止むを得ざる必要から necessitate compulsus」カールに懇請しようと決意した。教皇の使者は再び海路を取った。使者は七七三年の二月末か三月初めに、ディーデンホーフェンのカールのところに到達した。はじめカールは、デシデリウスに教皇の訴えについて問い合わせたのち、ローマへ使節を派遣した。フランク側は、〔ランゴバルドに〕パヴィアに後退して、教皇の〔教皇領〕回復要求に応じてはどうか、と提案したが、拒絶に突き当たるばかりであった。カールは重ねて、ランゴバルド王に、回復要求に対して金銭上の補償をしてはどうかと提案した。デシデリウスがなおも拒否の返事に固執したので、カールは、豪族たちを王国集会に招集し、ジュネーヴへの進軍を命令した。進軍がアルプスにかかったとき、彼はあとの方の提案を繰り返した——この度は、もちろん、彼の戦術上のプラン遂行までランゴバルド王を引き留めておくのがねらいであったが。

デシデリウスは、前王と同様、モン・スニ峠まで前進したが、彼と対峙したのは、カール自身であった。しかし、フランクは、第二の軍団を叔父ベルンハルトの指揮下にモンス・ヨヴィス〔大サン・ベルナール峠〕に向かわせており、この軍団は大した抵抗も受けずに峠を越え、ポー平原に突入した。デシデリウスの軍隊は、パニックの状態に襲われ、パヴィアの方向へ退却した。またもや、七五四、七五六年の出来事が繰り返されたのである。いまや「鉄のカール」の本性があらわになり、彼は父の軌道を捨て、ランゴバルドから無条件降伏を要求したのであった。七七三年九月、彼は長期にわたるランゴバルドの首府の包囲を準備した。北イタリアのほかの都市におけるランゴバルドの抵抗は、まもなく崩壊した。ヴェロナでは、ゲルベルガとその息子たちがカールの手に落ち、彼らはコルビー修道院へと送られた。同じころ、ヴェロナへ撤退してきていたランゴバルド王の息子アダルギスは逃れたが、結局は、ビザンツ人のもとへと落ちていった。

その間、中部イタリアでも、デシデリウスの没落は始まっていた。すでに戦争の勃発と同時に、ランゴバルド人はスポレート、リエティからローマへと逃亡していた。最初のフランクの勝利後、チッタ・ディ・カステルロ、フェルモ、オジモ、アンコーナだけでなく、スポレートのランゴバルド人も教皇に託身したが、教皇はスポレートの新しい大公としてヒルデブラントを任命した。ただベネヴェント大公で、デシデリウスの娘婿にあたるアリキスは、ランゴバルド王に忠実にとどまった。

中部イタリアにおける事態の推移は、カールを不安にさせたようである。そこで彼は、父を乗り越える一歩を踏み出す決意を固めた。七七四年三月末、彼は多数の従者を従えて、一巡礼者としてローマへ向かった。驚いた教皇は、大急ぎで迎え入れる準備をした。カールが聖土曜日（四月二日）、〔ローマの手前〕三十マイルの里程標のある、アド・ノヴァス（トレヴィニャーノ近傍）の宿駅に入ると、そこにはローマの軍事貴族が軍旗を持って、待ち受けていた。それは、国王を迎えるにふさわしい特別の栄誉のしるしであった。それからの行動は、総督を遇する式次第に則って演じられた。モンテ・マリオの麓、一マイルの里程標のところに到着したとき、カールは、校長（将校）に率いられた士官学校生徒ならびに学校児童らによって歓迎された。王は馬から下り、一巡礼者として徒歩でサン・ピエトロへ向かい、そこで教皇は聖職者たちとともに出迎えた。聖堂内に入り、サン・ピエトロ告解祭壇のまえで祈りを捧げたのち、王は、「とりどりの神の教会において祈願を果たすため sua orationum vota per diversas Dei ecclesias persolvenda」ローマ市に入る許可を求めた。フランク人とローマ人とがペテロの墓前で安全保障の誓いを交わしたのち、教皇と王とは一緒にラテランへと赴き、そこで教皇は洗礼の秘蹟を施した。それから王はサン・ピエトロにとって返し、パラティン丘の皇帝宮殿ではなく、サン・ピエトロにある外国人逗留所 Scholae peregrinorum に入り、カールはそこを滞在宿舎とした。そこに、皇帝、あるいは教皇とローマ市民に対する配慮を見て取ることができる。何故なら、正規の総督ならば、パラティン丘の宮殿の使用が認められていたからである。

復活祭の日曜日、月曜日、火曜日、フランク王は、伝統に則って、サンタ・マリア・マッジョーレ、サン・ピエトロ、サン・パウロで祝われる教皇の祝祭行事に参加した。復活祭月曜日には、ローマで初めてフランク王万歳の歓呼が響いたが、ハドリアーヌスが客人を頌えてその発声を行ったのである。

しかし、カールはただ祈願者としてローマへ来たのではなかった。復活祭後の水曜日、決定的ともいうべき政治的協定が合意されたが、それはもちろん、事前に準備されていたことであった。教皇は、宗務ならびに軍事の長官たちを連れて、サン・ピエトロに入り、王にキエルジーの「約束 Promissio」を果たすようにと乞うたが、それはいまやはっきりと贈与の約束として理解されていた。「約束」が読み上げられ、カールの承認をえ、彼は官房長をして最初のものと同文（ad instar anterioris）の第二の贈与約束文書を書かせた。それによってカールは、聖ペテロとその代理人に、ローマ大公領（それはわざわざ書かれてはいない）のほかに、コルシカ島、ラヴェンナ総督領、ヴェネツィア、イストリア両属州、スポレート、ベネヴェント大公国を約束した。教会関係領地の北境界線は、ルーニ―ソルニャーノ―チザパス―パルマ―レッジオ―マントヴァ―モンセリーチェによって画されるが、これは六〇〇年ごろの一条約から採用され、これからキエルジーの約束に取り入れられていたものである。条文を文字通りに理解すると、チザパスからモンセリーチェまでの部分は総督領の境界線をなし、その境界線は、次に（詳しくは述べられていないが）アペニン山脈の分水嶺に沿って、南東の方向に伸びている。多分、教皇には、チザパスとルーニのあいだのルニジアーナが約束されたとおもわれるが、ロンバルディアのトスカナ全体が与えられたわけではない。カールの約定は二通書かれ、サン・ピエトロに保管されることになり、第三の、教皇官房によって作成された文書を持って、カールはパヴィアへ帰っていった。

この約束よりももっと意義深いのは、国法上の結果であったが、これはハドリアーヌスが新しい状況から引き出したものであった。カールのイタリア遠征までは、ハドリアーヌスは、前任者と同様に、文書の日付を皇帝登位年によって記していた。しかし、いまや、教皇文書から皇帝登位年が消え、ローマの鋳貨から皇帝名と同肖像が消えた。それに代わって登場するのが、教皇就位年、教皇名と同肖像である。この変化の意義は明白であろう。すなわち、教会国家は帝権から分離し、教皇が主権者となったのである。

ランゴバルド・イタリア人とローマ・イタリア人のあいだの永年にわたる紛争は、カールがランゴバルド王 Rex langobardorum、ローマ守護職 Patricius Romanorum になったからといって、もちろん完全に消え去ったわけではない。王は、北フランスに帰国するまえに、デシデリウスの教皇領回復の約束を果たしたが、自分自身の「寄進の約束 Promissio donationis」を果たしはしなかった。彼は、ラヴェンナ大司教が、中間権力機関として、イモラとボローニャの周辺に総督領を拡大することを容認した。教皇は、のちの調整に希望を繋ぐほかはなかった。だが、七七五年、カロリング・イタリア支配の新しく構築された全建造物が動揺する様相を示した。イタリア民族派・ランゴバルド復権派の〔反カロリングの〕勢力が、ベネヴェント大公に支柱を見出したからである。大公は、パヴィアの陥落後、独立のしるしとして、元首（プリンケプス）の称号を取った。さらにハドリアーヌスは、ベネヴェントがスポレート、キウージ、フリウーリの諸大公、ランゴバルド王位請求者アダルギス、そしてビザンツ人と結合するにいたったことを知った。皇帝コンスタンティヌス五世の死（七七五年九月十四日）は、もちろん、共謀者たちのあいだに混乱を捲き起こしたが、七七五年末に脱退したのはフリウーリのフロドガウドだけであった。反乱はなにしろ深刻なものであったので、カールは、七七五年十二月、二回目のイタリア遠征を行い、七七六年七月までそこに滞在した。彼はいまやランゴバルド王国のフランク的変形化に着手したが、今度もまた、彼自身の約束の実現を果たそうとはしなかった。ハドリアーヌスは、ローマで彼の来訪を待ち受けたが、無駄だった。

教皇は欺かれて、機嫌を損じた。フランク王に対する彼の関係は、著しく冷却したものとなった。ラヴェンナは、なお厄介な存在でありつづけた。イストリアに足場を固めようとした教皇の企ては、失敗におわった。そこで七七七年、ハドリアーヌスはついにカールへの新しい使節の派遣を決心し、それに応えて、カールは七七八年復活祭にローマを訪問することを約束した。この訪問にさいしては、国王の息子カールマンの洗礼が予定された。しかし、スペイン戦役行が、必然的に訪問を延期させることになった。ハドリアーヌスは、七七八年五月、フランク王に約束を果たす義務があることを確認させる最後の試みをし、そのさいコンスタンティヌス大帝の例を引き合いにだした。教皇はその書簡に、トスカナ、コルシカ、スポレート、ベネヴェントにおけるローマ教会領に関する文書を添えた。これらの地域における教皇世襲権の存在を宣伝することによって、「約束」に記載されている地方に対するローマ教会の請求権を補強しようとしたのである。しかし、同時に、それによって、政治的要求が貫徹されなかった場合の、一時退避プログラムも用意されたわけである。

コンスタンティヌス大帝が引き合いに出されているのは、目新しい。教皇書簡の文面は、いわゆる『コンスタンティン寄進状（Constitutum Constantini）』の余韻を含んでいるが、われわれの見解によれば、ハドリアーヌスのこの書簡は、『寄進状』出現の日付に関しての下限年代 terminus ad quem を提供するものである。この有名な偽文書の叙述部分 Narratio は、すでに五〇〇年ごろに存在が証明されているシルヴェスター伝説(18)と結び付いている。『寄進状』によれば、コンスタンティヌス大帝は聖ペテロとその代理人――大帝は、その代理人の普遍的首位性を国法的に承認している――に、皇帝宮殿（ラテラン）、皇帝支配権標識、そして、ローマ市、イタリアならびに西ヨーロッパ地域のすべての属州、地区、集落 Romae urbis et omnes Italicae seu occidentalium regionum provincias, loca et civitates を譲渡した、といわれる。また、ローマの聖職者は元老員議員の地位と特権を保持することになる。皇帝はその所在地をビザンツに移し、ローマと西ヨーロッパをローマ教会に委ねる。その理由は、「聖なるキリスト教の首長が、天なる帝によって頭（カプット）として据えられた場所に、地上の皇帝が権力を持つというのは、正しからざることであるからである quoniam, ubi pricipatus sacerdotum et christianae religionis caput ab imperatore celeste constitutum est, iutum non est, ut illic imperator terrenus habeat potestatem.」皇帝によるローマの首位性の承認は、ただコンスタンティノープルに宛ててなされたものである。何故なら、ローマの首位性は西ヨーロッパではなんら争いの的にはならなかったからである。この点は、すでに、大晦日伝説にもみられたことである。『寄進状』は、そうした伝説をはるかに越えて、西ヨーロッパにおける教皇の皇帝的地位、つまり教皇の主権を強調しており、これこそは、ハドリアーヌスが七七四年以後になって初めて要求したことであった。『寄進状』はさらに、ローマ、イタリア、そして西ヨーロッパ地域の諸属州に対する支配権をも含み、つまりは、大イタリア教会国家への要求と解釈されるものである。文書の偽造性を示す形式的指標は、それがハドリアーヌス以前の三人の前任者の時になされたものであることを物語っている。しかし、文書の法的内容は、偽造がハドリアーヌス期、より詳しくいえば、七七四年から七七八年までの間になされたことを明白に示している。

ハドリアーヌスは、カールに対する自分の最後の訴えかけが成果を生むかどうか、について大きな幻想を抱いてはいなかった。ロンスヴァルの退却[19]後、新たなザクセン反乱を鎮圧したフランク王は、七八〇年末になって、ようやく第三回イタリア遠征に踏み切り、七八一年の復活祭（四月五日）、長年待ち望んでいたローマ訪問を果たした。イタリア問題に決着をつける時は熟していた。何故なら、コンスタンティノープルにおいては、帝妃イレーネが、前年のレオ四世の死（七八〇年九月八日）後、彼女の年端もいかぬ息子コンスタンティヌス六世に対する後見支配を引き受け、西ヨーロッパとの接触を再び開始していたからである。カロリング朝の安泰とカールの免罪を祈り、同時に教皇と国王の一体化を示す国家行事が厳かに繰り広げられた。ハドリアーヌスは、国王の息子カールマン（いまやピピンという名前を取ることになる）を洗礼盤から抱き上げ、彼をイタリア王として、またその弟ルートヴィヒをアクィタニア王として、塗油した。王の娘ロトルートは、若き皇帝コンスタンティヌス六世と婚約させることになった。ハドリアーヌスとカールは、共同の使者をバイエルン大公タッシーロのもとに派遣し、フランク王に忠誠を誓うように勧告した。教皇は大教会国家の夢を葬った。彼は、自分とビザンツ、とくにナポリとのあいだの争いの的であったテラチーナを断念し、またトスカナとスポレート大公国に対する要求もあきらめた。それに対してカールは、フランクの特使がスポレートから切り取ってきた〔西半分の〕サビーナと、トスカナ、スポレートがこれまでパヴィアに納めてきた貢納収入とを、彼に譲渡した。そのほかの境界線改善もハドリアーヌスに約束されたが、それらが正式に承認をみたのはようやく七八七年のことであった。すなわち、カールは彼に、南トスカナ（ヴィテルボ、オルヴィエート、ソアーナ）、同地方の海港都市グロッセート（ロゼッラエ）とピオンビーノ（ポプローニア）、ベネヴェントの北西境界線上にあるリリ渓谷のソラ、アルピーノ、アルケ、さらにアクィーノ、テアーノ、カプアの諸都市を与えた。ベネヴェント全体の譲渡というのは、もちろん、完全には実現されなかったけれども、しかし、教会国家はいまやその最終的な形態をとることになったのである。

# 第六章　カロリング大帝国の完成

ピピンはその息子たちに、イタリア問題だけでなく、ザクセン問題をも残した。原ザクセン人はホルシュタインを原住地とした。彼らは、三世紀のころ、エムス河とエルベ河のあいだに居住するカウク族と合流し、その一部はブリテン島に渡ってかの地を征服し、一部は南方へ向かった。六世紀に彼らは、フランクと協力して、テューリンゲン王国を滅ぼし、ハノーヴァーの南、ヴェーザー、エルベ、ウンストルート、ザーレ各河川の囲まれた地域に占住した。最後に七〇〇年ごろ、彼らは、リッペ河の南の、フランク王国に属するボルクトゥアリ族の土地を征服した。カールのザクセン戦争開始の前夜、ザクセン人の「国家」は、緩やかに結合した貴族政共和国の様相を呈し、そこでは、原ザクセン貴族と征服された地域の自由民、半自由民とのあいだに、明確な身分的区別がなされていた。

ザクセンの異教信仰については、多かれ少なかれ、ごく偶然に判った断片的なことしか知られていない。すでにタキトゥスによって伝えられていた三体の神は、ヴォーダン、ドナール、ザックスノート（ツィウー）三神の名のもとで行われるザクセンの誓約の仕方の中に現れている。ヴォーダンとザックスノートは、サクソンの家系譜の中では、同王家の先祖として現れてきている。「ザクセン馬」は、祭儀用動物として重要な役割を演じていた。高貴な人物が埋葬される場合、その肉は葬儀参列者たちによって食われた。ザクセン地方史のもっとも判っていない一章は、魔女信仰に関するそれで、それには、儀礼としての人肉食慣行という特徴が付着していたようにおもわれる。

早い時期のカロリング家は、ザクセン族の拡張にストップをかけ、その辺境地域であるウェストファーレン、オストファーレンに貢納を課した。フランク国境防備の砦には、早い時期から教会があった。ヴィリブロルド、スウィトバート、ボニファティウスも、その活動をそこから始めたが、しかし、まもなく国境地帯に新しい教会が建てられた。布教中心地として重要性をえたのは、ユトレヒト、スウィドバーツヴェルト（今日のカイザースヴェルトで、ヴェルデン修道院の前身）、アメーネブルク、ビューラブルク＝フリッツラール、フルダ、そしてヘルスフェルトである。ピピンの時代には、フリースラント、ヘッセン、テューリンゲンにおけるアングロ・サクソン系宣教師の根拠地は、ケルン、マインツ、ヴォルムスといった古くからの司教都市としばしば競争状態に陥った。北部では、アングロ・サクソン系中心地ユトレヒトが、ケルンとならんで、自立的地位を保持しつづけた。ライン・マイン地域では、すでにピピンの晩年に、ビューラブルク＝フリッツラール、エルフルトとマインツとの合体によって、部分的に克服された。カール大帝はこの競合関係に介入していき、ロルシュ（七七二／七七三）、フルダ（七七四）、ヘルスフェルト（七七五）、フリッツラール（七七五／七八二）、そして、おそらくアメーネブルクにも、特権を賦与して、これらを国王直属修道院に昇格させたのであった。

フランク王によって指揮されない「非政治的」布教活動の可能性は、ヘッセン、テューリゲンの辺境地域では、もはや不可能であった。北部では、事態はそれほどに固まっていたわけではない。ユトレヒトの布教は、カールの治世の初年度に、フリースラント境界のデヴェンター周辺に拡がり、そこにアングロ・サクソン人レブインは教会を建てた。彼はザクセン人の友人を介して、マルクローのザクセン種族集会への立ち入りを許され、そのさい彼は、ザクセン人に、自発的にキリスト教を受容するように勧誘した。しかし、ザクセン人の運命の刻はすでに打たれており、キリスト教信仰の受容のための真の決断を下すには、時はすでに遅すぎた。ザクセンをフランク王国に政治的、宗教的に編入することが、カールの最初の目標の一つだった。彼は七七二年、二つのフランクの分国（ヘッセンとテューリゲン）を併合したのち、この課題に着手し、さらに七七五年、イタリア遠征の終了後、すぐに再び取り上げた。ザクセンは、七七六年、リップシュプリンゲで全面的に降伏し、七七七年、パーダーボーンの国会で、この降伏を改めてやり直したが、この会議は、ザクセンラントでもたれた最初の王国集会であった。ザクセン人は、彼らの法にしたがって、忠誠の証《あかし》として自由と財産を担保にさし出した。南ウェストファーレ（ドルトムント）とエンゲル（パーダーボーン）に設けられたフランク辺境領組織の発端は、この時代に溯る。最初の集団洗礼が行われた。フルダ修道院長シュトゥルミが、エーレスブルク(20)に属する命令権とパーダーボーン周辺部の布教の指揮を引き受けた。また、ウェストファーレンのリッペ河南方の地域へはケルンから、アイヒスフェルト、ライネ渓谷（ゲッチンゲン、ネルテン）へは、多分マインツから、ザーレ、ウンストルート、ボーデへはヘルスフェルトから、布教が始まっていた。

辺境領以外では、フランクの支配は、さしあたっては親フランク的貴族層に支えられているにすぎなかった。しかし、反フランク的党派も存在した。それに属した一人にウェストファーレン人ヴィドキントがおり、彼は、ミュンスター、オスナーブリュック地域を故地とする貴族家門の出身であった。ヴィドキントは、パーダーボーンには現れず、「北方人の土地」へ逃れた。彼は、フランクのロンスヴァルでの敗北直後の七七八年秋、帰って来、蜂起の口火を切り、これがザクセン戦争の第二の局面の発端となった。カールは、これまで、オスナーブリュック――ミンデンとヴォルフェンビュッテル――シェーニンゲンの線を越えて、〔ザクセンの地に〕突入したことはなかった。しかし、いまや初めて、エルベ河まで前進し、そこで隣接するスラヴ系種族と接触をもった。バルデンガウ（リューネブルク周辺）の住民、およびその北方の人びとが、七八〇年、洗礼を受けた。ザクセン全体が、この年、いくつかの布教管区に分割された。七八二年、二度目の王国集会がザクセンで催されたが、今度はリップシュプリンゲでもたれた。ここに初めて、デーン人とアヴァール人の使節が現れている。

カールはいまや、ザクセン全体をカロリングの王国行政組織に編入するときがきた、と確信した。ザクセンはいくつかの伯領に分割され、その大部分は、親フランク的貴族グループに委ねられた。王は、それと同時に、王国の教会関係立法をザクセンに推し及ぼそうと考え、ザクセン勅令を発布したが、それは、ルイ・アルパンの適切な決まり文句にしたがえば、キリスト教の受容か、さもなければ、死か、を意味するものであった。そこでは、怖るべき単調さで、「死刑に処せられる morte moriatur」という語が繰り返されている——洗礼の拒否の場合や、聖職者やキリスト教徒に対する暴力行為の場合に、あるいは、四十日間の断食のような典令上の規則とか、十戒といったものに対する違反行為の場合に、そうなのである。ただ、教会の避難権（アジール）の規定や、非公然の違反にさいして〔処罰は〕教会規定による贖罪へと転化される、といった規則が、わずかに緩和の働きをしている。

キリスト教とその教会に対する批判者は、啓蒙期以来、絶えずこの勅令を引き合いにだして、キリスト教的原則を嘲笑してきた。歴史家は、こうした固定観念にとどまるのではなく、問題を歴史的連関性の中で捉えなければならない。死刑は、ザクセン人にとっては異質なものではなかった——それは、身分違いの結婚とか、所有物に対する犯罪にさいしても適用された。フランク人の場合には、死刑は大逆罪の場合にのみ適用されたが、カールにとっては、神への奉仕と王への奉仕とは分離されえないものであった。王は、自分に対する服従を要求しただけでなく、神に対しても、しかも同じ手段、おなじ精神でもって服従することを要求した。当時のキリスト教徒は、異教徒と同様、宗教の分野において、とりわけ怖れ tremendum を感じていた。神の怖ろしさは、旧約聖書にある如く、神の愛に立ちまさっていた。人びとは、宗教的命令と教会の命令とを、内的倫理と典令的規律を明確に区別することなしに、等しく一体のものとして捉えた。このように理解してこそ、近代の理解によっては捉え難い、勅令における違反と処罰の大きな隔たりは説明されるであろう。もちろん、八世紀においても、この勅令の根本にある法の苛酷さや粗っぽい宗教観に抗議した教会人が、全くなかった訳ではない。勅令とここ数年の布教の仕方に対する批判者として、不朽の名声をえたのはアルクインとアクィレイアのパウリーヌスであった。そして、彼らはカールに対した影響力がないわけではなかったのである。

ザクセン人に、見知らぬ信仰、見知らぬ法を暴力的に強制しようとしたこの勅令は、まもなく、またもや反乱の火の手を上げさせることになった。北フランクに帰った王は、一部隊にソルブ族との闘争を委ねたが、その部隊はジュンテルで全滅させられ、フランクはザクセン戦争中もっとも手痛い敗北を喫した。にもかかわらず、ザクセン人は、カールがみずから戦場に現れたとき、敢えて戦おうとはしなかった。ヴィドキントは、またもや「北方人の土地」に逃れ、親フランク的貴族党によって多数の反徒が引き渡され、彼らは勅令の法によって取り扱われた。かくして、七八二年秋、フェルデンで血の裁判がもたれ、王国年代記によれば、四五〇〇人が犠牲となって倒れた。この数の伝承については、いろいろこじつけて解釈すべきではないが、他の中世史料における数字の記事と同様、文字通りに受け取ってはならないであろう。ただ、年代記者は、異常なほど多くのザクセン人が処刑された、ということをいいたかったのである。

フェルデンでの死刑執行は、反対の作用をもった。ザクセン戦争は、七八三―七八五年、その頂点にたっし、七八四年には中部・東部フリースラントにまで波及した。カールは、結局、七八五年春、バルデンガウに進出したとき、ヴィドキント、アッビオと交渉し、彼らはアッティニーの宮廷に伺候し、洗礼を受けたのであった。ヴィドキントは、おそらく他のザクセン貴族と同様に、フランクの伯職を引き受けたとおもわれる。信頼すべき、もちろん一一〇〇年ごろ初めて書き取られた伝承によれば、彼は、ヒアフォード近傍エンガーの、彼自身によって建立された教会に葬られた。彼の家門は、十一世紀までウェストファーレンで栄え続けた。オットー大帝の母マティルデは、その家系の出身である。ヴィドキントの降伏でもって、ザクセン戦争の第一の、もっとも血なまぐさい局面は終わった。王は全国土に感謝の祈りを捧げるようにと命令した。平和は七年間の長きにわたって壊されることはなかった。この時期に、ザクセンの教会組織のための基礎がおかれた。

ザクセン南部では、マインツ、ヴュルツブルクという司教座教会、フルダ、ヘルスフェルト、アモールバッハ各修道院が、布教の主要な担い手であった。ゲッチンゲン周辺の布教地域は、マインツ司教管区に編入された。ヘルスフェルトは、ウンストルート、ザーレ、ボーデ河に囲まれた地域で支配的地位を主張した。フルダは、院長シュトゥルミの死（七七九）にさいして、布教拠点パーダーボーンをヴュルツブルクに譲渡し、院長バウグウルフ（七八〇—八〇二）のとき、拠点ハーメルン、ミンデンを引き取った。アモールバッハは拠点フェルデンを獲得した。

ザクセン西部は、司教座教会ケルン、リエージュ、修道院エヒテルナッハ、コルビーによって、取り仕切られた。リッペ河の南の地域は、ケルン司教管区に編入された。エヒテルナッハはミュンスターラントを、リエージュはオスナーブリュックを、コルビーが拠点メッペンとヴィスベックを引き受けた。ユトレヒトの聖職者たちは、ザクセンの初期布教にはなんら手を藉《か》すことはできなかった。何故なら、フリジア人の改宗はなお完結していなかったからである。二人のユトレヒト聖職者が、最後に、フリジア布教からザクセン布教へと転じた。すなわち、アングロ・サクソン人ヴィレハッドは、七八〇年ヴィグモディア郡（ブレーメン）へ赴き、フリジア人リウトガーは七九二年ミュンスターを引き受けた。両者ともそれぞれの基地をもっていたが、ヴィレハッドはユーリヒ近傍ユステンの庵室、リウトガーはブラバントのロイツェの庵室にそれをもっていた。リウトガーは、彼の布教圏のもっとも近いところにヴェルデン修道院を建設した。

ザクセン東部に布教ができるほどには、最前線にいる教会の力は十分なものではなかった。そこで王は、フランク内部の司教区の力を藉《か》りた。前進基地エルツェ（ヒルデスハイム）はランスによって、ゼーリゲンシュタット（ハルバーシュタット）はシャーロン・シュル・マルヌ司教区によって、世話がなされた。トリアーの影響の跡がハンブルクに、メッツのそれがマクデブルクに、はっきりと認められるのである。

こうした布教諸地域から、次第に自立した司教座が発展してくるが、しかし、それらは九世紀以前に溯ることはない。もっとも早く形成されたのは、ウェストファーレン、エンゲルンの諸司教座（ミュンスター、オスナーブリュック、ブレーメン、パーダーボーン、ミンデン、いずれも八〇三／八〇七）であった。オストファーレンの諸司教座（ヒルデスハイム、ハルバーシュタット、フェルデン）が自立するのは、おおよそ、ようやくルートヴィヒ敬虔帝の時代に入ってからである。ミュンスター、オスナーブリュック、ブレーメン各司教座は、ケルン大司教管区に所属させられ、フルダの布教圏から発生したエンゲルンの司教座ミンデンもまた、そこに編入された。パーダーボーン、フェルデン、ヒルデスハイム、ハルバーシュタット各司教座は、マインツ大司教管区に加わることになる。ザクセン戦争における二大進撃路に沿った大司教座ケルンとマインツが、ザクセンを二分したのも、けっして偶然ではないのである。

ザクセン戦争の間を通じて、カールにはスペインの問題が気にかかっていた。七五九年、ナルボネンシス（セプティマニア、ゴーティエ）のフランク編入以来、ピレネー山脈がフランクとサラセン間の堅固な境界線をなしていた。サラセン人は自分自身の問題で忙しかった。七五〇年、ウマヤード朝がアッバス朝によって排除され、アッバス朝はカリフの所在地をダマスカスからバグダッドに移した。ウマヤード朝最後の人アブ・デル・ラーマンは、スペインに逃れ、そこに、バグダッドから独立したコルドバ首長国（エミラート）を建てた。しかし、彼は生涯、敵対する諸党派と戦わねばならなかった。

七七七年、パーダーボーンで王国集会が開かれたとき、カールの前に、バルセローナ、ヘロナの太守スレイマン・イブン・アル・アラビが現れ、コルドバの首長と対抗するためにカールの援《たす》けをもとめた。スレイマンは、サラゴッサとフエスカの太守であるフサイン・イブン・ヤーヤ、アブー・タヴルと同盟を結んでおり、フランク王には、友好のしるしとして自分の都市の鍵を差し出した。カールは、当時、ランゴバルドとザクセンに勝利して、権力の最初の絶頂期に立っていた。そこで彼は、この提案を受け入れたが、イタリアと同様、スペインでも速かに成果をかち取ることができるであろう、と期待していた。彼はサラセン・スペインの臣従国家の設立を構想していたように思われる。

大遠征をめざして装備がすすめられた。旧フランク王国の全人民だけでなく、ランゴバルド、バイエルンからも徴兵がなされた。王みずから、七七八年、フランク、アキタニアの軍団を率いて、西ピレネーを越え、パンプローナへ向かった。第二軍団はセプティマニア、ル・ペルトゥスを経て、バルセローナへと進軍した。両軍は六月半ば、サラゴッサの前面で合流した。それまでは、すべてが支障なくすすんだが、しかし、その時点になって、太守フサインは、理由はよく判らないが、自分の都市の引き渡しを拒むにいたった。結局、カールはすべての企てを放棄し、退却を決意した。パンプローナを破壊したのち、フランクはピレネーを越えることになったが、八月十五日、軍はロンスヴァル峠で「バスク人」によって襲われた。王は軍の一部を連れて先を急ぎ、難を逃れたが、しかし、アインハルトが述べているように、攻撃は後衛部隊をとらえただけではなかった。全軍が混乱に陥り、多くの指揮官が倒れ、それらの名前は六十年後になってもなお人びとの口にのぼったほどである。その中には、武勲詩に名高いブルターニュ辺境伯ローランもいたのである。

攻撃者はサラセン人ではなく、キリスト教徒の、ナヴァラ、あるいはガスコーニュに住むバスク人であった。カールはまた、アクィタニア人の反乱を怖れねばならなかった。そこで彼は、息子ルートヴィヒをアクィタニアの準国王に昇任させることを決意したが、それによって、アクィタニア人の独自意識を慰撫し、同時に中央政府の負担を軽減しようとしたのである。この準王国は、七八一年、準王国イタリアとともに、同時に発足した。

サラセン側からするピレネー越えの攻撃は、その怖れはなかった。しかし、アブ・デル・ラーマンは、エーブロ河流域への遠征を強行し、七八一―七八三年、ピレネーまでの支配権を再び樹立することに成功した。この遠征にさいして、キリスト教徒に対する報復行為が起こることになるが、彼らは先頃の不幸におわったカールの遠征によって、解放への期待を呼び覚まされたばかりであった。フランクと提携した多くのキリスト教徒は、次の年には国外に移住せざるをえず、その中には、カロリング・ルネサンスにおいて指導的役割を果たすテオドゥルフ、アゴバルドといった人物もいた。これらの人びとの考えによれば、七七八年の壮図は、キリスト教徒解放の遠征という性格をもつものであった。王自身も、スペインのキリスト教徒をその視野から失うことはなかった。七八二年、サンス大司教ヴィルカールは司祭エギラを司教に叙し、彼にスペインでの「改革」、つまり、同地の風儀ならびに慣習をローマ・フランク教会のそれと同化させる仕事を委託した。この計画の背後には、国王ならびに教皇が立っていた。さし当たっては、宗教・教会上の影響を及ぼす、ということで満足するほかはなかった。スペイン・キリスト教徒の解放は、それに適したときまで secundum temporis opportunitatem、延期されることになるのである。

カールの大帝国へのランゴバルド王国の編入にさいしても、バイエルン、ベネヴェントの運命はなお不明なまま、放置されていた。バイエルンのタッシーロは、国内での地位を、ディンゴルフィンク（七七〇）、ノイヒンク（七七二）の教会会議を通じて強化した。七七二年には、彼はカランタ人に対して決定的勝利を収めたが、彼らカランタ人はいまや新しいキリスト教徒の大公を戴き、ザルツブルクによって布教されることになった。フランクの力の高さと深さは、次の時代、フランク・バイエルン関係に明白に読み取ることができる。七八七年にいたって、ようやく決断の時期が熟した。タッシーロは教皇に仲介を頼んだ。しかし、ハドリアーヌスはすでにカールと強く結び付いており、どんな形であれ、仲介を断った。国王・教皇の使節は、レーゲンスブルクの宮廷に赴き、封臣義務を果たすように、さもなければ破門に処すと、要求した。タッシーロは、バイエルンを目指したフランクの前進をまえにして、ようやく降伏した。しかし、彼はそれだけで、自分の運命を済ませたとする訳にはいかなかった。デシデリウスの娘で、妻のリウトベルガの助言にもとづいて、彼はアヴァール人との関係を結んでいた。それに関して、バイエルン豪族中の親フランク派は、内乱罪嫌疑の訴訟を起こし、その審理は七八八年、インゲルハイムで開かれ、タッシーロもそこへ喚問された。告訴は、忠誠違反、国王家臣に対する脅迫行為、異教徒アヴァール人との同盟をあげている。それを補足するものとして、国王ピピンに対する以前の不信義行為が引き合いに出された。判決人たちは死刑を宣告したが、カールはこれを修道院幽閉に減刑した。大公家の成員たちもまた修道院へおくられた。バイエルンは、総監 Praefectus となったカールの義兄弟ゲロルドの管理の下におかれ、大公領は国王の手に帰したのであった。

ベネヴェント問題を取り上げたのも、バイエルン問題と同時であった。大公アリキスは、ランゴバルド王国がカールの大帝国に編入されたのち、元首の称号を名乗り、それによって国王としての地位への要求を正当化した。ベネヴェント、サレルノにおける宮殿の建造や、文書、貨幣の中にいたるまで、彼は自分の要求を表現した。彼はこの政策を、ビザンツの支援のおかげで、しばらく継続することができた。しかし、帝妃イレーネが、皇帝レオ四世の死後、帝国の摂政となり、フランクとの協調に努め、七八一年彼女の未成年の息子コンスタンティヌス六世とカールの娘ロトルートと婚約させようとすると、ベネヴェントは孤立化することになった。第二ザクセン戦争の終了後、カールは七八六年の冬、もうイタリアに現れている。七八七年一月には、彼は南イタリアのこの大公国めざして進軍を開始した。彼がカプアまで前進すると、アリキスは和平を提案し、王はこれを認めた。アリキスはカールに対し忠誠を誓い、人質を差し出し、貢納の義務を引き受け、教皇に対しては、リリ渓谷の西と北の地域を、いくつかの都市をつけ加えて、譲渡したのであった。カプアへは、皇帝の使節もやってきて、若い皇帝と王の娘ロトルートとのすでに約束されている結婚式について交渉が進められるはずであった。しかし、この結婚同盟は、以前の異なった諸前提のもとで締結されたものであった。ベネヴェント問題だけでなく、七八四年聖像破壊運動を撃破した女帝イレーネの新しい教会政策が、女帝と西方の大王とのあいだに摩擦を生じさせたのであった。事実、イレーネは、皇帝宮に招集されるはずの公会議に、もちろん教皇を招いたが、フランク王を招きはしなかった。そして、この公会議こそは、東方における聖像崇拝とキリスト教世界における一体性とを再興しようとするものであった。

王は三月末、ローマへ帰還し、そこで、ハドリアーヌスとともに、復活祭を祝った。アリキスは、平和を守ろうとはせず、かつてハドリアーヌスが経験したように、彼は皇帝宮に連絡を取り付けた。ビザンツ側は、ランゴバルド王国の王位請求権者アダルギスを同王国に送還し、ベネヴェントのアリキスには、ローマ貴族（パトリキウス）の称号を取り、ナポリ大公となるべし、と約束した。しかし、大公は七八七年八月二六日、サレルノで没した。フランク王は、七八八年初夏、ベネヴェント大公国を併合し、アリキスの息子グリモアルトを、フランクの特使ヴィニギスの監督下に、大公に任命した。グリモアルトは、その文書、印章、鋳貨に、カールの名を採用しなければならなかった。ヴィニギスは、怒ったギリシア人の攻撃を七八八年十一月撃退した。その後まもなく、〔カールの長子〕ピピン王がイストリアを占領したので、ビザンツ側には、ただヴェネツィア、ナポリ、それにカラブリアとアプリアの二、三の都市が残されただけであり、ビザンツは事実上イタリアから排除されたのであった。

フランク王国は、ザクセン戦争の終結（七八五）、マイン流域でのテューリンゲン・ハルドラート反乱(21)の平定（七八六）ののち、五年間、比較的平穏な時を享受したが、これこそカロリング・ルネサンスの展開にとって決定的要因となった。この期間に、カールは、ブルトン人、エルベ河沿いのスラヴ人（ヴィルツ族）、ギリシア人（ベネヴェントとイストリア）に対して国境を固め、バイエルンの王国内への編入をすすめた。バイエルンの併合によって、フランクは直接、アヴァール人と接することになり――そのことから、新しい課題を負うことになった。フン族やブルガール族と同様に、一トルコ族であるアヴァール人は、四〇〇年ごろ、シベリアから東ヨーロッパの草原地帯に移住してき、そこで、フン＝ブルガール系種族を征服し、自分たちに合流させた。彼らの王国の中心部が、今日のハンガリーとなるのである。彼らの力は、コンスタンティノープル包囲（六二六）失敗後、スラヴ諸種族やブルガール人が離れたため、七世紀には後退したが、しかし、八世紀には再び強大となった。七八八年、タッシーロが廃位させられると、恐怖にかられた草原の民はバイエルンやフリウーリに侵入した。それらは撃退されたが、カールの中では、大遠征によって危険を徹底的に封じ込めようという計画が熟していった。

七九一年晩夏、三軍団が進発した。カールはコモルン(22)まで前進した。彼はその冬、および翌七九二年の春を、レーゲンスブルクで過ごした。レザート、アルトミュール経由（バンベルク―レーゲンスブルク）のライン・ドナウ運河が計画されたのは、このときである。しかし、七九二年に予定されていた大規模な作戦は遂行されるにはいたらなかった。七九一年末、ベネヴェントのグリモアルトがビザンツ側に寝返ったからである。ランゴバルド人部隊をイタリア南部境界へ分遣しなければならなかった。七九二年七月六日には、ザクセン人が、ザクセンへ向かいつつあった北方軍に襲いかかった。同年秋、カールは、ランゴバルド人ファルドゥルフを通じて、長子ピピン――その相続権は疑問視されるにいたっていた――が、フランク上級貴族のかなりな部分と結んで、反乱を起こした、ということを知らされた。さし当たっては局地的に限られたザクセン人の反乱は鎮圧され、息子の謀反も萌芽のうちに摘み取られた。王は厳しい態度に出、謀反者の一部は処刑、一部は追放刑に処せられたが――追放者の中にピピンも含まれており、彼はプリュム修道院に監禁の身となった。しかし、危機はそれだけで収まりはしなかった。困難な飢饉が付け加わり、さらにベネヴェントに対する若きイタリア王〔三男の〕ピピン、アクィタニア王ルートヴィヒの討伐は、七九三年春、挫折した。コルドバのサラセン人は、こういう事情を利して、四十年来はじめて、再びピレネーを越えて侵入し、トゥールーズ伯ギヨームに、オルビューで重大な敗北を喫せしめた。また、ザクセンの蜂起が新たに燃え上がり、大火へと拡がっていった。王国は深刻な危機に陥ることになったのである。

このようなとき、王がいかに落ち着きはらい、迅速さをもって、七九二／七九三年の大きな危機を克服していったかは、驚くべきことである。彼は、ベネヴェントやピレネーの方面では、後退が起こるかもしれないが、しかし、けっして崩壊は起こらないだろうということを明察し、両方面における防禦を息子たちに委ねた。カールは、アヴァール戦争も放棄しなかったが、しかし、その遂行をフリウーリ辺境伯エーリヒ、バイエルン総監ゲオルクに委任した。フランク側の攻勢は七九五年に新たに開始され、その成果は期待をはるかに上廻るものがあった。フリウーリのエーリヒは、アヴァール人内部の紛糾を利用して、タイス平原の「輪 Ring」(23)にまで侵入し、アヴァール人国力のこの中心を征服し、二〇〇年以上にわたってそこに収蔵されていた〔ローマ〕帝国の財宝を奪い返した。計り知れない数の捕虜が出たため、次の十年間フランク王国の食料品価格が上がったほどである。小規模の戦いがなお八〇五年まで続いたにせよ、アヴァール人の運命の刻は打たれていた。国王ピピンは、七九六年パンノニアへ赴き、被征服民の臣従礼を受けた。アヴァール人の太守ドゥダンは、アーヘンへ来、王宮で洗礼を受けた。そのさい代父を勤めたのは、ヴィドキントの場合と同様、カールその人であった。

王は七九四年、ザクセン戦争の指揮をとった。蜂起は一時、ザクセン全体および東フリースラントを捉えた。カールはマインツへ、同名の息子はケルン地域へと前進した。反乱はエーレスブルクの地で撃ち砕かれ、武器を差し出した。それによって南ザクセン――そこには、後になって、ドイツ国王のザクセン直轄領が置かれることになった――は、最終的に平定された。ただ北方の諸郡だけが反乱に固執した。王は七九八年まで、みずから遠征軍を指揮したが、八〇四年まで続けられたその後の作戦は、カールの息子に委ねられた。フランクは厳しく対処し、多数のザクセン人が王国内部に移住させられた。北アルビンギエンは、一時的にせよ、スラヴ系のアボトリート人にまかされた。

僅《きん》々五年の内に、七九二／七九三年にあんなにも脅威的な様相を呈した危険は、すべて抑えられた。八〇年代の平和事業が再び取り上げられた。カールは、危機のあいだも、精神の問題から目を離すことはなかった。七九四年のフランクフルト教会会議において、彼は、ビザンツとトレドに対して、神学上の問題に関して決定的発言をする用意がフランク側にあることを誇示した。フランク王国 Regnum Francorum は、キリスト教帝国 Imperium Christianum に変貌しつつあったのである。

# 第七章　帝国・教会の改革とカロリング・ルネサンスの端緒

カール大帝は、その治世の最初の十年間、「外交」という大問題にひどく煩わされたので、国内秩序を整える暇がほとんどなかった。統治の第二の十年目になって、ようやく、彼は父の立法事業を再び取り上げることができた。残されている彼の最初の「勅令」は、七七九年の日付をもっている。次の十年間には、イタリアに対する三つの勅令と「ザクセン勅令」が伝えられている。この初期の立法の締めくくりをなすのは、七八九年の三つの勅令であるが、その中には、「聖職者に対する一般説諭 Admonitio generalis」勅令があり、それは最初の一つの頂点を示している。保存されている勅令類は、これらの年月の全立法事業を表示するものではないが、しかし、カールの内政活動の向上を明白に物語るものではある。

カピトゥラーレ〔勅令〕という用語は新しい。章《カピテル》立てになっている文体の構成と、ランゴバルド・イタリア風の言語用法とから採り入れられたものであろう。内容からいえば、勅令は以前の勅法《デクレート》、勅命《エディクト》に対応するものである。それは、継続的効力をもった法令、行政指示、実施諸規定、それに、刑法、公法、行政法、教会法にかんする諸命題を包括するものであるが、八〇〇年以前は、部族法に関わる命題〔個人と家族に関わる法、封土を除外した財産に関わる法、賠償金規定、訴訟法〕を含んではいない。それらの法の基礎となったのは、国王の罰命権《バン》、すなわち、服従しなければ処罰をするという条件のもとで命令する、という国王の大権である。「法案作成者《レギスラトーレス》」の委員会による準備ののちに、勅令案文は大集会にかけられたが、この集会は、助言・了解権をもってはいたが、近代的意味での同意権《コンセンサス》をもつものではなかった。純粋に教会に関わる事柄は、しばしば純粋に教会人からなる委員会によって審議され、同委員会はのち地区司教会議に発展した。布告は、国王によって口頭で（verbum regis）なされ、それも、しばしば厳粛な告示（adnuntiatio）の形態で行われ、それ故、伝えられている勅令類は、ローマ末期の、あるいは近代的意味での法的拘束力をもった法文章をなしておらず、しばしば、立法計画、告示、回状の摘要的記載、それも、それに関わりをもった書記官によってかなり無造作に作成されたものであった。ただ、特別な場合にのみ、勅令は国王官房において編集された。

七七九年のヘルスタル大勅令は、王国内の平和秩序の維持を保とうとしたものであった。それは、強盗行為、徒党結成に対して厳しい規定を包含している。また、私的従士団の組織とか、ギルドといった誓約団体が禁止された。法遵守を怠った伯や王の家臣たちは、その封地を失う、ともされている。逃亡中の犯人を引き渡そうとしなかったイムニテート領裁判官は、罷免されるべきである。また王は、賠償によって、フェーデ(24)を解決するように指令している。彼は、父王によって定められた十分の一税の法を是認し、締めくくりとして、二重十分の一税（十分の一税 Decima と九分の一税 Nona）徴収権、および〔教会所有権の〕確認地代収納権を、教会に対し全般的に認めることによって、教会封地〔召し上げに伴う〕問題に決着をつけたのであった。

平和思想は、アルクィンによって定式化された「一般説諭」の中で、再び脚光を浴びている。平和と秩序に奉仕するものとして基本的意義をもつ組織改革が行われたが、この改革——伯支配地における参審人裁判制の導入（史料初見、七八〇）とイムニテート領への守護職 Vogtei の導入（七九二前）——は、それに対応する勅令は残されていないけれど、この時期に実現されたものであった。カロリング期の参審人は、その前身である復讐行為立会人Rachimburg と同様、伯裁判における陪席者、判決人であった。彼らは、これも同様に、非のうちどころのない在地の土地所有者から任命されたが、もはやその都度毎に任命されるのではなく、終身制であり、国王巡察使の監督下におかれた。文字通り類似した仕方で、守護職もつくられた。これまでの、ただこのために（ad hoc）任命された管財人（Advocati）に代わって、伯の了解をえて、固定的に任命された守護が現れてくる。彼らはイムニテート領内において、伯支配地内のケンテナリ(25)、あるいはヴィカーリ(26)と同じ機能（下級裁判主宰）を保持し、伯裁判においてイムニテート領主ならびに同領民を代表し、伯に対して、イムニテート領内に逃げ込んだ犯罪者を引き渡す責任を負った。伯は国王家臣団に編み込まれることによって、密接に支配者と結び付けられることになった。彼らは国王巡察使の監督下におかれ、巡察使は伯の任命にさいして助言をした。巡察使のこうした機能は、すでに七七九年の勅令にも述べられている。国王特使、あるいは国王巡察使 Missi dominici そのものは、すでに以前からあった。しかし、いまや彼らは定期的に派遣されるようになる。カールは全王国を、種族領域、辺境領、教会大司教管区、司教管区などに応じて、巡察管区に分けた。巡察使は、高位聖職者（司教、大修道院長）や、宮廷礼拝堂付司祭、伯や家臣から任命され、当該管区に居住していないことを原則とした。巡察団は通常、聖職者一人、俗人一人からなり、その協力が、王国内の二つの身分間の協調を強めるはずであった。法と行政の監督だけでなく、勅令の布告も彼らの任務に属した。立法の強化が、八〇年代における巡察制の拡張を促した。任地に居住する司教、大修道院長、伯たちの職務遂行の検証は、審問手続法の発展を促進した。

「一般説諭」の中で、カールは、イスラエル王ヨシュアを模範とした教会改革者として現れているが、ヨシュア王こそは、神から授けられた国家を「巡回し、矯正し、慰撫することによって circumeundo, corrigendo, ammonendo」真の信仰に立ち帰るようにと努めたのであった。この勅令はおそらくアルクインによって編纂されたものであろう。その諸規定の第一部は、教皇ハドリアーヌスが七七四年国王にもたらした『ディオニシウス・エクシグウス教会法集成』にもとづいており、司教区、大司教管区の枠内での、聖職者の法的規則の集大成のようなものであった。原始教会の司教権の再興を通じて、修道士ならびに在俗聖職者内に規律を回復することは、ボニファティウス以来、すべてのフランク教会会議の確固とした目標であった。首都大司教座への司教の下属を、カールは、はじめてヘルスタル勅令において再び課題にのぼせた。メッツのクローデガング没後、フランク王国の唯一人の大司教はサンスのヴィルカールであったようにおもわれるが、〔勅令発布時には〕彼と並んで、ランスのティルピン、タランテーズのポセソール、トリアーのヴェオマッド（七八〇頃就任）、マインツのルル（七八二就任）が現れている。エーレンベルトのブールジュ大司教・首都大管区長への就任（七八四―七九一の間）は、教会復興がアクィタニアをも捉えるにいたったことを示しており、エーレンベルトは、さし当たって当該地区唯一の首都大司教であった。教会管区制の樹立は急速にすすんだが、それというのも、ローマ・メロヴィング期の首都大司教座制がどうにか保たれつづけ、ノティティア・ガリアールム Notitia Galliarum〔というローマ末期の地図〕によって、〔管区区分に関する〕明確な見取図が得られたからである。ただ南東ガリアでは、改革ははかどらなかった。何故なら、そこでは、ヴィエンヌとアルルのあいだの〔首位をめぐる〕古い論争が七九四年、新たに再燃し、また当時、タランテーズ（アルテス・グライアエ）、エムブラン（アルペス・マリティーマ）、エクス（ナルボネンシス第二）各司教の順位について不明な点があったからである。ゲルマニア、ラエティアにたいしては、ケルン（フリースラント、ヴェストファーレンを含む）とマインツが管轄権をもちつづけた。ただバイエルンは、七九八年、ザルツブルク大司教管轄区として独立した。

フランク王国における教会管区制度の復興は、古教会の法秩序との接合を意味したが、それは単なる復興ではなかった。新しい点は、大司教位と首都大管区長とが結び付けられたことにあり、この一体制は、はじめイングランド（カンタベリー、ヨーク）から西フランク（サンス）へもたらされ、全王国へと拡げられたものである。それ以前には、首都大管区長を超えた地位の高位聖職者（総主教、教皇代理人）が大司教としるされていた。ボニファティウスやメッツのクローデガングさえも、アウストラシア教会の指導者として、もちろん大司教ではあったが、首都大管区長ではなかった。カール大帝のもとでも、なお、大司教位はメッツのアンギルラムやオルレアンのテオドゥルフに対して個人的な表示として与えられていた。しかし、その後は通常、その位は首都大管区長の司教に与えられることになった。大司教のパリウムが、首都大管区長のしるしとなった。いまや、大司教の権標は、就任三カ月以内に、信仰告白の呈示のもとにローマで入手される、という形が守られることになる。大司教は、パリウム授受以前に、いかなる補任司教を叙階してはならなかった。このようにして、新大司教は、以前の首都大管区長よりは、より強くローマに結び付けられることになった。彼らは同時に、教皇権力の部分保持者として、その大司教管区において確固とした地位を得るにいたった。そこには、首都大管区長権力は普遍的首座権〔教皇〕の部分保持であるというローマ的見解と並んで、なお、教皇の協力なしに成立した首都大管区長制という古教会の観念が生き続けているのである。

「一般説諭」第二部の諸規定は、非常に強く十戒に則っているが、この十戒は、公的平和の意味において解釈されている。カールは、特別の章を設けて、聖職者に対して信仰ならびに風紀に関する説教をする義務を厳しく課した。聖職者の生活態度に関する章では、在俗聖職者と戒律服従聖職者（canonicae observantiae ordines vel monachini propositi congregationes）の二つのグループがあげられているが、しかし、それ以上の詳しい区分はなされていない。礼式に関しては、ピピン王の指令を引き合いに出しながら、ローマ唱法 Cantus Romanus が指定されているが、ピピンの指令だけでは、もちろん、ガリア・フランク礼式に存在した混乱を克服するまでにはいたっていなかった。カールにいたって、ようやくその努力が実を結ぶことになる。礼式の手引書（サクラメント執行、読誦、按手、説教、交誦各礼式）が、カロリング宮廷付神学者の手によって、ローマ、あるいはフランク儀典書を基礎にして、新たに作成され、一般的に普及させられた。カールみずから教皇に、真正のサクラメント執行礼式の教示を乞い、ハドリアーヌムから『グレゴリオ礼式』を得たが、それは、もちろん、教皇の礼式動作の説明文だけから成り、アルクインによって、ピピンの手許に入っていた教皇ゲラシウスの動作説明文を参考にして、補完されねばならなかった。

この『グレゴリアーヌム』も『ハドリアーヌム』も、アルクインが西ヨーロッパ風礼式を仕上げるにあたっては、等しい価値をもったものとみられる。ちょうど、西ヨーロッパ教会法にとって、『ディオニシオス・ハドリアーヌム教会法集成』がそうであったように。かくして、カールの礼式改革を考察してみると、またもや、七八九年の「説諭」の編纂に大きく関わったカロリング・ルネサンスの偉大な教師に行き当たることになる。学校制度に関するカールの指示が出た最初の、確実な日付が、「一般説諭」の公布されたのと、時を同じうしているというのも、けっして偶然ではないのである。

ささやかな、古くからある発端部から新しいものを創造していくカールの特殊な才能は、カロリング・ルネサンスの考察にさいしても、明らかに見て取ることができる。「宮廷の子供たち Pueri palatini」、つまり、国王家族や高級貴族出身の幼い者たちの「児童訓育所」は、古くから、フランクの国王宮廷の中に存在した。「宮廷の子供たち」は、ランスのヒンクマールによれば、独自の集団を形成していた。それは、ピピンの時代には、王妃ベルトラーダの庇護下におかれ、彼女は児童たちの教育にさいして、おそらく初めて「学問に重点をおいた」教育を行った。「児童訓育所」は宮廷礼拝堂と同一ではなかった。何故なら、後者へは、訓育を了《お》えた人びとだけが出入りしたからである。しかし、カールのもとで、「宮廷の児童たち」は、時には、宮廷書記官の機能を担ったこともあった。

ピピン時代の宮廷学校の教師は不明である。カールの初期のころには、二人の「外国人」に出会う。一人はアングロ・サクソン人で、七七七年エヒテルナッハ修道院の院長となったベオルンラート、いま一人はアイルランド人のヨセフス・スコトゥスで、いずれもヨークのアルクインの弟子である。おそらく当時、もう一人のアイルランド人であるドゥンガルは、その天文学的知識によって有名で、国王の周辺に仕えていたとおもわれる。これらイングランド人、アイルランド人に、第二次イタリア戦争後、イタリア人が加わる。すなわち、ランゴバルド出身のファンドゥルフ、彼は七七六年追放者としてフランク王国に来た。それから、文法学者で、七七六年ないしその直後にやってきたピサ出身のパウリーヌスとペトルスがそれである。ランゴバルド人パウルス・ディアコーヌスは、ファルドゥルフと同様、フロドガウトの反乱(27)に参加した自分の兄弟の恩赦を求めて、フランクの宮廷に来たのであった。七八二年は画期的な年となった。というのも、この年、七六七年以来ヨークの大聖堂学校を指導してきたアルクインが、フランクの宮廷に移住してきたのである。アルクインは宮廷学校の指導を引き受け、彼がトゥールに隠退した後は、学校の指導はアインハルトに移り、以後、フランクの宮廷付司祭によって保持された。カロリング初期ルネサンスの最後の偉大な代表者、西ゴート人のテオドゥルフは、七八〇年ごろから始まるスペインからの移住の波とともに、フランクへやって来たものである。彼が宮廷教師のサークルに迎えられたのが何時《いつ》かは不明であるが、七九〇年前であることは確かである。

カロリング初期ルネサンスは、アルクインのトゥールへの移住をもって終わりを告げた。その当時、宮廷学校の古くからの教師たちは、すでに他に転じていた。パウルス・ディアコーヌスは、ほんのしばらくのあいだフランク王国に滞在し、七八五ないし七八六年にモンテ・カシーノに隠退した。パウリーヌスは七八七年アクィレイアの総主教となった。またピサのペトルスも、八〇年代の終わりには、イタリアへ帰っている。ファルドゥルフは七九三年サン・ドニ修道院を、テオドゥルフは七九八年以前にオルレアン司教区の世話を引き受けているのである。

宮廷学校の授業体系は、古代末期から受け継いだ七科に基づいていた。そのさい、重点は三科（文法、修辞、弁論）におかれていたが、四科（算数、幾何、天文、音楽）もけっしてなおざりにされていたわけではなかった。教育はけっして「定まった……時間に固定されていた訳ではなく、教師と生徒の密接な共同生活から自然に……生まれた」（フレッケンシュタイ）。それは、初等段階からより高度な段階を含むものであったが、生徒たちの人的構成に応じて程度を変え、生徒たちのうち、ごく一部が聖職者に、他の者は世俗の生活行路へと教育されたのであった。

教師と優れた生徒は、国王を長とする一種のアカデミーを構成し、それは定期的に会合を開いた。そこでは共通の学問的問題が話し合われ、謎が解かれ、詩的書簡に手が入れられた。この信頼されたグループの会員は、それぞれペンネームを用いていた。それは親密さを示すしるしではあったが、けっして好き勝手に選ばれたものではなかった。まず筆頭に立つカールは、ダビデ王と称した。それに続く宮廷首席司祭で、ケルン大司教ヒルデバルト（七九一頃―八一九）は、王国の最高聖職者として〔イスラエルの〕高位司祭アーロンと称した。王宮建築物の総監理であるアインハルトは、〔出エジプト記に出てくる〕幕屋の設営者にちなんで、ベセルエールと称した。修道院長らは、昔の修道師父たちの名（コルビー院長アーダルハルト＝アントニウス、ロルヒ院長リヒボード＝マカリウス）を、あるいは預言者の名（エヒテルナハ院長ベオルンラート＝サムエル）を名乗った。パオリーヌスは、使徒パウロの弟子ティモテウスを名のり、カールの妹ギーゼラはルチア、王の娘ロトルートは、国王讃歌に出てくる聖者にちなんで、コルンバと称した。詩人のペンネームを用いた者もある。例えば、アルクイン（フラックス）、アギンベルト（ホメロス）、のちのオータン司教モドイン（ナッソー）、ある氏名不詳者（マロ）、多分テオドゥルフと思われる人物（ピンダロス）がそれである。詩作から名を取ったのは、宮廷付俗人高官たちであった。すなわち、宮内長官アウドゥルフ（メナルカス）、財務長官メギンフリート（ティルシス）、食膳部長官エーベルハルト（ネミアス）など。これにはまた、副司祭リクルフ（ダモエタス）も属していた。これらを子細に見れば、古典から取られたペンネームが数的に多いにもかかわらず、やはり重点が聖書から取られたペンネームにあったことが判る。また、俗人高官の古典から取られたペンネームは、それぞれ独自の意味を考えて用いられたのではなく、画一的にヴェルギリウスの「牧歌 Eklogе」から取られたものである。しかし、それは、文学者から取られたペンネームについては当てはまらない。ホラティウス、ホメロス、オヴィディウス、ヴェルギリウスは、教師や詩人である人のネームとして用いられているからである。こうしたペンネームは、しかし、古典作家たちの栄誉を誉め称えるばかりでなく、有為転変の世界にあるそれらを、キリスト教的精神によって新たに解釈し直そうという野心をも示すものであった。「アルクインにとっては、ホラティウスは古代の異教徒であって欲しくなかった。ホラティウスは……彼にとっては、キリスト教的フラックスであって欲しかったのである」（フレッケンシュタイン）。

七科の改革は、学科の内的目的をもって行われたものではなく、カールの改革意向に沿ったものであった。聖書の校訂、釈義のため、礼式の正しい順序と執行のためには、七科の勉学が不可欠な前提であった。改革はもっとも単純な事柄――文字と正書法――から始められねばならなかった。そのように「一般説諭」では述べられている。もちろん、行為を伴わない知は死物であるとも、ほかの箇所でいわれている。しかし、正しい知識が、正しい行動の前提条件であることはいうまでもない。

かくして、教育改革をめざしたカールの努力の最初の成果は、カロリングの新しい書体であった。それは、個々の字体、用語・文章構造における明確さ、澄明さによって、古い書体に対しまさっていた。その最初の証拠――七八一／七八三年、王宮で完成されたゴデスカルク福音書(28)の表紙の献呈詩――は、カロリング・ルネサンスの歴史における画期的標石をなすものである。文字の純化は、言語の純化と密接に関連している。言語の修正は、古典ラテン語の再建ではなく、土俗ラテン語の析出に終わってしまった。ラテン語とロマンス語とは、最終的に分かれることになった。カロリングの改革から、聖書と教父に依存した、すでにイングランドでは既成事実となっていた中世ラテン語が現れてくるのである。それは、新しい精神的内容を表現するのに十分な弾力性をもっており、西ヨーロッパの教養語となった。言語改革の最初の証言記録としては、宮廷サークルの文学作品のほかに、七九四年から八〇七年にかけて書かれた第二の、フランク王国年代記があげられるであろう。

同じ頃、古典作家の、手写による広い伝承が始まっていた。それは、七科、とくに三科の振興を示すものであるが、三科では、古代以来、古典作家の学習が教科にふさわしいものとして営まれていた。しかし、異教の作家たちは、単に学校での読み物であったばかりでなく、世俗的事柄を表現するのに決まった形式を提供した。だからアインハルトは、九世紀にカールの伝記を書くにあたって、スエトニウスに依拠した。何故なら、聖者伝の形式は、国王の生涯を書くにあたっては適用できなかったからである。それ故、「カール大帝をめぐって書かれた著作や詩が、その他のものよりも、はるかに強い程度において古代の形式を踏まえている」（フレッケンシュタイ）のも、けっして驚くべきことではない。のちにアリストテレスが、十三世紀のキリスト教に、一個の良き「世界」を開いてくれたのと同様にである。しかし、七七五年、アングロ・サクソン人のカトヴルフがカールに書いているように、ダヴィデ王とかソロモン王というのも、「神の哲学と世俗の文学の双方において教えられていた。in sapientia divina et secularibus litteris inbutus.」「〔宮廷が〕修道院と並んで、いな、それを越えて、これまでの修道院的教養の担い手となったとき、この教養は、修道院的ではなかったにせよ、キリスト教的性格を保持することになった」（フレッケンシュタイン）。神の哲学 sapientia divina の下への世俗文学 litterae saeculares の下属という点は、何ら変わってはいない。カールは、一人の新しいヴェルギリウスも欲しなければ、またヒエロニムスやアウグスティヌスのような十二人の教父をも欲してはいなかった。彼にとって、これら古典的な人びとよりもより重要であったのは、教会について書かれたもの、それも「真の教会法書 Libri canonici veraces」であったのである。

教会法の「真正のテキスト」、すなわち、七七四年カールに手渡された『ディオニソ・ハドリアーナ〔教会法集成〕』は、一連の教会法書作成への道を開いた。その後、まもなく、「ゲラシウス・ルネサンス」と呼ばれる教会法の収集が、フランク王国で始まった。また、『ヒスパーナ〔教会法〕』も流布された。すなわち、マインツ大司教リクルフが、『ヒスパーナ・ガリーカ〔教会法〕』を普及させたようにおもわれるが、彼はそれを、七八七年、属司教シュトラスブルクのラキスに書写させていたものである。『ディオニソ・ハドリアーナ』は、さまざまな手写本を通じて、『ヒスパーナ』と結び付けられた。それに対して、勅令法との同様な結び付きは確認されない。古教会法の諸テキストが、明らかに真正な法として、教会法の諸基準を成したのである。

「真正の」サクラメント執行手引書、つまり、七八六年頃カールのもとに送られてきた『グレゴリアーヌム』、あるいは『ハドリアーヌム』が、アルクインによって、ピピン所蔵の『ゲラシアーヌム』によって補充されたことは、すでに述べた。アルクインは、『ハドリアーナ』に合わせせられるべき読誦部（パウロの書簡と福音書）を編纂した。ローマ式の式次第書（礼式の指示）は、氏名不詳のある教師によって、訂正されていた。カールは、パウルス・ディアコヌスに、聖訓（教父からの聖務に関する朗読文）の作成を委嘱したが、それは「一般書簡 Epistola generalis」全体から抜粋された。ローマ式交誦文は、すでに教皇パウロ一世によって七五八／七六三年に、国王ピピンに送られていたが、それは、最後まで残されていた典令書として、アマラールによって編集され、ルートヴィヒ敬虔帝のもとで公表された。かくして、教会法ならびに典令においては、ローマ式テキストが「教会法」書の基礎をなしたのである。また、ベネディクト戒律も、これとの関連であげられねばならない。というのも、それは、七世紀以来、すでにフランク王国においては、「ローマの」修道士戒律として通用していたからである。カールは、七八七年、それについても、モンテ・カシーノから「真正の」写しを送らせている。ローマの典令書とともに、ローマ式聖書カレンダーも受領されていた。アルクインは、それを、すでに『ハドリアーヌム』の中に挿入している。ローマ風聖者崇拝は、九世紀を通じて、ガリア・フランク固有の聖者崇拝を後退させ、前者が十一世紀まで支配的であった。十字軍になって、はじめて、それにオリエントの聖者の崇拝が付け加わることになる。

カール大帝は、聖書のテキストに頭を悩ませていたが、もちろん、これまで信じられていたように、その校訂された基準テキストの作成をアルクインに委託していたわけではない。王にとっては、本当の意味で、正字法で書かれ、文法的にも正しい手書本が問題であった。これをめざした努力の最初の文書が、七八一年直前ごろコルビーで作成された『マウルドラムヌス聖書』(29)である。同じ考えで、アルクインは、のちにトゥール修道院長（七九六―

八〇四）になったとき、聖書全体を書写させている。実際にテキストの校訂にあたったのは、アルクインではなく、テオドゥルフであって、彼は、「ヘブライ語のテキストによってヒエロニムス編纂の聖書を校訂するという」当時にあっては「前代未聞の試み」さえしているのである。コルビー、トゥール、オルレアン、その他多くのところで作成された聖書のどれ一つも、宮廷によっては、真正なものとしては受け取られず、普及もさせられなかった。宮廷によって、ヒエロニムスがギリシア語テキストから編纂した「詩編」の普及がはかられたということだけは、大きな意義をもっている。それは、おそらく、ピピンのときに受容されていたものであり、『ガリカーヌム』として、西ヨーロッパ・キリスト教世界全体に浸透した。それに対して、宮廷学校で使われていた福音書テキストの方は、九世紀後半以降、アルクイン編纂聖書所収の福音書によって退けられたのであった。

宮廷によって、文化生活革新のイニシアチヴがとられた。宮廷から、カロリング・ルネサンスは拡がり、新しい文化の中心が古い中心点と併存することになった。教師と生徒たちは、宮廷学校の精神を、自分たちが新しい任務を引き受けた場所へともたらした。新旧の中心地で、世俗の叡知と神の叡知が養成されたのは、この教師と生徒の周囲ばかりではなかった。大きな教会からも、教区救霊の仕事が革新されていた。例えば、オルレアン司教区について、テオドゥルフからそれに対応した指示が出されている。「司祭は村落、地区毎に学校を設けるべし Presbyteri per villa et vicos scholas habeant」と。教区学校は、すでに六世紀以来、存在していた。それらは、書き方、読み方、算術の初等の知識を授け、とりわけ、教理問答の教育を施した。信者たちが使徒信教《クレード》と主祷文《パーテルノステル》とを暗記するまで教えられること、これこそ、七八九年の「一般説諭」以来たえず繰り返されたカロリング勅令の要求にほかならなかったのである。

説教と教理問答とは、ただ民族語によって行われた。だから、洗礼誓願、主の祈り、信仰告白、さらにはグロリア、懺悔書、告解慣用句が、ドイツ語のもっとも古い表現文として残っているのも、けっして不思議なことではない。「一般説諭」は、大体において、そうしたことの期限の上限年代を示すものであろう。それ以前の七七七年、および七七九年にフルダ、ヴュルツブルクで書かれた古ドイツ語の境界線記録は、アングロ・サクソンの記述を模範としており、このアングロ・サクソンから、頭韻をふんだ宗教詩も興ったのであり、その最古の例証が、ヴェッソブルンナー祈祷書(30)とムスピリ(31)である。最古の〔ドイツ語〕語彙解説書 Glossare は、非常に早い時期に属しており、それはフライジンク（司教アルベオ、七六四―七八三）、およびフルダで作成され、すでに学者たちの並々ならぬ努力を物語っている。そこから翻訳文学が興ってくるが、それは、詩編、讃美歌、ベネディクト会戒律（行間注釈付き）へと手を伸ばし、その頂点をなしたのは、イシドールの論文『カトリックの信仰について De fide chatolica』の翻訳を始めとする一連の翻訳作品であった。

古ドイツ語の文学が、もっとも早くバイエルンやフルダで始まったにしても、その発展は、カロリング・ルネサンスとの明白な関連において起こった。もちろん、宮廷それ自体において、今日保存されている言語上の記念碑といったものが生まれたわけではない。初期ドイツ文学の中心は、フルダ、ロルシュ、マインツであり、フライジンク、レーゲンスブルクであり、ライヘナウ、ムルバッハ、ヴァイセンブルクであった。それらは、例外なく、ボニファティウス、バイエルン、ピルミン、アラマンネンの領域内にあった。古いバイエルンの、そして、新しいライン・フランクの言語運動によって、古ドイツ語は、音声的にはっきりとした特徴をもつことになった。ライン・フランク語というのは、宮廷の言葉ではなく、マインツの言葉であったが、それが、ゲルマニア首都大管区教会の言語として、大きな意義をもったことは、まさしくドイツ語および同文学の起源に関する考察から明らかであろう。

カロリングの母語は、ケルン＝マーストリヒト地方のフランク語であり、それが、カロリングの法・行政用語となった。ラインとセーヌの間の古フランク領域においては、テオディスク theodisk という語が、古フランク語を表示するものとして用いられ、それはゲルマン語全体に押し広げられた。つまり、カールの時代には、ゲルマン語家族群の存在が認められるのである。同じ頃、ロマン語がラテン語から分かれたので、ロマン語家族群の存在が人びとの意識にのぼっている。かくして、キリスト教西ヨーロッパが、二大言語共同体――ローマ卑語とドイツ語rustica Romana lingua aut theotiscaというふうに、八一三年トゥールの教会会議議事録に記されている――から成っているという認識は、まさにカール大帝の教育改革、カロリング・ルネサンスから生まれてきたものにほかならなかったのである。

# 第八章　聖像論争、キリスト養子説、聖霊発現論

驚くべき上昇の中で、フランク王国は、八世紀中葉以降、キリスト教世界第一の政治権力となった。その世紀の終わりには、西ヨーロッパの精神的指導を引き受けようとさえ考えるにいたった。〔東ローマ〕帝権の方は、イスラム教主国との激しい戦いにまきこまれ、またヨーロッパ側領域へのスラヴ人の浸透にあって、キリスト教世界の端っこに追いやられることになった。しかし、皇帝は、この世界の主人である、という要求を堅持していた。かってのフランク王国におけるように、いまやキリスト教世界においては、権威 auctoritas と権力 potestas の分離が起こっていた。聖像論争がローマとコンスタンティノープルを分裂させている限りは、この分離は問題視されず、とくに西方に対する皇帝の宗主権要求はほとんど認められてはいなかった。しかし、ニカエア公会議（七八七）において教皇と皇帝が和解すると、キリスト教世界におけるフランク大王の位置いかん、という問題が投じられることになる。ニカエアの決議に対するフランク側の対応には、当初から、この問題が重くのしかかっていた。

カールは、ニカエアの決議文を、ローマで作成された不出来なラテン語翻訳文で入手した。王は、七九〇年、ゴート人テオドゥルフに詳細な反論を書くように委嘱した。テオドゥルフの最初の草稿は宮廷で討議された。それから、公会議をそっけなく否定するカールの覚書が教皇におくられたが、それが、箇条書き風にまとめられた「聖像に関する勅令 Capitulare de imaginibus」である。ハドリアーヌスはニカエア擁護の返答をした。その返答は、宮廷で検討され、テオドゥルフ反論書の最終編纂にあたって考慮されたが、本来の立場は基本的に不変なまま堅持された。かくして、七九一年、『カールの書 Libri Carolini』が成立したが、これこそ、テオドゥルフによって起草

され、宮廷サークルで討論・訂正され、王自身の名において成文化された、聖像論争に関するフランク側の見解表明にほかならない。

テオドゥルフは、ラテン語の翻訳議事録に対する表面的な反論だけでは満足せず、高度な言語・聖像に関する神学を展開し、そのほかに、教会における皇帝の位置に関する問題をも取り上げた。聖像問題については、彼は大教皇グレゴリウスに依拠しつつ、西ヨーロッパ側の見解を根拠づけた。冒頭で彼は、聖像崇拝と偶像崇拝を混同している聖像破壊論者に対して一線を画している。実際は、テオドゥルフが、神のみにふさわしい崇拝（adoratio）を、聖者とその聖遺物に対する崇敬（veneratio）から明らかに区別するとき、彼はニカエアの〔翻訳ではない〕本物の決議文と完全に一致している。画像には、彼は崇敬を認めようとはおもわなかった。模写の中に原像を見出して、それを崇敬するというギリシア人のプラトン的芸術観は、彼にとっては無縁であった。彼は造形芸術を手工芸品として、工芸品を単なる装飾物として、つまり、その質が、材料の良さと、芸術家の修練と経験にかかっている装飾物としてのみ捉えていた。それは、過ぎ去った行為や出来事を現前するかもしれないが、しかし、啓示の働きをする言語とは反対に、宗教的内容を表現するには適していない。それ故、契約の櫃(32)とか十字架といった啓示的なしるしは、宗教的画像よりははるかに高く置かれることになる。かくして、テオドゥルフの合理的芸術観は、啓示の働きをする言語の上に築かれた心霊主義への道を開くことになるのである。

『カールの書』は、同様に、その第一章で、キリスト教世界に持ち込まれた皇帝崇拝の形態に対しても激しく攻撃した。論議は、「神とともに統治するひとであるが故に per eum qui conregnat nobis Deus」という定式に対して向けられた。何故なら、神はわれら〔王〕の中にあって統治し給うのであって、われらとともに統治し給うのではない。非難は、皇帝を神の如き者 divi、皇帝の行為を神の如き振舞い divalia という表記に向けられた。何故なら、このような表記こそ、異教徒の用語 gentilia vocabula にほかならないからである。また、非難が、「使徒の如

き ισαποστολος」という形容詞にむけられたのもいうまでもないであろう。それというのも、「使徒と皇帝とのあいだの隔りは、聖者と罪人とのあいだのそれほどに、はなはだしい tanta est distantia inter apostolos et imperatores, quanta inter sanctos et peccatores」からである。聖像崇拝のテーマと直接関係するのが、皇帝画像崇敬の問題である。「何故なら、バビロニア人もローマ人も、かかる冒涜をなすことを合法化した民族はいないからである nullam enim hoc scelus fecisse legimus gentem, nisi Babylonios et Romanos」。ここでは、帝権に関してローマ・バビロンの等置が、またもや持ち出されている。もちろん、それによって、皇帝支配そのものが見くびられているわけではない。ほかの箇所では、注釈のように、次のように述べられている。すなわち、聖書に従って、皇帝、国王は敬意を払われるが、しかし、それにふさわしい仕方で行われるべきであり、皇帝、国王であるからという理由で、あるいは命令によって propter se, vel propter ordinem 行われるべきではない、と。帝妃イレーネは、女として公会議で発言したその権利について激しく非難されている。その中には、すでに、合法的帝政の存在に対する疑念のようなものが表明されているようにおもわれる。

皇帝権に対する論争と関連して、ニカエア公会議の普遍的性格についても、論争が仕掛けられた。ある公会議が普遍性をもつための条件について、『カールの書』は、それを量的、質的に次のように規定している。量的意味において、ある公会議が普遍的とされるのは、キリスト教会の全体が代議員をおくるか、あるいは、全体に対して諮問がなされねばならない。質的意味では、二つないし三つの教会（マタイ伝一八、二〇）が、カトリックの伝統の枠内において決定を下す場合に有効である、と。その伝統の決定的保障となるのが、その中にローマ教会が入っているかどうかである。何故なら、「同教会は、なんら公会議を構成する高位教会ではないが、しかし、主の権威そのものによって首座を占めている nullis synodicis constitutis ceteris ecclesiis praelata est, sed ipsius Domini auctoritate primatum tenet」教会だからである。この考えによって、皇帝により招集され、ローマと四人の東方総主教の参加によって開かれる普遍的公会議という古い考え方は、その根拠を奪われた。カールは、その名前において発した『カールの書』において、誇らしげに次のように強調する。自分の王国の教会は、ローマとの聖にして尊敬すべき一体関係からけっしてはずれることはなかった。この結び付きは、ローマの礼式の受容によって、新たにより強められた。そして、自分は、ガリア、ゲルマニア、イタリアを支配するだけでなく、ザクセンをも信仰へと導いたのである、と。このように述べることによって、間接的に、しかし、決して聞き流すことを許さない、キリスト教世界の大問題に対するフランク側の発言権要求が表明されたのである。

『カールの書』が、強くローマの首座性を強調し、同時に、教皇との合意のうえで発せられたニカエア決議の有効性に抗ったという事実は、〔教皇に対する〕皮肉が込められていない訳ではなかった。カールは、教皇に『カールの書』の編集最終版を送り付けた。しかし、その直後に大きな危機が勃発し、問題はそれ以上追及されなかった。王がこの問題を再び取り上げたのは、聖像問題と併行して展開していたキリスト養子説《アドプティオニズム》の問題と関連して、ようやく七九四年になってからのことであった。

カールは、サラゴッサでの失敗後も、スペイン問題からけっして目を離さなかった。七八二年頃、エヒラ――名前からすると、西ゴート人であろう――を、サンス大司教ヴィルカールは任地不定の司教に叙任し、ピレネーの彼方でフランクの教会改革を宣伝し、スペインを固くローマに繋ぎとめるという任務を課して、スペインにおくりこんだ。エヒラの宣教は、熱心すぎる協力者ミゲティウスによって、信用を失墜させられたが、このミゲティウスは、キリスト教徒とモスレムの異教徒間の結婚だけでなく、サラセン人と食卓を共にすることにさえ反対し、そして、彼の三位一体説によって、衝突のきっかけをつくってしまった。スペインの首座にあったトレドのエリパンドは、そうでなくても他国者の介入を快くおもっていなかったが、七八五年十月前、セヴィラの教会会議をしてミゲティウスを異端であると宣言させた。エリパンドは、この教会会議において、人間イエスの神に対する関係を、養子縁組の形で説明した。「キリストは、人性においてもっとも高貴な養子であり、けっして神性における養子ではない Christus adoptivus filius Altissimi humanitate, et nequaquem adoptivus divinitate.」。

エリパンドの定式は、より以前の異端の残響とは考えられない。スペインの教会における、相互に対立しあっている誤まった教義――アリウス派(33)、アポリナーリス派(34)、プリスキリアヌス派(35)、キリスト単性説(36)、キリスト単意説――に対する闘いは、キリストの〔神性、人性〕二つの性質を鋭く際立たせることになった。そこで、スペインの教会師父たちにあって、エリパンドと同様な定式が、人間イエスを表現するために生じてきた。定式文句それ自体は、エリパンドの先任者であるエウゲニウス二世、イルデフォンス、ユリアヌスによって、スペイン・ゴート典令書の中に、明確に述べられている。トレドの首都大司教がネストリウス(37)と接触したのは、おそらくモスレムと混住するにあたって、イエスの真の人間性を擁護する必要性に迫られたからであろう。モスレムにとっては、神人というのは、つまずきの石であった。養子とされた子 filius adoptivus（人性）と神固有の子 filius proprius（神性）という様相にキリストの二つの性質を分離することは、なんら異端的なことではないが、しかし、スペインの外では、誤解される可能性があった。何故なら、ゲルマン法における養子縁組は、ローマ・西ゴート法とは対照的に、きわめて緩やかな結び付きを示すものにほかならなかったからである。エリパンドの定式は、スペイン自体において、アストゥリアスの自由なキリスト教徒とコルドバ太守《エミラート》支配下のキリスト教徒とのあいだに、対立が形成されなかった場合には、おそらく攻撃されることはなかったであろう。

異議の声は、『黙示録注釈』によって有名なリエバナ修道院長ベアートゥスと彼の弟子、オスマの司教エテリウスから起こった。後者は、エリパンドこそはキリストの人格の一体性を壊し、救い主の神性を否定するものであると非難した。両者はアルフォンソ二世の党派に近かったが、アルフォンソはのちにイスラム太守に対してアストゥリアスの独立闘争を指導することになる。エリパンドは、七八五年、彼の反対者に対し破門をもって応えた。これに対してベアートゥスとエテリウスは論争書を作成し、七八六年三月、それを公刊した。ベアートゥスの一味によって知らされた教皇は、エリパンドをネストリウス派であると断じ、首都大司教を信仰の統一性へ引き戻すようにと、スペインの司教たちに要請した。しかし、コルドバ太守国の司教たちは、セヴィラのテウディーラにいたるまでもが、トレド首都大司教座の側についたのである。

フランクもまた、アストゥリアスを通じて、紛争にまきこまれることになる。アストゥリアスは、七九〇年ごろ、ピレネーの南のカロリング主権領域内にあるウルヘルの司教で、有名な高位聖職者であるフェーリクスを、キリスト養子説の立場にあると訴えた。エリパンドの定式は、フランク国内に特別な衝撃を引き起こした。何故なら、カロリングのキリスト観は、キリストの神性に強調点をおいており、フランクにとっては、強い結び付きをもった養子縁組というローマ風の考え方は無縁であったからである。フェーリクスは、七九二年夏、レーゲンスブルク教会会議のまえに引き出された。アクィレイアのパウリーヌスが、反論をすることを委託されたようにおもわれる。フェーリクスはレーゲンスブルクで自説を撤回し、ローマでも再びそうした。その後、彼は自分の教区に帰ったが、しかし、イスラム領域内に逃亡し、そこで改めてエリパンドの定式を信ずると告白した。七九三年のサラセンの前進によって、彼は〔旧任地〕ウルヘルに帰還することができたが、キリスト養子説の宣伝は、いまや旧西ゴート領のナルボネンシスにも達したのである。

エリパンドと太守国の司教たちは、七九二／七九三年、ウルヘル司教の取り扱いに反対して、カールならびにフランクの司教たちに抗議した。カールは、スペイン人の文書をハドリアーヌスのもとにおくり、後者はこれを異端と宣した。カールは、それから、七九四年六月一日、フランクフルトに王国集会と教会会議を招集した。王と二人の教皇使節の主宰のもとに、全王国の司教たち、そして、おそらくイングランド、アストリアスからの使者たちが会合した。フランクフルト教会会議は、ギリシア人に対しては、完全にゆがめられたラテン語の翻訳では異端的ととられる決議文に、異端を宣告することで満足した。トレドの養子説定式に対する非難は、明白、かつ全面的なものであった。養子説に対する詳細な反論は、フランクとイタリアの司教たちによる二つの答申書において行われた。イタリア側の文書はパウリーヌスによって執筆され、フランク側の答申書、および同じ内容のスペイン人に宛てられた王の文書は、アルクインによって編まれた。彼は長期滞在中のイングランドから帰ってきたばかりであった。アルクインは、養子の子 filius adoptivus というエリパンドの定式に対して、採択されし人 homo assumptus という定式を対置したが、後者は、イエスの人性がけっして自律的存在性を与えられたものではない、ということを表現しようとしたものにほかならない。トレド人が、〔定式に込められた〕ニュアンスを理解したかどうかは、疑わしい。何故なら、スペインでは、養子 adoptivus と採択された者 assumptus とは、広く同意語として用いられていたからである。

聖像問題では、崇拝 adoratio を素気なく異端宣告することで、教会会議は満足したが、その宣告はニカエア決議の本当の意味での核心をつくものではなかった。『カールの書』は、けっして公《おおやけ》にされることはなかったし、またフランクフルトでは承認されなかった。教皇を配慮したためであろう。聖像論争は、フランクフルトの決議によってさし当たって締めくくられ、これが西ヨーロッパでもう一度燃え上がるのは、ルートヴィヒ敬虔帝のときになってからである。テオドゥルフが、『カールの書』の中で、さし当たってギリシア人に反対して初めて展開した「聖霊の発現 Processio Spiritus Sancti」の問題については、事情は異なっていた。論争点は、ニカエア・コンスタンティノープルの信仰箇条《クレード》に出てくる「御子からも Filioque」（御父から、そして御子からも現れるところの qui ex Pater Filioque procedit）という表現であるが、これは本来のテキストにはなく、偶々《たま》アンブロシウスにあって初めて現れ、それから、とくに五八九年のトレド教会会議の信仰箇条に現れてくる。それは、アリウス派に対して、カトリックの考え方を具体的に示すために取り入れられたものである。「御子からも」という表現は、西ゴート・スペイン教会の信仰箇条から、ガリア教会へともたらされた。それは、エリパンドに宛てた国王文書の締めくくりとなっている七九四年の「カールの信仰箇条」の中にも見出される。事柄からすれば、そこでいわれているのは、なんら新規なことではなく、解説であるにすぎない。「それは、同質の三位一体を別の仕方で確認したものである c'était affirmer d'une autre manière la Trinité consubstantielle.」。しかし、テオドゥルフは「聖霊の出現」の問題を彼の論争の中に取り入れ、ハドリアーヌス一世はテオドゥルフの論争をこの点においては退けた。フランクフルトにおいては、この問題はなんら問題にならなかった。アクィレイアのパウリーヌスは、七九六／七九七年のチヴィダーレの地方管区教会会議において、この論争点を再び取り上げ、フランクの立場をより詳細に根拠づけた。この時点では、それは、フランク・ギリシアの対立の一残響にすぎなかった――この論争問題が爆発的威力を発揮するのは、ようやくのちになってからである。

チヴィダーレでは、養子説が改めて取り上げられ、パウリーヌスはその後にフェーリクスに対する論駁文を書いた。それは、とりわけ、ナルボネンシス、および七九八年以来再び取り返されたピレネー南麓の地域の養子論者たちを〔正統教会へ〕取り戻そうとする試みであった。七九八年十月、レオ三世は、ローマ教会会議において養子説を異端と断じた。アルプスの北側では、論争は次のような経過をたどった。すなわち、アルクインは、七九八年春、ナルボンヌ大管区の諸修道院に論文をおくったが、七九九年、改めてエリパンドに書簡を書き、さらに八〇〇年に公にされるフェーリクスに対する新しい駁論を起草したのであった。ナルボネンシスの状態は、七九九年、特使オルレアンのテオドゥルフ、リヨンのライトラードの派遣によって、純化された。フェーリクスの司教区は再びフランク王国内に編入され、フェーリクスは、八〇〇年春、アーヘンに召喚され、そこでアルクインと論争した。彼は改めて自説を撤回し、リヨンでの監禁生活の中で模範的改心を遂げ、八一八年頃死んだ。彼の死後、リヨンのアボガルドは、彼の見解に対する新しい、そして、最後の反論を起草した。アストゥリアスでは、ベアートゥスとエテリウスのグループが、七九一年のアルフォンソ二世の国王登位とともに、勝利をえた。のちにオルレアンの司教となるフランク人ヨーナスが、当時、この地を旅行している。ベアートゥスは、おそくとも七九九年には、アルクインと友好的な関係をもつようになっていた。八一一年、オヴィエード大司教管区の設立によって、この小さなキリスト教王国は、トレドへの従属状態から脱した。コルドバ太守国では、なお養子説が長く尾を引いたが、しかし、エリパンドの死とともに、基本的にはその運命は決せられたといっていいであろう。

# 第九章　フランク王国からキリスト教帝国へ

カールの王国は、七七八年、七九二／七九三年の危機を乗り越えたが、この最後の、そしてもっとも困難な危機から、以前よりもより強固に、そしてより大きくなって、立ち上ってきた。内部の秩序付けと精神的革新をめざした八〇年代の努力が、再び取り上げられ、実を結ぶことになった。王が、危機ののち、七八六／七九一年の計画とそれに対する方策を再び取り上げるにいたったということは、彼の「首都建設計画」からもうかがえる。七八四年まではヘルスタルが愛好された宮廷で、ザクセンやイタリアへの軍事的政治的事業によって必要とされなかった場合は別として、王は主としてそこに滞在した。しかし、七八五年ザクセン戦争の終結以降は、アーヘンがこれまでの愛好された宮廷に取って代わった。ヘルスタルからアーヘンへの転換は、歴史的にさして意義はないが、それと結び付いた、王国の固定した中心点に新しい宮廷を営むというプランは、重要な意義をもつ。七八六／七八七年のイタリア遠征において、彼はこの意図を実現するための最初の措置を指令した。アヴァール戦争、そして七九二／七九三年の危機は、宮廷の建設を滞らせた。しかし、七九四年末以来、アーヘンは、たとえ建物はなお完成してはいなかったにせよ、紛れもない王国の中心点として立ち現れてきたのであった。

また、立法の面においても、カールは、八〇年代に据えられた基礎の上に、さらに多くのものを樹立しようとした。七九四年のフランクフルト勅令は、七七九年、七八九年の二つの大勅令の条文を大部分収録した。すなわち、とくに誓約団体の禁止、世俗化された教会領で封地化されたものに対する負担規定（十分の一税、九分の一税、教会領有確認地代）、より詳しく述べられた教会規律の諸規定、学校の設立や救霊に関する指示などがそれである。フランクフルト勅令に初めて出てくるものに、私有教会法に関する規則があるが、これは、カロリング朝がこれまであえて触れようとしなかったものであった。カールは、教会〔所有〕領主の譲渡権をそのままみとめたが、しかし、一度設立された教会は維持されねばならないこと、そこで行われる礼拝は問題視されないこと、を確定した。間接的ではあるが、私有教会は、これまでの教会規律に関する規定によって触れられていたからである。例えば、カールマンとピピンは、七四三年、聖職者の義務として、司教に活動報告書を提出し、司教の巡察・堅振訪問を受け入れ、司教から毎年香油を受領すること、と定めている。カールは、ヘルスタルでは、より詳しい説明なしに、司教の執行権限を、「教会法に従って secundum canones」聖職者に対処すること、と規定した。彼はフランクフルト勅令では、不従順な聖職者と宮廷付聖職者との交際を禁じている。教会領主が、新規に聖職者を採用する場合、その聖職者を司教に紹介しなければならない、ということは、七七九／七八一年イタリアから伯や家臣に宛てられたカールの書簡では、当然のこととされている。さらにフランクフルトでは、聖職者に対して、教区司教の承認なしに、一つの教会から他の教会へ移動することが、一般的に禁止されているのである。

王国の経済力向上をめざしたカールの努力を示したのは、長大な王領地規制令、いわゆる「荘園令 Capitulare de villis」であるが、最近の研究では、八世紀最後の年に出されたものといわれる。それは、王領地の資産目録作成を規定し、各荘園での農作物の備蓄作業についての指示を含み、荘園管理官の任務と義務について詳細に述べている。それは、教会の経済活動に間接的に影響し、教会の模範的ともいうべき土地目録作成を促すことになった。

七九四／八〇〇年の回状、「読み書きの育成についての書簡 Epitola de litteris colendis」は、王国の司教座教会ならびに大修道院に対し、学校の設立を義務付けている。しかし、ここ数年における成熟度をもっとも見事に表したものに、新しい宣教手段の確定があるが、それは、七九六年、ザルツブルクのアルンとアクィレイアのパウリーヌスの指導のもとで開かれたバイエルンの教会会議においてなされたものである。司教たちは、その冒頭で、次のように指摘している。すなわち、キリスト教への帰依は、神の御業であって、人間の業ではない、と。そして、彼らは、野蛮にして非合理的部族 Gens bruta et inrationalis に適応して、教育を施すことを要求している。集団洗礼と暴力は否定された。洗礼が先行すべし、という指示は、人間の恐怖ではなく、その分別に狙いを定めたものにほかならない。この新しい原則は、はるか昔のグレゴリウス大教皇の洞察に負うものであるが、それが、アヴァール人、スラヴ人教化の方針となり、彼らはそれぞれザルツブルク、アクィレイア大司教の管轄下に置かれることになった。その方針は、また、ザクセン布教にも適用されるべし、とされた。ここでは、従来の布教の仕方に対するアルクインの批判――彼はまた、十分の一税の性急な導入をも叱責していた――が、転換をもたらした。七九七年、アーヘンで発せられた「ザクセンに関する勅令 Capitulare Saxonicum」は、和解の新しい政策を導入することになった。

大征服の時代は、アヴァール戦争をもって終わった。いまや、この獲得したものを外部からの攻撃に対して確保することが問題になる。フランクの力は、アヴァール王国全体を占拠できるほどのものではなかった。タイス河がブルガリア人に対する境界線となったが、ブルガリア人は、かつてのアヴァール王国の東部を自国領に編入した。しかし、タイス河の西方では、アヴァール人と、かつてこの地を支配していたモラヴィア、スロヴェニア、クロアティア人が、バイエルン総監、およびフリウーリ、イストリア各辺境伯の監視の下に、併存することになった。七九六年、イタリア王ピピンは、ドラウ河をもって、バイエルンとイタリア、ザルツブルク大司教管区とアクィレイア大司教管区の境界線と定め、カールは、八〇三、八一一年にこれを承認した。イタリア側には、すでに二つの辺境マルクが成立していたのに対し、バイエルン側には、九世紀末まで、固有の辺境マルク組織が欠けていた。その組織は、総監ゲオルクの死後、七九九年につくられた。そのときカールは、オストマルクとケルンテン＝パンノニア・マルクを設け、教会組織的には前者はパッサウに、後者はザルツブルクに属させることにした。

イタリアにおいては、なんら変化は生じなかった。ここでは、スポレートの大公や辺境伯が、以前と同様、ベネヴェントとギリシア人に対して境界線の監視に任じた。それに対してピレネー方面では、事態は世紀転換期になってようやく安定化した。スペインのサラセン人の使者がアーヘンのカールのもとに現れて、コルドバの太守アル・ハカムと対抗するため、助力を乞うたのは七九七、七九八年のことであった。しかし、王は慎重になっていた。七九八年に再開されたフランクの攻勢は、限られた目的をもつだけであり、その目的は、二年間の包囲ののち、八〇一年バルセローナがフランクの手中に陥《お》ちたとき、達成された。征服されたスペインの先端領地――のちのカタロニア伯領――は、既存のセプティマニア辺境マルク（トゥールーズ）に編入され、教会的には、ナルボンヌ大司教管区の下におかれた。

国境を強固にした大フランク王国は、キリスト教西ヨーロッパでは、これに並ぶものをもたなかった。フランクの支配外にあるのは、ブリテン諸島であり、アストゥリアス王国、ベネヴェント大公国であった。アイルランドとブリタニアには、多数の小王国が存在していた。しかし、アイルランド人、アングロ・サクソン人とも、上位王政が覇権を掌握するという制度を知っており、アイルランドでは、ミース、コンノートの王に、アングロ・サクソンのイングランドでは、マーシャ王に覇権があった。

カールは、ランゴバルド王の後継者として、ベネヴェントにたいして実質的宗主権を要求し――それは、もちろん、なお幻想にすぎなかった――、また、他のキリスト教王国に対しては、単に、友邦という形式を帯びた優位性の承認を求めるにとどまった。この時期のアイルランドの歴史は、不明なままに包まれている。聖パトリックによって設立されたアルマーグ司教座は、八〇〇年ごろ、グリーンランドにおいて一種の首座的地位をえたといわれる。しかし、それと国家的統合が結び付いていたかどうかは、判らない。アイルランドに対するフランク国王の政治的関係については、もはや検証すべくもないアインハルトの注釈が残っているだけである。カールは、独立意識の強いマーシャ王オッファ（七五七―七九六）に対して、イングランドでのカールの優位性を要求したとき、反対にぶつかった。オッファは、七八四年、イングランド王 Rex Anglorum の称号を帯び、カロリングの例にならって、王名の入った貨幣を鋳造し、七八七年には息子エグフリースを共同統治者に上げ、またもやカロリングの模範にならって、王として塗油させたのであった。また彼は、マーシャを、リッチフィールド首都大司教座をもった独自の大司教管区に昇格させることについて、教皇の承諾を取り付けることに成功した。カールとの外交交渉では、彼は対等のパートナーであることを強調した。そのことをめぐって、七八九年頃、外交断絶が起こったが、数年後、それは再び乗り越えられた。七九六年、カールは、アヴァール戦利品の中から選んだ贈り物を、教皇、オッファ王、そしてノーザンブリア王に贈っているのである。マーシャの上位王権は、オッファの死後まもなく崩壊し、リッチフィールド大司教管区も再び消滅した。ノーザンブリア、ウェセックス諸王は、フランクと友好関係を保ったが、しかし、もはや対等にというわけにはいかなかった。アングロ・サクソンには、ずっと程度を下げてでもカールと比較しうるような国王は、もはや存在しなかったのである。

フランク・アストゥリアスの関係は、コルドバ太守ならびに養子論者に対する共同の対抗者ということによって規定された。アストゥリアス王国は、アルフォンソ二世（七九一―八四三）のもとで、ようやく形を整えることになるが、アルフォンソは、古き西ゴート王の仕方にならって、みずからに油を塗らせ、オヴィエードを首都、ならびに教会の首都大司教座にのぼさしめ、こうして、オヴィエードをトレドの後継者とするという要求をはっきりと打ち出した。ここでも、カールは、オッファ的自立意識をもった一人の王と出会ったわけである。しかし、コルドバに対抗する共同利害関係はあまりにも強かったので、カールとアルフォンソのあいだにいざこざは起こりようがなく、もちろん、この共同体におけるフランク大王の事実上の優位は、アストゥリアス王にとっても無視する訳にはいかなかった。帝国年代記は、七九八年の二人のアストゥリアス使者について、次のように報じている。すなわち、アルフォンソは、七九七年リスボンを急襲して獲得した大量の戦利品の一部をふくめた贈り物を、この使者によってフランクにもたらしたというのである。

フランク大王と西ヨーロッパの他のキリスト教国王との友好関係は、一つの現実となった。もちろん、フランクの国境の彼方では、往々にして、その友好関係は、アーヘンにおけるのとは異なった光のもとで見られたにしても、である。この新しい現実を描写するため、人びとは新しい言葉を求めた。すでに七七六年、アングロ・サクソン人のカスヴルフは、フランク王国を「ヨーロッパ王国 Regnum Europae」と呼んでいる。七九九年、「パーダーボーン叙事詩」の詩人にとっては、カールはヨーロッパの父 Pater Europae と映っている。アルクインもまた、けっして古代の地名を知らないわけでもないのに、異なったカテゴリーで〔ヨーロッパを〕考えている。七九六／七九七年の彼の手紙の中に、初めて「キリスト教帝国 Imperium christianum」という表現が出てくるが、彼はその言葉を、『グレゴリウス秘跡の書』を出版したさいに、ローマ帝国 Imperium Romanum という語の代わりに使っているのである。アクィレイアのパウリーヌスは、カールのことを、すでに七九四年に、全キリスト教徒の統治者 Gubernator omnium Christianorum と呼んでいる。カールが、八〇年代から親しいサークルの中で時折用いたダヴィデ王という名前は、いまや、以前とは異なった重さを持つにいたった。アルクインが七九四年の書簡の中で初めて用いた付加語的形容詞付きの「新ダヴィデ Novus David」という用語が示すように、フランクの大王は、いまやキリスト教世界の「ダヴィデ」として立ち現れるにいたった。アーヘンの国王椅子は、ソロモンの玉座を模して造られているのである。

この新しい用語は、ともかく、もっぱら宗教的、文学的分野に深く根を下ろしたものであったが、それ以上のものではなかった。また、ダヴィデという名前では、フランク大王が占めている特別な地位を法的に確定することはできない。キリスト教世界においては、国王の上にあるのはただ皇帝だけである。カールもまた、「皇帝の模倣 Imitatio imperii」の途を歩み、彼の統治のはじめには〔王号を示す〕組み合わせ文字を、のちには金属製封印を、皇帝から借り受けている。カールの支配領域は、初めて『カールの書』において、次いでフランク司教たちから成るフランクフルト教会会議の決議文の中に書かれたが、それは、アルクインによって、ガリア、ゲルマニア、イタリアの古代地名に書き換えられた。そこでは、カールは、皇帝を継承する者として、旧西帝国の中央大属州の支配者として立ち現れている。皇帝宮を模した諸特徴が、八世紀最後の十年間の宮廷芸術にも現れている。アーヘンの宮廷礼拝堂を造形するにあたって、カールは、コンスタンティノープルの皇帝宮殿、ローマにあるテオドシウス朝のローマ風霊廟を眼前に思い浮かべていた。しかし、それによって、皇帝権への前進が思い切ってなされたというわけではない。七九九年ごろの『パーダーボーン叙事詩』の中で、「皇帝模倣」の頂点にたっした詩人は、はじめて、カールに真の意味での皇帝称号を帯びさせることをあえてした。すなわち、カールはアウグストゥス、アーヘンは第二のローマと、謳われているのである。当時、コンスタンティノープルとローマ間の危機は、すでにだれの目にも明らかであった。皇帝権への門は、開かれたのである。

ビザンツとフランクのあいだは、七八八年以来、戦争状態にあった。ベネヴェント大公グリモアルトが、七九一年、フランクの支配を離脱することができたのも、皇帝宮における支持があったればこそであった。七九一―七九三年、イタリア王ピピンは、彼に対して討伐軍を差し向けたが、成功はしなかった。イタリア人部隊の大多数は、アヴァール戦争に投入されていたからである。しかし、七九五―七九六年、アヴァール戦線でのフリウーリのエーリヒの勝利は、南イタリアにおける新たなフランクの攻撃を予想させた。皇帝コンスタンティヌス六世が、七九七年、シチリアの属州総督ニケタスを通じて、平和の感触を探らせたのも、けっして驚くべきことではない。母親イレーネの後見にうんざりしていた若き支配者は、教会の分野では、聖像破壊の立場に立ち返った。彼の新しい対フランク政策は、この宗教政策と関連があるのではないか、と推測される。

母と息子の争いは、悲劇的結末でおわった。イレーネは、七九七年八月十五日、コンスタンティヌス六世を廃位し、彼の両眼をつぶした。彼女はみずから統治を引き受け、それによって、帝政史上、国法的には問題のある新規政策を打ち出した。内政状態には容易ならぬものがあったので、イレーネは平和を必要とした。七九八年秋、女帝の使節がアーヘンに到着し、フランクによって占拠されているイストリアの放棄とベネヴェントの譲渡とを申し出た。たとえコンスタンティヌス六世の廃位と両眼失明が、フランク王国において、前代未聞の犯罪と感じられたにしても、カールはその提案を受け入れた。平和の実現には、なお批准を必要とした。それが行われるまえに、新しい劇的な事件が起こった。教皇レオ三世に対する反乱である。

レオ三世は、七九五年十二月二十七日、ハドリアーヌス一世の後継者に挙げられた。アインハルトによれば、カールは、教皇の死を兄弟の死のように嘆いたといわれる。カールとハドリアーヌスとの関係は、つねに曇りのないものというわけではなかった。教皇は、大イタリア教会国家という夢と取り組まねばならなかったし、国王がニカエア公会議を攻撃したときには、王と対立しなければならなかった。しかし、ハドリアーヌスは、生涯を通じて、フランクとの同盟に忠実であり、とりわけ、教会国家においては秩序を維持した。王はこうしたことを忘れてはいなかったのである。

七九五年十二月の教皇交代は、ランゴバルド王国がフランク王国に編入されてから、はじめてのことであった。ローマ人たちは、フランク王に知らせることなく、レオ三世の選挙と祝聖を執り行い、それによって、自分たちの優先権を誇示した。新しい教皇は、守護職《パトリキウス》＝国王に、選出結果告示だけでなく、聖ペテロ告解所《コンフェッシオ》への鍵とローマ市の旗を贈り、代理人を通じて、ローマ人の服従と誠実誓約を受け入れるようにと請願した。ハドリアーヌスが、このような形態での誓約をなしたかどうかは、疑わしい。レオは、ローマ都市貴族の出身ではなかったので、国王守護職の後楯を必要とした。何故なら、彼は、前任者の出身家族をふくめた都市貴族の強い反対を前もって察知していたからである。

レオ三世に対するカールの返答は、この両方の権力の課題について、基本的に詳しく述べたものであった。そのさい、重心は大きく国王の側にあったが、それは、七九四年、アクィレイアのパウリヌスが、その頌歌の中で、この国王のことを「王にして司祭 Rex et Sacerdos」と謳った事実とよく符合している。この返答の中でもっともよく引用される文章は、次のように述べている。「われらの課題は、神の御助力をえて、聖なるキリストの教会を、武器をもって、外からする異教徒の侵入や無信仰者による劫略から守り、内にあっては、真なる信仰の認識によってそれを固めることにあります。聖なる教父よ、あなたの課題は、モーゼの如く、祈りのために腕をあげ、われらの軍隊を助けることにあります。神のお導きと保障に対するあなたの執り成しにより、キリストの民たちは、いつでも、聖なる御名に対する敵に対して勝利を得、われらの主イエス・キリストの御名を世界中に褒めたたえることになるでしょう」。

もちろん、この文章は、これだけを取り出して解釈してはならず、ローマの首位権に関する『カールの書』の叙述と関連させてみなければならない。カールは、教会の内部強化について詳述することによって、まず第一には、教会の秩序、聖職者の教育と民衆の教化に対する彼の配慮を示している。それは、実際、アルクインが「王にして司祭」という定式を、「称えられるべき祭司長 Pontifex in praedicatione」という用語によって説明している通りである。しかし、教会の内部教化に対する配慮は、フランクフルトでは、信仰問題にまで拡大され、それは、勧告で述べられているように、教皇をも除外するものではなかった。勧告はいう。「聖なる教会法を固く守り、教父の規律を慎重に遵守しなさい……さすれば、あなたの光が人びとのまえで光り輝くことでしょう」。カールの耳には、すでにレオの人格に対する非難の声が届いていた、とみていいであろう。何故なら、特使アンギルベルトへの訓令には、次のような文章が含まれているからである。「教皇には、立派な生活をおくり、聖なる教会法を熱心に守り、聖なる教会を尊崇の念をもって統《す》べるように、勧告しなさい……とくに教皇は、あまりにもしばしば教会の身体を汚している聖職売買の異端と闘うべきである、と」。同じようなことを、かつてグレゴリウス大教皇がフランク王に書いた。しかし、いまや役割は逆転しているのである。

この数年、守護職の影響が教会国家において高まっていることが見てとれる。七九八年、レオ三世が、教会文書の日付にカールの統治年を採用しているのである。彼はまた、教皇と国王の関係をローマで絵に描かせている。すなわち、聖スザンナ教会のアプシス(38)にみられる創建者モザイク画は、キリストの右側に教皇を、左側に国王を配している。とくに重要なのは、レオが、ラテラン教会のトリクリニウム、すなわち、公会議や裁判集会、その他の客人応接にさいして教皇が出座する広間に、掲げさせた二つの大きなモザイクである。第一図は、キリストにペテロとコンスタンティヌス大帝を配したもの、第二図は、ペテロにレオとカールを配したもので、聖スザンナと同じ構図である。国王がローマの代表的図像描写の中に取り上げられるということは、文書の日付に統治年が採用されることと比較される、新しいことであった。もちろん、それによって、国法的になんらかの変化が起こったというわけではない。何故なら、国王は、文書においても、図像においても、第二の位置を占めるにすぎなかったからである。レオ三世は、前任者と同様、ローマの支配権者として、貨幣を鋳造しているのである。

レオに対するローマ反対派の指導者は、侍従長パスカーリスと財務長官カンプルスで、ハドリアーヌスの親戚である。七九八年六月の、ザルツブルクのアルンに宛てたアルクインの問い合わせからも、フランク王国で人びとがローマの成り行きに憂慮の念を抱いていたことがうかがわれる。革命は、七九九年四月二十五日、勃発した。ラテランからルチーナの特定日ミサ挙行指定聖堂 Statio 聖ラウレンティウスへの道すがら、教皇はカピテの聖シルヴェスター修道院のまえで襲われたのである。彼は乱暴に取り扱われ、彼から教皇の衣裳が剥ぎ取られた。間接的証拠によれば、彼は、聖シルヴェスターの祭壇のまえで廃位を宣告されたようである。肢体切断（目をつぶすことと舌を引きちぎること）が決定されたが、しかし、実行はされなかった。四月二十六日の夜、レオ三世は、ラテランのエラスムス修道院へ連行された。謀反者たちは、彼に対して、廃位された聖俗高官の処罰である修道院監禁を決定した。聖シルヴェスターも聖エラスムスも、ともに在ローマのギリシア系修道院に属する。それ故、謀反者と皇帝宮廷との繋りが推測される。当時、女帝はカールとの平和を必要としており、したがってビザンツ側が介入した痕跡はなんら発見できない、などというのは正しくないであろう。

教皇の新たな選出ということは行われなかった。多分、フランクに対する恐怖からであろうが、そのフランクは、レオに対する革命によって、既成事実 Fait accompli のまえに立たされたのであった。フランク側のスポレート大公ヴィニギスは、国王の使節スタブロー・マルメディ修道院長ヴィルントとともに、ローマに急行した。事態は、謀反者たちにとって思いも掛けない転換をとげることになった。レオが、聖エラスムスから聖ペテロへと脱出することに成功し、そこでフランク人と合流することができたからである。フランク側の調停の試みが失敗におわったのち、ヴィティギスは教皇をともなってスポレートへ帰り、そのむねを王に報告した。

カールは、ローマの出来事についての第一報を受け取ったとき、アーヘンにいた。彼はすでに予告していたザクセン行を取り消しにせず、使者を派遣して、教皇にパーダーボーンに来るように要請し、その地で、七月末、レオを厳粛に迎えたのであった。王が廃位を承認していないことが、これで明白である。しかし、教皇の後を追って反乱側の使者が派遣されて来、彼はカールのまえに正式な訴えを起こした。すなわち、レオは姦通罪と偽誓の罪を犯したというのである。

事態は、ローマにおける教皇の主権を深刻に揺り動かすにいたる経過をたどった。劇的な転換が生じていたことは、七九九年六月の、国王に宛てたアルクインの書簡からも明らかである。同書簡はつぎのようにいう。「これまでキリスト教世界には三人のお方がおられました。一人は、使徒ペテロの代理人――このお方に何が起こったかを、あなたはわたしに知らせて下さいました――、いま一人は皇帝権の担い手、新ローマの現世の支配者――この人が、他人によってではなく、身内の者によって廃位されたことは、誰もが語っているところです——、最後に国王、あなたです。あなたこそ、主イエス・キリストが、キリスト教諸民族の長として定められた方であり、他の二人に対して、力、叡知、威厳において、まさっておられる方です。ご覧なさい。キリストの教会の安泰は、すべてあなたにかかっているのです」。問題は、どのような仕方で国王が弊害を除去できるか、ということであった。単純なレオの再認は、告訴に照らしてみて不可能である。教皇は、ゲルマン法に則って浄めの誓いをなすか、あるいは、退位を宣言するか、しかなかった。しかし、このような解決の仕方については、アルクインが憂慮を表明していただけではなかった。教皇に対する裁判官には——もし、だれかがやるとすれば——、ただ皇帝しかない。しかし、皇帝の権限は、六世紀初めに定式化された教会法の法文「首座にあるものは、何人によっても裁かれない Prima sedes a nemine iudicatur」によって、疑問とされるにいたっていた。そこでカールは、結局、決断を先にのばした。彼はレオをローマに帰し、使節を通じて指示を与える、という処置にふみきったのである。

皇帝問題が眼前にあった、ということは、すでに述べた「パーダーボーン叙事詩」が示しているところであり、同叙事詩は、フランク国王による教皇歓迎にあたっての、皇帝風の仕方を書き記している。教皇の旅立ちののち、まもなく、九月、カールのところへ、シチリアの守護職ミカエルの使者が到着した。会談の対象がなんであったかは、残念ながらわかってはいない。それに続くビザンツの使者は、女帝によって、「平和の確証のため propter pacem confirmandam」派遣されたものであるが、それがフランクの宮廷に到達したのは、ようやく八〇二年初頭になったときであった。

教皇は、十一月二十九日、ローマへ帰った。国王使節団——その先頭に立ったのは、宮廷付首席司祭ケルンのヒルデバルド、ザルツブルク大司教アルンであった——は、十二月に入って、ラテランの教皇出座広間《トリクリニウム》で、裁判集会をもち、そこへ告訴人としてパスカーリスとカンプルスが召喚された。アルンは、アルクインに「教皇の行状についてde moribus Apostlici」そのひどさを訴える手紙を書き、読み次第、手紙を焼却するようにと付言している。しかし、告訴人たちは、ローマ法にしたがって、挙証の義務があり、どうやら十分な証拠をあげることができなかったようである。国王使節団は、事柄に最終的決着をつける全権はもっていなかった。彼らは、さし当たって、レオを再び地位につけた。告訴人たちは、「理由のない暴力行為と平和破壊を犯した、という認識を根拠に」（ツィンマーマン）逮捕され、アルプスの北へと送られた。

王は時間的余裕をえた。彼は冬をアーヘンで過ごし、八〇〇年春の初め、北海海岸へ出向き、ノルマン人に対するさし当たっての防護措置の手をうっておいたが、ノルマンは少し以前に、ノーザンブリア、スコットランド、ウルスターに向けて最初の襲撃をかけてきていた。四月の終わり、王はルーアンを経てトゥールに向かい、そこでブルトン人の降伏者を迎え入れ、息子ルートヴィヒと、スペインにおける作戦の続行や、サラセンの海賊に対するアクィタニア、セプティマニア海岸の防備について話し合い、しかし、また、ローマ問題についてアルクインと協議したのであった。トゥールでの滞在は、王妃リウトガルトの重病のため長引いたが、彼女は七月四日、トゥールで亡くなった。アルクインを伴って、カールはアーヘンに帰り、そこで、七月半ば、教会会議を開催し、ウルヘルのフェーリクスに打ち勝った。教会会議は、しかし、またローマ問題について、フランクの司教たちと立ち入って懇談する機会を提供した。

八月初めのマインツ王国集会において、ようやくローマ行が決定された。出発までには、なおいくらか手間取った。十一月半ば、カールはラヴェンナに到着し、十一月二十三日、彼はローマの前面十二マイルのメンターナに入った。ここで教皇は彼を出迎え、祝宴を張った。一マイル里程標のところで、人びとは集まって、厳かな歓迎行列を催したが、歓呼するローマ市民諸団体や外国人留学生たちに続いて、諸領主や盛装した廷臣の騎乗列が、国王の閲見に供された。カールが、七七四年に初めてローマに入ったときの歓迎儀式とは、完全にちがったものであった。この度は、皇帝の栄誉にふさわしいものであった――そして、カールもそのことを悟っていたにちがいない。

王は、フランクの王国教会会議をモデルとして、ローマで教会会議を招集し、それには、ローマおよびフランク王国の高位聖職者のほかに、立会人としてローマの元老院議員、フランク豪族たちが招かれた。教会会議は、十二月一日および同二十三日、聖ペテロで、国王主宰のもとに全体会議をもった。この全体会議に先立って、事前協議が行われていた。実は教会会議参加者たちは、次のように一致していなかった。すなわち、一部の者は、教皇は裁かれることはないというアルクインの立場を支持し、他方は、レオの浄めを要求したからである。事前協議の結果は、妥協に終わった。王は、十二月一日の開会宣言にあたって、この会合の目的は、教会に向けられた告訴の精査にあると述べた。集会は、自分たちは教皇について裁こうとはおもわないと返答した。その上で、レオは、前任者の例にならって、誤まてる告発については、この集会のまえで身の証しを立てる用意があると宣言した。十二月二十三日の全体会議において、教皇は無実であるとの宣誓を行った。ただし、それは、告訴に関係した諸点についてだけであって、「その他、レオに向けられた非難については論議されないままであった」(ツィンマーマン)。

教会会議開催の機会に、ロルシュ年代記によれば、集会によって、皇帝位をカールに委譲することが提案された。何故ならば、ギリシアの皇帝位は空位であるのに対し、カールはすでに、皇帝都市ローマおよびイタリアにおける皇帝行在地 Sedes per Italiam (ラヴェンナ、おそらくまたミラノ)、ガリアのそれ(トリアー、アルル)、さらにゲルマニアのそれ(マインツ)のすべてを保持するにいたり、従って、称号をもたなくても、実質上、皇帝にほかならないから、というのである。カールは、それに同意したといわれる。この年代記の記事を疑うなんらの根拠もない。イタリア、ガリア、ゲルマニアの領有を根拠にして、宮廷付神学者や高位聖職者らは、ここ十年来、カールの皇帝的地位を表明してきた。総会と同じ十二月二十三日、宮廷付司祭ザカリアスが、エルベルク、サバス両修道院の二人の修道士とともに、派遣先のエルサレムから帰って来たのも、果たして偶然であろうか。彼らは、同地の総主教の委託を受けて、聖墓とダヴィデ都市それぞれの鍵、同市の旗をカールに手渡し、それによって、彼がオリエント・キリスト教徒の守護者として認められていることを伝えようとしたのである。フランク大王の皇帝的地位を、これ以上に明白に表明する方法がどこにあろうか。

教皇は、第三クリスマス・ミサを、古い慣例にしたがって、聖ペテロで祝ったが、そこは、十二月二十三日の教会会議が開かれた場所であった。ひざまずいて祈るオラティオののちに、いと尊き祝祭日の讃美歌が歌い出された。それが始まるか始まらないかのときに、レオ三世は帝冠を取り上げ、簡単な祝福の形を取りながらカールの頭上に載せた。それと同時に、ローマ人たちはカールを皇帝と歓呼し、周囲の歓声の中で、皇帝称号が唱えられた。「カルルス・アウグストゥス、神によって戴冠されし偉大にして、平和なるローマ人の皇帝に、弥栄《いやさか》と勝利のあらんことを Carolo Augusto, a Deo coronato, magno et pacifico imperatori Romanorum, vita et victoria.」二、三の史料は、カールの服装について、皇帝の紫色のマントをまとい、皇帝笏の授与を受けた、と伝えている。レオ三世は、かつての皇帝たちに対してなされたように、新しい皇帝に跪拝《きはい》した。これこそ、中世西ヨーロッパの皇帝のまえで、教皇が行った最初にして、最後の跪拝なのである。

アインハルトの『カール大帝伝』の次の有名な文章は、どのように解釈すべきか、これまで論争されてきたところである。曰く、「カールは、皇帝位（皇帝という名称 nomen imperatoris）に嫌悪を感じていたので、もし彼が教皇の意図を事前に察知していたら、彼は尊ぶべき祭日にもかかわらず、教会へいくことはなかったであろう」と。カールがこのような行為によって驚かされたとか、皇帝位そのものを拒否したというようなことは、今日の研究水準からすれば、もはや認められない。アインハルトの叙述の文脈をさぐると、カールのそのような発言は、のちのコンスタンティノープルとのいざこざに際して、立腹のあまりなされたものであることを推測させる。だが間違いないことは、フランク大王に対する皇帝位の委譲が、国内法的な問題を投げかけた、ということであって、これはあとで説明したい。おそらくカールは、十二月二十三日の教会会議の感覚では、登位行為にあたって、より大きな役割をフランク人に演じさせたかったであろうし、教皇とローマ人とが前面に躍り出て演じたような仕方は、癇《かん》に障《さわ》ったとおもわれる。ローマ人を排除して、フランク人だけによる皇帝宣言とか、ましてや自ら発声して皇帝称号を名乗るなどは、彼の念頭には、もちろん、浮かばなかったであろう。「フランク」皇帝などというのは、法的にも無意味なことであったし、なんぴとにも感銘を与えないであろうから。カールは皇帝位を欲していたにしても――それは、今日、確実視されている――彼はそれを、合法的に創られうる唯一可能な形態、つまりローマ国法にもとづく皇帝位を受容したかったにちがいない。既に起こってしまった形のなかでは、さまざまな重点の置き方がおこりうるということは、史料によって証明されているところである。カールが、アインハルトによって報じられている発言を行った、その意味合いは、研究者のあらゆる努力にもかかわらず、もはや確実には突きとめることはできないのである。

皇帝戴冠後の数日、カールは、ローマ反乱者に対する裁判を行った。反乱の指導者は、ローマ法に照らして、大逆罪 rei maiestatis として、死刑を宣せられたが、しかし、レオの執り成しによって、追放に減刑された。ローマ反乱者に対する裁判は、カールが、皇帝として、ローマならびに教会国家の上級支配者となったことを示している。教皇文書の日付のところでは、皇帝統治年が教皇就任年のまえに置かれることになった。図像権についても、同様の変化が起こっていることが九世紀末の証拠からわかる。教皇鋳貨には、これからしばらく、表面にはカールの名前と称号、裏面にはレオの組み合わせ文字が刻まれることになった。

皇帝位とともに、ローマ・キリスト教的帝国イデオロギーが採り入れられるにいたったことは、皇帝の称号からもうかがわれるが、その称号は、おそくとも、八〇一年五月、カールのラヴェンナ滞在中に確定されたとおもわれる。古い国王称号――フランク人とランゴバルド人の王にして、ローマ人の保護者 Rex Francorum et Langobardorum atque Patricius Romanorum——は、カールの国家の国法上の三体構造性を表現していた。皇帝位の受容後は、ローマへの言及が最初の位置にくる。そこから国法上の困難が生じてくる。何故なら、フランクの王民に第二の地位が宛てがわれることになるからである。この困難は、イタリアで慣用された「ローマ帝国を統《す》べる Romanum gubernans imperium」を挿入することによって、回避された。その結果、いまや皇帝称号は、次のようになった。「いとも清らかなるカルルス・アウグストゥス、神によって戴冠されたる、偉大にして平和を愛する皇帝、ローマ帝国を統べ、かつ神の恩寵によりフランク人とランゴバルド人の王たる者 Karolus serenissimus Augustus, a Deo coronatus, magnus et pacificus imperator, Romanum gubernans imperium, qui et per misercordiam Dei rex Francorum et Lngobardorum.」「ローマ皇帝権 Imperium Romanum」は、ここでは、歴史神学的に、「世界の導き手として、神によって付託された制度」として捉えられている。付託されたものを、フランク、ランゴバルドの王が、皇帝として保持するのである。国家を担う人民としてのフランク人の地位は、それによって、堅持されることになり、同時に皇帝権はキリスト教世界の支配者として定義づけられたのである。

皇帝称号は、新しい国家の誕生を象徴する唯一のものではなかった。カールは、その文書に、厳かな神への呼びかけ、日付として皇帝統治年とインディクティオ暦年[39]を導入し、巻物様（ブル）の公文書については、ビザンツ風の宰相副署入りの特別の複写記録を取り入れた。彼は巻物様の皇帝勅書をつくらせたが、それは、表側に支配者の肖像、皇帝称号、古い様式の皇帝形容辞を、裏側には、ローマ帝国の復活 Renovatio Romani imperii という囲い文字をもったローマ市のシンボル像を描かせていた。新しい皇帝鋳貨の支配者像は、コンスタンティヌス大帝のメダルを模倣しており、裏側には、キリスト信仰 Religio christiana という上書きをもった教会が刻まれていた。このように、黄金文書と貨幣のシンボル像は、〔カールの〕ローマ・キリスト教的帝国観を強調するものとなっており、とくに鋳貨の肖像は、カールがコンスタンティヌス帝を模範と考えていたことを知らしめてくれるのである。

# 第十章　カロリング神学の発展、コンスタンティノープルとの和解、カールの死

カールの皇帝在位期間は、フランク帝国にとっては、対外的に比較的平和な時期であった。皇帝は、ホルシュタインを、デーン人に対する辺境マルクとした。スラヴ人と接したオストファーレンの東部地区では、デーン人と結び付いたヴィルツェン族は、結局、アボトリート族、ソルブ族と同様、フランクの支配高権をみとめねばならなかった。デーン・スラヴ人国境の監視を引き受けたのは、皇帝の長男カールで、彼はすでに最後のザクセン戦争（七九八年以後）では独立して行動し、八〇〇年には、教皇によって、王に聖別されている。それによって、彼は、イタリアやアクィタニアの国境で年若い兄弟たちが担っていたと同じ課題を担うことになった。

国王にとってより大きな心配の種となったのは、もちろん、スペイン、アフリカのサラセン人の海賊であったが、彼らは八〇六年から八一三年まで、恒常的に西地中海の島々や海岸を襲った。カールの防衛措置は、また北海海岸や大西洋海岸にまで延びていた。だが、ヴァイキングの危険は、これらの数年の間には、なお明白には現れてはいなかった。皇帝の主要な課題は、内政の分野にあった。帝権の歴史的課題を、かつてヴェルギリウスは、平和の招来にあると書いたが、その平和は支配のうえに築かれたものであった。ローマの平和思想にキリスト教の平和思想が取って代わったが、それは、愛のうえに築かれていた。その思想は、アウグスティヌスの『神の国』の中心に立っている。秩序を実現するのは正義であり、秩序の果実が平和である。そして、平和それ自体は、いまや、もはや世界内的・静的にとらえられず、キリストとの関わりにおいてとらえられる。それは、上昇能力をもち、神に向かって開かれている。

ゲルマン人は、ローマ・キリスト教的特質を帯びた普遍的平和というものを知らなかった。彼らの平和は、ゲルマン人が生きてきた法サークルのように、さまざまな形態を取り、いく層もの段階をなしていた。家、氏族、同盟といった法サークルは、国家から派生したものではない、自生的な共同体をなし、国王といえどもそれに触れることはできなかった。従って、国王布告の平和も、普遍的な有効性をもつことはできなかったわけである。それは、公的生活の特定の分野、すなわち、祭祀、裁判、軍隊においてのみ通用したのである。国の中 infra patriam のフェーデを、王は排除できず、できるとすれば、せいぜい争いの解決を仲介するだけである。王が普遍的平和を貫こうとすれば、それはただキリスト教的平和 Pax christiana についてのみ可能であった。キリスト教的平和は、もともと教会のものであったが、いまや支配者のものとなった。そこから、カロリング朝の勅令において、宗教的、政治的、社会的平和観が奇妙に入り混っている様が説明される。

キリスト教的王位への就任が、すでに支配者カールをしてキリスト教的平和の担い手としたが、しかし、皇帝位の委譲は新しい衝動を生み、正義、秩序、平和をめぐるカールの努力をさらに一段と高めた。この偉大な支配者の、今日まで伝えられている勅令の大部分は、皇帝在位中に発せられたものであるが、その中でも最重要なものは、八〇二／八〇三年、および八〇五／八〇六年の日付をもつものである。八〇二年の「皇帝に対する宣誓」には、新しいエートスがもっとも明瞭に述べられている。カールは、七八六年の反乱陰謀(40)ののち、メロヴィング式の臣民誓約を新たに導入したが、七九二／七九三年の危機ののちには、第二の宣誓形式を採り入れ、これを優先するものとしていた。これら古い誓約形式文は、国王に対する不誠実（infidelitas）の行為すべてをしない、という義務だけを内包していた。八〇二年の「国王巡察使に対する訓令」は、いまやこの義務が変えられ、拡大されるにいたっていることを、示している。「皇帝に対する誓約」は、神への奉仕に意欲的に心構えること、公平の実現のために意欲的に心を傾けることを、積極的に義務付けている。しかし、それは、皇帝によって特に保護された武器なき者たち（孤児、寡婦、教会、巡礼者、外国人）に対するすべての攻撃の断念、皇帝の指示に反対するあらゆる行動を断念すること、については消極的にしか義務付けていない。形式としては、皇帝に対する誓約の中に、臣従誓約定式文を採り入れることにより、忠誠義務は強められた。あらゆる「私的」誓約共同体の、改めての禁止（八〇三、八〇五）の後、八〇五年、この種の宣誓誓約は、皇帝への誓約（臣民誓約）、皇帝に対するそれを含めた臣従誓約、裁判誓約、つまり神と支配者に対する義務にかかわる誓約に限られることになった。

宣誓誓約の中へ、神とそのご命令を取り入れたということは、誓約の対象を拡大する効果を生んだ。すなわち、支配者に対する不誠実、偽誓 periurium から、武器なき者に対する侵害、王領地の簒奪、私的目的のための封地の搾取、裁判における委任代理権の悪用、軍役義務の懈怠《かいたい》へ、と拡大されたのである。さらに、キリスト十戒に対する違反も不誠実とみなされ、それ相応の処罰をもって罰せられた。盗み latro も、「われら〔皇帝〕ならびにフランク人に対する不誠実 infidelis noster et Francorum」とみなされた。それによって、フェーデの禁止も可能となった。八〇二年、八〇五年の非道行為対策指示は、こうした禁止令を含んでおり、贖罪によるフェーデの解決を命じている。「たとえ彼らが欲しなくとも、平和のため、引き分けられるべし distringatur ad pacem, etiamsi noluerint.」。八〇五年の指示は、国の中 infra patriam での武器（楯、長槍、甲冑）の携行を禁じている。これによって、フェーデ制に対する中世王権の闘いが開始されることになる。もちろん、それが究極的に成果を収めるには、なお数世紀を要したのではあるが。

支配者の統治範囲は、キリスト教的平和の受容によって、著しく拡大された。旧帝権への思い出が、統治権の大幅な拡張にかなりな程度寄与した。カールの皇帝勅令においては、書かれた法 Lex scripta を、新しい仕方での判決の基礎とすべし、と強調されている。そこで述べられているのは、ザクセン法、テューリンゲン法であり、また、フリジア法の成文化も準備された。さらに重要におもわれるのは、部族法の内容を勅令立法の中に取り入れ、統一的なフランク法を創ろうという試みがなされたことである。もちろん、この試みは、八〇二／八〇三年の衝動が過ぎ去ったのちには、沙汰止《さたや》みになってしまったのだが。

世俗的、あるいは教会上の立法を行うに当たって、八〇二年十月のアーヘン帝国集会は、特別な意義をもつ。俗人に対して部族法が手掛かりとしてあったように、聖職者に関する新立法への手掛かりを与えたのは、『ディオニュソ・ハドリアーナ法令集』、およびベネディクト戒律であった。教会生活において『ディオニュソ・ハドリアーナ法令集』が占めた役割は、部族法が俗人生活において占めた役割と同一であった。しかし、教会の分野の内部では、在俗聖職者と修道聖職者という明確な区別が現れてくる。クローデガング戒律によっている律修生活Vita canonica は、これまでよりもより明確に、ベネディクト修道法から分かれるようになる。在俗聖職者内へのロマ諸役職の導入と、修道聖職者内へのベネディクト諸役職の導入は、典礼の分野でも、差違を生みはじめた。もちろん、それは、さし当たっては決議の段階にとどまったのであるが。新規制の実行は、ルートヴィヒ敬虔帝のもとで行われることになるが、それは、八〇二年の教会会議の決議を再び採りあげたものであった。

教義上の論議は、沈静することになる。ただ聖霊の発現 Processio Spiritus Sancti に関する論争は、八〇九年にまたもや燃え上がった。というのも、パレスティナにおいて、それをめぐって、フランク修道士とオリエント修道士のあいだに不一致が生じたからである。オルレアンのテオドゥルフとサン・ミヒエル修道院長スマラグドゥスが、意見を述べ、カールはこの問題に関して、もう一度教皇に伺いをたてた。しかし、気の弱いレオは、前任者たちの態度に固くしがみつき、「御子からも Filioque」という文句をローマの主祷文《クレード》の中へ採り入れることを拒否した。

これら数年の勅令は、さらに、法や教会の規律、教育、救霊の問題を取り扱っている。さらに、私有教会に関する立法も仕上げられた。私有教会聖職者の任命にさいしての司教の同意の必要性、同人に対する司教の指導権については、すでに以前に規定されていたけれども、いまや、私有教会の建物に関する司教の監督権が規定され（八〇三／八一三）、私有教会の金銭売買による委譲が禁止され、私有教会聖職者の解任にあたっては司教の承認が必要であることが規定された（八一三）。勅令諸立法の実効性を高め、巡察使の賄賂請求や人民の圧迫を一掃するために、カールは、八〇二年以来、巡察使を司教や修道院長、伯のグループから選出し、普通の家臣から選ばないことにした。カールは、それとともに、定まった巡察管区を設立する仕事へと移っていったのである。

支配者の力が、八〇六年以来、衰えつつあるという兆候が見え始めていた。そして、カールは、八一一年長患いにおちいった。同時期の勅令からは、聖職者と俗人豪族とのあいだの和合が非常に望ましいこととして残されている、という嘆きが聞かれる。一方における教会イムニテート、他方における私有教会制度、封地化された教会領の問題が、紛争の原因であった。皇帝は、八〇九年、大掛かりな教会立法に再び取り掛かろうと計画したが、しかし、八一〇年のデーン人の脅威のため、それは引っ込めなければならなかった。八一三年、彼はマインツ、ランス、トゥール、シャーロン、アルル各司教に宛てて、欠陥を正し、改革の継続を協議するために、全帝国規模の教会会議を招集するようにという書簡を書いている。そのさい彼は、贖罪規律の問題を持ち出し、教会法の旗印のもとに、現在の島国的〔独りよがりの〕贖罪の仕方に対して、闘争の幕を切っておとすはずであった。しかし、この仕事を完成することは、彼には許されておらず、課題として後継者に委ねられたのである。

後継者問題は、八〇〇年のクリスマス以降、帝政の形成という国法上の変化ときわめて密接にからまることになり、この帝政それ自体はまた、ギリシア的東方との関係の発展とは切り離せないものであった。カールの皇帝戴冠は、ボスフォラスでは、前代未聞の簒奪行為、直接的脅威として感じとられた。フランクとベネヴェントとのあいだの戦争は、なお終わってはいなかった。ビザンツでは、シチリア島へのフランクの攻撃があるのではないかと怖れられた。カールが、七九七年末、バグダッドの教主ハルン・アル・ラシッドと結んだ関係は、コンスタンティノープル、およびコルドバに対抗するため、と受け取られた。そうこうする間に、西ヨーロッパでは、平和的解決の途が模索された。すなわち、八〇二年初め、ギリシアの使者がアーヘンへやってきたとき、カールは、女帝イレーネへの結婚申込みをすることによって、両キリスト教帝権の合一をもたらそうと試みたのであった。しかし、イレーネは、フランクの使者到着直後の八〇二年十月三十一日、退位させられ、修道院に幽閉されて、八〇三年八月九日死んだ。新皇帝ニケフォロスはカールに使者を立て、使者は八〇三年夏、ザルツへ到着した。しかし、交渉は無駄に終わった。カールが、自分の皇帝位の承認を公然と求めたからであるが、他方、カールの反対提案に対しては、なんら返答はかえってはこなかった。

その結果は戦争となったが、その抗争の舞台となったのは、アドリア海岸であった。ヴェネツィア地方の最高の教会指導者であるグラード総主教フォルトゥナートは、八〇三年夏、カールのもとにやってきて、彼の特権を承認させようとした。彼は、二〇〇年来、ランゴバルド領アクィレーヤ大司教管区（チヴィダーレ）と〔東〕皇帝領ヴェネツィア総主教管区（グラード）に分割されてきた昔の総大主教管区ヴェネツィアを復活させようと企てたのであった。実際、皇帝〔カール〕と教皇とは、八〇五年一月、アーヘンで、「アクィレーヤは、その首座をもつ、いわば一つの教会である de Aquileiense ecclesia velut una, quae suam sedem haberet」ことについて、意見の一致をみていた。ところが、フォルトゥナートの対フランク政策は、ヴェネツィア人の抵抗に遭遇することになり、彼らは総主教を追放するにいたった。その後、総主教は、八〇五／八〇六年のかわり目に、ダルマティア人（ザーラ）とともに、カールに服従を誓うべく、彼のところに現れている。ニケフォロスは、八〇六年、失われた地域奪回のため、艦隊を派遣した。八一〇年まで、目まぐるしく勝敗を交代した戦いののち、イタリア王ピピンは一部ヴェネツィア領を服属させたが、ダルマティア海岸都市に対するフランク側の攻撃は失敗に終わってしまった。

フランクの支配者は、ヴェネツィアを、単なる占有質物としてしか見ていなかった。八一〇年、ギリシア皇帝は、ピピンに宛てて使節を派遣し、この機会に戦争を終えようとおもった。しかし、使者は、存命中のピピンに会うことはできなかったので、アーヘンへ向かい、ヴェネツィアを断念するかわりに、ダルマティア諸都市領有について西皇帝の承認を得たい、という提案をした。八一一年春、この提案を基礎にして交渉するため、フランクの使者がビザンツへおくられたが、ニケフォロスは、この年の七月、ブルガリア人との戦いで倒れ、彼の後継者ミカエルがその提案を受け入れた。八一二年四月、ギリシアの使節がアーヘンに着き、西皇帝を承認するとの発言をし、八一三年初頭、新しいフランク側の使節が、平和条約批准のためコンスタンティノープルへ派遣された。カールは、八一一／八一二年の交渉の中で、彼の皇帝位のローマに関わる部分について、ギリシア側が要求するままに、断念することを認めた。真正正銘の「ローマ」皇帝位――それこそが、世界皇帝として、古代キリスト教歴史神学の中に根を下ろしていたものであるが――は、東皇帝がこれを保持し、彼は、フランクとの平和ののち、より広げられた称号バジレウス・トン・ロマイオン Βασιλευζ των Ρωμαιων（ローマ皇帝 Imperator Romanorum）を取ることになった。

コンスタンティノープルとの平和ののちに、八一二年夏、ベネヴェントとの平和が続いた。ギリシア人の後楯を失ったグリモアルド二世は、フランクの支配高権を認め、貢納を義務付けられた。この年の第三の平和は、ほぼ同じ時期に、コルドバの太守とのあいだに結ばれた。西方の帝権は、東方帝権ならびにイスラム隣国と友好関係に入ったわけで――そのため、アーヘンとバグダッドの関係が破棄されたということは、なんら偶然ではないであろう。

八一二年の平和締結は、カール大帝の業績の最後を飾るものであった。西方皇帝権の将来は、ビザンツ側の承認によって、はじめて、そして最終的に保障された。二重皇帝制を基礎にして、妥協が成立したわけで、これが、今後、キリスト教世界における歴史的現実となった。ローマにかかわる課題を含有する皇帝位の普遍性、それを断念することは、カールにとっては容易なことであった。何故なら、カールにとって、とりわけ問題であったのは、コンスタンティノープルとの同権であり、この同権は、西皇帝権の承認によって達成されたからである。二重皇帝制がキリスト教世界の分裂を深めるであろう、ということは、アーヘンではほとんど感じ取られなかったが、ローマでは十分に感得されるところであった。

八〇〇年の皇帝登位にあたっては、フランク・ローマ側は、皇帝位が空白であるという認識から出発した。カールとイレーネの結婚という空想裡に発想された計画は、キリスト教世界にはただ一人の皇帝しか在るべきでない、という見解に基くものである。イレーネの廃位――それは、西方では八〇三年初頭までは知られていなかった――は、必然的に人びとをして皇帝問題について熟考することを促した。ローマにとっての解決は、もちろん、コンスタンティノープルにとっての解決と同一線上にあった。何故なら、ローマ・キリスト教的帝国理念は、この両方の都市においては、なお生き生きとした現実であったからである。つまり、もし第二の皇帝で我慢しなければならない場合、その第二の皇帝は、低い次元の皇帝ということになろう。しかし、それに反する前触れがないわけではなかった。ギリシア人が真正正銘の「ローマ」皇帝権を自分の側に留保しようとした場合、教皇の課題は、歴史神学的意味での本当の世界皇帝としての「西方の主人」をつくりだす、ということでなければならない。そのさい、レオ三世は、コンスタンティヌス大帝の贈り物――その贈与においては、ビザンツに対するローマの優位が強調されていた――というのを利用することができた、と推測される。事実、状況証拠はこの推測を裏付けてくれる。『コンスタンティヌス寄進状』が、この目的のために初めて作りだされた、というようなことは、もちろん、ないが、さまざまに解釈し直されたことはありうる。例えば、コンスタンティヌス帝は教皇ジルヴェスターに帝冠を委ねたが、後者はこれを戴くのを拒否したのだ、といった具合に。この文書偽造者にとって、皇帝不在の時期における教皇の主権を理想的に根拠付けることが問題であったとすれば、西方皇帝が回復されたいま、この同じ『寄進状』の文面から、コンスタンティヌス帝と古ローマのものである真の帝冠、それに対する教皇の行使権が読み取られたはずである。おそらくレオ三世も、八〇二年後には、この文章をそのような意味に解釈し、北フランクの地への第二回目の訪問（八〇四年十一月から八〇五年一月まで）にさいして、「彼の」皇帝に対して、この解釈を提示したとおもわれる。

この見方が当たっていたとしても、カール大帝はレオ三世の誘いには乗らなかった。彼は西方皇帝の優位性を、同帝権が教皇から導き出されたものであるという『寄進状』の解釈の上に根拠付けようとはおもわなかった。彼は皇帝問題を、フランク国法および同家法から切り離して取り扱おうとはおもわなかったし、また、できなかった。彼の答えは、八〇六年二月六日、ディーデンホーフェンで発した相続規定、いわゆる『帝国分割令 Divisio imperii』であり、その中で、彼は、「帝国ならびに王国 imperium vel regnum」を、フランク法に則って、三人の息子たちのあいだに等分に分割したのであった。すでに設けられていた、年下の息子たちピピンとルートヴィヒのための副王国は、相続にさいしては、さらに拡大されることになった。一つはイタリアであり、これにラエティア、ドナウ河以南のバイエルン、アラマンネンが添えられる。いま一つはアクィタニアで、これには、オーセール―シャーロン―マーコン―リヨン―サヴォイの線内に含まれるブルグントの大部分が添えられる。長男のカールは、父祖からの直轄支配地の核心部分をえる、すなわち、ロワールとラインに挟まれたフランキア、ブルグントの北部、アラマンネンの北部、そしてフリースラント、ザクセン、テューリンゲンである。これら分割された諸王国の核をなすのはフランキアであり、したがって、帝国の構成は部分王国フランキア、イタリア、アクィタニアから成っていたということができよう。カールへのフランキアの賦与によって、長男の優位が表現されている。『分割令』のいま一つの特徴は、三人の息子たちに重要なアルプスの峠が均等に配分されていることで、それは、彼らが相互に助け合い、共同してローマ教会、その他の教会の守護に当たることを意味していた。

古い研究は、カールが「分割」にあたって皇帝権を完全に無視している、と考えた。それは、最近、シュレジンガーが証明したように、全く当たらない。この西方の主は、ビザンツとの戦争によってもなお解決がついていない状況に鑑みて、二つの可能性を残しておいた。一つは、フランクが主導権をにぎった独自の帝権への後退をはかるか、いま一つは、コンスタンティヌス帝の後継者として、しかし、『寄進状』の論理を無視しての、帝権の維持をはかるか、の途である。三人の息子には、共同統治者に格上げして、皇帝権に対する候補権を認める。そのさい、カールは、「共同統治者の一人を皇帝称号の唯一の保持者に……指名する」、あるいは、「コンスタンティヌス帝の模範にならって、この三人のすべてを、皇帝称号の保持者にする」、そのどちらかの選択権を留保している（シュレジンガー）。

カールの二人の年長息子は、ビザンツ側による西方皇帝権の承認をもたらしたコンスタンティノープルとの交渉の終結前に、亡くなった。ただイタリア王ピピンは、一人の息子を残していた。その息子ベルンハルトに、祖父は、八一二年、ランゴバルド王国を委ねた。しかし、ベルンハルトは、〔二人の兄より〕長生きした三人目の皇帝の息子とは、同等の相続権者とはみなされず、ただイタリアの副王にとどまった。皇帝権ならびに全帝国の後継者としては、ただアクィタニア王ルートヴィヒだけが該当者となった。カールは、コンスタンティノープルの皇帝法にしたがって、生きているうちに、ルートヴィヒを共同統治帝に上げようと考えた。この計画に対する豪族たちの同意を取り付けたのち、カールはルートヴィヒをアーヘンへ呼び寄せた。八一三年九月十一日、皇帝は、礼装をして、息子および豪族たちを従えて、アーヘンの宮廷礼拝堂に入っていった。全員による祈祷ののち、彼は祭壇のまえで、息子に対して、支配者ならびに家長としての義務を果たすことを誓わせた。そのあとで、カールは、ルートヴィヒに、祭壇のうえに置かれていた帝冠を載せ、居並ぶ人びとをして、「皇帝にして、尊厳なる者 Imperator et Augustus」と歓呼せしめた。聖職者による戴冠ということは行われなかった。八一三年のこの行為は、その称号のローマとの関わりを断念しているにもかかわらず、自身をコンスタンティヌス帝を後継する「真の」皇帝であると自認していたことを示すものであろう。同時に、皇帝権はいまやしっかりとアーヘンおよびフランキアと結びつけられ、キリスト教帝国とフランク王国という二元性は、すくなくとも次の世代の統治期には、みられなかったのである。

帝国がこのように整えられたとき、八一四年の初め、カールは重病に罹り、宝庫の財宝を分配するよう遺言した。八一四年一月二十二日、ほとんど七十二歳になろうという皇帝は、高熱を発し、それに肺炎を併発した。一月二十八日、カールは亡くなった。彼の遺骸は、サン・ドニの両親や祖父の傍らではなく、アーヘンのマリア教会に埋葬された。

カールの統治の最終年は、危機の年であったという見解がある。それによれば、ベネヴェントやブルターニュに対し、またエルベ河のスラヴ族やボヘミアに対し、さらに北海のヴァイキングや地中海のサラセン人に対し、皇帝はもはやなんらの成果もあげることができなかった。とくに八〇二年の大きな衝撃〔皇帝に対する誓約勅令の発布〕は、なんらの効果もなく終わってしまった。八〇六年の『帝国分割令』は、八〇二年の皇帝・帝国理念と鋭く対立するものである。この巨大帝国には、制度的な下部構造の支えが欠けていた。ただ、それを創り出した者の優れた資質によってのみ、それは、しばらくは存立できたのである。しかし、八一一年になると、すでに建造物の亀裂は明白となっていた――ルートヴィヒ敬虔帝は、内部的に崩壊した帝国を受け継いだにすぎない、というのである。

この辛辣な批判は、個々の点では、根拠がないわけではないが、しかし、全体的にみれば、行き過ぎているようにおもわれる。ベネヴェントやブルターニュ、スラヴ人は、帝国にとってなんら危険な存在ではなかった。また、ノルマン人やサラセンの海賊が実際に危険となるのは、ルートヴィヒ敬虔帝の死後になってからである。八〇六年の『分割令』の中に、八〇二年の帝国理念の否定を認めることもできない。もちろん、この巨大帝国には、強固な官僚制が欠けており、遅かれ早かれ、崩壊するであろうことは明らかであった。しかし、それにしても、それは、「その内的強固さとねばり強さのおかげで」（シーファー）長く維持されつづけた。とりわけ強調されるべきことは、その刻印力が、その解体後も失われなかったことである。後継諸王国のどれ一つも、カロリング起源であることを否定できなかった。教会の諸秩序、封建制度、貨幣改革、裁判改革、新しいキリスト教的支配者・国家観、カロリング的教育改革は、カロリング帝国を越えて生き延びた。カールは、このような業績によって、ヨーロッパ建設の巨匠の一人となった。彼は、倦くことのない征服、既存の諸要素の慎重な掌握、これら諸要素の新しい包括的全体への組み込み、秩序付け、それらの諸点にみられる「支配意志・権力意志」すべてにおいて、文字通り、古代ローマのアウグストゥスに比肩しうる人物にほかならなかったのである。

# 第三部　カロリング時代の絶頂とその下降の始まり（八一四—八四〇）

# 第十一章　ルートヴィヒ敬虔帝（八一四—八二八）統治下の帝国・教会改革

アクィタニア王ルートヴィヒは、父の死にさいして三十五歳、まさに男盛りの年齢にあった。彼は真面目な性質で、騒々しい社交生活を嫌った。彼は比較的早くアクィタニアの偉大な改革者と出会うことになり、生涯この人物に師事した。その人物とは、ゴート人ヴィティツァであり、修道士としてはベネディクトと名乗った。

ヴィティツァは、七五一年、フランクに併合されることになったマグロンヌのある伯の息子として生まれた。彼はピピンの宮廷で近習となり、王妃ベルトラーダの給仕を勤めたが、七七四年、パヴィアの包囲のとき名を挙げた。しかし、彼の兄弟を襲った不幸が、彼を深く考えさせることになり、七八〇年、ヴィティツァは、ディジョンのサン・セーヌ修道院に入り、そこで、オリエント・ギリシア・ラテンの修道院規則を学んだのであった。ベネディクト戒律の完全な実行がサン・セーヌでは不可能であることを悟ると、彼は、郷里ゴート・セプティマニアの父祖の領地に、アニアーヌ修道院を建てた。新しい修道制は、ヴィティツァ＝ベネディクトの同輩者たちに強い印象を与えた。八〇四年、トゥールーズ辺境伯ギヨームは、ベネディクトの援助を得て、ジェローヌ修道院を建てた。国王の宮廷では、官房長のヘリザカルが、このアキテーヌの修道院長と懇意であった。ルートヴィヒの王国では、八一四年までに、二十五の修道院が改革され、あるいは設立された。改革は近隣地方にも及んだ。トゥールのアルクイン、オルレアンのテオドゥルフ、リヨンのライトラードは、自分たちの管轄下にある修道院を刷新した。八一三年、シャーロン・シュル・ソーヌに会合した司教たちは、純粋のベネディクト戒律を自分たちの管轄教区内であまねく実現することを決議した。カール自身も、アニアーヌの改革に注目はしていたが、しかし、それが大きく前進をとげるのは、カールの後継者になってからであった。

ルートヴィヒは、共同統治者、そして皇帝となった時点においても、まだ、彼の帝位継承に対する反対者を怖れなければならなかったようである。彼が怖れたのは、カールの従兄弟たちに当たるコルビー修道院長アーダルハルト、伯ヴァラであり、また彼が、妹たちの愛人たちを退ける処置をとったのも、単に道徳的根拠だけからではなかった。カールの娘たちは、父が定めたように、結婚か、修道女のベールかのどちらかを選ぶというのではなく、みな、修道院へ追いやられた。父の遺言書に書かれた物質上の定めは、ルートヴィヒはこれを忠実に実行した。彼の異母兄弟のドローゴ、フーゴ、テウデリヒは、宮廷で処遇し、妹たちの息子たちには身分にふさわしい教育をうけさせた。イタリア王ベルンハルトは、臣従礼をするため出頭してきたが、恩情をもって帰国を許された。ルートヴィヒ自身の息子についていえば、すでに成年にたっしていたロタール、ピピンは、それぞれバイエルン、アクィタニアの副王を勤め、なお未成年の第三の息子ルートヴィヒ（のちのドイツ王）は、父のそばに残っていた。

皇帝は、新しい宮廷規則を定めて、アーヘンの官人層を再組織し、彼らを通して、宮廷の有力者たちにも、厳しい規律を課した。宮廷学校、図書館、建造物監督は存置されたが、詩人たちが真っ先にアーヘンから消えていった。ルートヴィヒには、父のもった多面性が欠けていた。彼の関心は、もっぱら神学と教会改革にあった。アニアーヌのベネディクトが皇帝宮に呼び寄せられ、彼は、さし当たって、アルザスの修道院マウルスミュンスターを与えられたが、まもなく、アンダン修道院（コルネリミュンスター）に移っていき、同院は、八一七年、皇帝直属のものとして、アーヘンの玉座において認可された。アーヘン宮廷学校の栄光は、新しく興ってきたカロリング帝国ルネサンスの育成所、つまり、ベネディクト膝下の修道院によって、色あせはじめ、いまや後者がアーヘン改革の支配的中心として立ち現れてくるのである。

カール大帝の相談相手や友人のなかで、皇帝よりも長生きしたのは、カールの従兄弟コルビーのアーダルハルト

（八二六年没）、伯ヴァラ（八三六年没）であり、また宮廷付司祭長ヒルデバルト（八一八年没）、オルレアンのテオドゥルフ（八二一年没）、ザルツブルクのアルン（八二一年没）であった。さらに、アミアンのイエッセ（八三七年没）、アインハルト（八四〇年没）がいたが、これらは、年齢的には、新しい支配者の世代に属する人たちである。八一四年には、もうルートヴィヒとカロリング家傍系アーダルハルトとのあいだに、決裂がおこった。コルビー修道院長は、ロワール河口のノワルムーティエ修道院へ追放され、伯ヴァラは、修道士としてコルビーに入っていった。アーダルハルトとアニアーヌのベネディクトとのあいだには、修道制の在り方に関する対立があったが、しかし、決定的であったのは、ルートヴィヒ敬虔帝とコルビー修道院長のあいだの人間的ちがい、家族的対立であった。アーダルハルトとヴァラは、カールの晩年には、イタリア王ベルンハルトと懇意にしていた――彼らは、新しい支配者が許す以上に、ベルンハルトの利益を守ろうとしたのである。

そのほかの点では、新皇帝は彼の信頼する者たちを宮廷内に引き入れたが、父の代からの相談役たちを排除したわけではなかった。ケルンのヒルデバルトは、宮廷礼拝堂の指揮を引き受けており、それが、サン・ドゥニのヒルドゥインによって引き継がれるのは、彼が死んでからである。アインハルトは、宮廷学校や建物の監督をやめたが、皇帝は彼にいくつかの重要な修道院を委ね、八一五年には、オーデンヴァルトのマルク・ミッテルシュタットを委ねた。著しいのは、宮廷官房内の交替で、そこでは、アクィタニア出身の官房長ヘリザカルが、カールの最後の官房長ヒエレミアスに取って代わっていた。しかし、ヒエレミアスは、けっして不興を買っていたわけではなく、まもなく彼は、帝国の最重要教会であるサンスの大司教座を引き受けているのである。ヘリザカルの下で、実際に官房職を遂行していたのはドゥランドゥスであった。両人の出身地は、ベネディクトの郷里であるセプティマニアであったとおもわれる。八一九年、アングロ・サクソンの出身で、アルクインの弟子であるフリドゥギスが、ヘリザカルに代わって官房長職についたときも、ドゥランドゥスが職務の実際上の実施者であった。ドゥランドゥスは、新しい文書形式をつくりだし、それは、文書制度の上でカロリング・ルネサンスを表現したものとなり、同時に、新しい支配者の教会政策に奉仕した。宮廷学校の指導は、アインハルトの後継者クレメンスに続いて、宮廷付司祭アルドリッヒ、トーマス、ゴタベルト、ヴァラフリド・ストラボーが次々と受け継いだ。アルドリッヒは、八二一年フェリエル修道院長、八二七年アクィタニア王ピピンの官房長、八二九年サンス大司教を歴任している。ヒエレミアス、サンスのアルドリッヒとならんで、新しい司教職世代をとくに代表する人びとは、リヨンのアゴバルド（七六九年生まれ、在職八一六―八四〇年）、ランスのエボー（在職八一六―八三五年、八五一年没）、トリアーのヘッティ（在職八一四／八一五―八四七年）、オータンのモドワン（在職、推定八一五―八四〇／八四三年）、オルレアンのヨナス（在職八一八―八四三年）である。スペイン出身のアゴバルドとアクィタニア人のヨナスは、ヴィティッァ＝ベネディクト、ヘリザカル、ドゥランドゥスともども、ルートヴィヒ顧問団の中のアクィタニア・スペイン・グループを代表する人たちであった。

新皇帝の側近に仕える俗人は、ほとんどもっぱらフランク帝国貴族層に属する人びとであった。ルートヴィヒは、アーヘンの宮中官を新たに任免して入れ替えることはせず、ポストを増やしたようにおもわれる。もっとも影響力のある助言者は、西フランキアの伯たちであった。統治最初の十年間でもっとも影響力があったのは、オルレアンのマトフリートであった。八二一年には、ロタール王の舅トゥール伯ユーグが、最有力助言者のサークルの中に入っている。これらフランク貴族層と、マース、スヘルデ、モーゼル、ライン流域の種族本拠地との接触は、当時はまだ完全に生きていた。彼らは、帝国が新たに建設されたのはその地方からであったことを心得ていて、自分自身をこの帝国の担い手として誇らしく思っていたのである。

ルートヴィヒ敬虔帝は、しかし、腹心の狭いサークルだけに支えられて統治していたのではなく、彼はまたその他の豪族たちと絶えず接触しようとしていた。これまでは通例、年一回だけ会合していた帝国集会を、彼はまもなく、年二回、さらに年三回も召集した。もちろん、そこには、いつも帝国内のすべての有力者が集まったわけではない。また、特殊なプログラムについては、小集会が催され、それは以前の大評議会に匹敵するものであった。協議にもとづく統治というのが、新しい統治スタイルの特徴をなした。それは、指導的な人物が、さまざまなグループの多種多様な意見、利害関心をまとめることを心得ているかぎりは、有効であった。この種の指導的人物は、どうみても、アニアーヌのベネディクトとコルビーのヴァラであり、彼らは相次いで帝国政策に決定的に働きかけたのであった。

政権交替は、平和な時期のうちに実現し、従って新皇帝の本来の課題は、内政の分野におかれることになった。ルートヴィヒとその顧問たちは、精力的にこの課題に取り組んだ。すでに八一四年に、数年来停滞していた帝国政策に動きが出ていた。帝国のすべての方面に使者が派遣され、法適用上の過誤について調査し、それらの除去が図られているのである。同時に皇帝は、新規承認を目的として、教会の諸特権状を回収させた。承認は新しい書式で行われたが、そこでは、イムニテートと国王保護という、これまで別々になっていた二つの制度が、一つの統一体に結合された。イムニテートは、公法的制度であり、九世紀までは、司教座教会に賦与されたものであった。それは、被授権者に対して、租税上ならびに裁判上の一定の自治権を保障するものであった。それに対して、国王保護の方は、国王の後見支配権のもとに入ることを意味し、とくにその権利を享受したのは国王直属の修道院であった。イムニテートと保護の結合によって、司教座教会と国王修道院は同格となった。前者が国王直属教会のサークルに入るのに対し、後者は昔からのイムニテート権享受教会〔司教座教会〕がもっていたより大きな内的活動の自由を得ることになった。かくして、ルートヴィヒ敬虔帝は、統一的帝国教会を創り出したのであり、それは、もちろん、包括的な教会改革を目指したものであった。

制度法的前提が創り出されたのち、八一六年八月、アーヘンで大教会会議が召集された。決議は、聖職者、修道士、修道女に関するものであった。修道士については、ベネディクト戒律だけでなく、統一的準則が規定され、それは、俗世に背を向けた生活を保障し、修道生活に、「とりわけ典礼にしたがった祈りの中に、その固有の役割があることを指示した」（レーヴェ）。厳格な立ち入り禁止規定によって、俗人は修道院生活の片隅に追いやられた。手労働が改めて強調され、修道士志願の児童のための修道院学校が設けられることになった。ベネディクト典礼が、ローマ式典礼に対してだけでなく、永代讃美歌唱 Laus perennis、スコット式典礼順序 Cursus Scotorum においても、貫かれることになった。修道士たちに対する立法者は、アニアーヌのベネディクトであった。「……修道院は、統一した形態に服し、一人の院長の下で、一つの場所において、染め上げられるようにする。飲み物、食物、不寝番、〔詠唱の〕メロディーにいたるまで、すべて統一した規格がまもられ、かつ受け継がれていく Monasteria ita ad formam unitatis redacta sunt, acsi ab uno magistro et in uno imbuerentur loco. Uniformis mensura in potu, in cibo, in vigiliis, in modulationibus cuncutis observanda est et tradita.」

修道士に関わる改革と同様に、寄進教会の改革もまた、八〇二年のアーヘンの決議と結び付いていた。新たに定められた司教座聖堂参事会員規則（Institutio canonicorum）は、単純に、メッツの聖職者に対するクローデガングの規則から出発してはいないが、より緩やかな形にせよ、それと同じ精神によって担われている。その規則は、教父たちの文章の上に立脚していた。司教座教会、寄進教会の聖職者には、私有財産が許されていたが、しかし、食堂と寝室を共にする共同生活 vita communis が指定されていた。ここにも飲食における統一した量 uniformis mensura in cibo et potu〔の原則〕が導入されたが、それは、教会の財産に応じて段階が設けられた。祈祷生活については、ローマ式典礼が用いられた。修道女規則（Institutio sanctimonialium）も類似の規則をもつことになり、それは、規則正しい礼拝と控え目の共同生活を義務付けている。おそらくベネディクトとヘリザカルが、こうした改革事業の発起人であったとおもわれる。

在俗聖職者階層 Ordo saecularis と正規修道士階層 Ordo regularis も、アーヘンで基本法を得たが、在俗聖職者の律修生活指針 vita canonica は、八一六年、正規修道士生活指針 vita regularis に対して、明確に区別して規定された。聖堂参事会員ならびに共誦祈祷修道女に関する規則は、帝国の司教たちに送られ、一年以内に導入するようにと義務付けられている。修道院に対しては、八一七年九月一日付で、監督委員会の設置が通告された。皇帝自身は、アーヘン教会会議の終了後、新たに選出された教皇シュテファーヌス四世と話し合うため、ランスへと赴いた。

ローマでは、八一六年六月十二日、レオ三世が亡くなった。彼の後任には、シュテファーヌス四世が選ばれ、六月二十二日、聖別された。それは、西ヨーロッパに皇帝政が確立されたのちに行われた最初の教皇選挙であった。ビザンツ時代には、教皇選挙は、聖別される以前に、皇帝あるいは総督によって審査されたが、しかし、教皇ザカリアス以後、皇帝による吟味はもはや行われなくなっていた。ローマ人は、八一六年の場合、古い皇帝の審査権に立ち帰ることはしなかった。ルートヴィヒ敬虔帝は、教皇選挙には関わりをもたなかった。シュテファーヌス四世は、単に通告だけですますことにした。その代わり、彼は、ローマ人にカロリング家に対する宣誓をさせ、そして、皇帝との会見を求めたのである。八一六年十月初め、皇帝と教皇はランスで会合した。カテドゥラールで祝祭の礼拝儀式を行う機会をとらえて、シュテファーヌス四世は、皇帝と皇帝妃に戴冠し、塗油を行った。この目的のために教皇は、「コンスタンティヌス皇帝の帝冠」をローマから持参してきており、そうすることによって、ローマ人の抱く皇帝観を強調したのであった。しかし、このランスの出来事は、それほど評価すべきことではないようである――教皇シュテファーヌスの伝記は、このことを全く述べていないのであるから。ランスの戴冠は、なんら制度に則った行為ではなかった。ルートヴィヒの方は、この出来事を皇帝権の「強化」ととらえている。彼は、教皇との友好協約 pactum amicitiae を更新し、十六年前にフランク王国内へと追放されていたレオ三世の対立者の帰国を認めた。教皇とのその他の取り決めは、八一七年一月二十四日の、ローマ教会に対する特権状の中に書き留められているが、その中で、ルートヴィヒは、教皇選挙の自由と行政・法務における教会国家の自治を確認しているのである。教皇選挙は、祝聖ののち、はじめて告知され、皇帝は、教会国家の上訴機関として、法拒否が行われたときにのみ、乗り出してくるものとされた。シュテファーヌス四世は、「ルートヴィヒ特権状 Ludovicianum」の公示の日に、死去した。彼の後継者、すなわち、パスカーリス一世の登位は、ザカリアスやシュテファーヌス二世以来慣行となっていた。そして、いまや特権状の中で公式に認められるにいたった仕方で行われた。

ルートヴィヒは、ローマにおいては、最小限の権利でもって満足した。しかし、彼と彼の顧問たちの高い皇帝観――それは、神の贈り物 Munus divinum として、ソリドゥス金貨の上に刻印されていた――は、それによって、動揺させられることはなかった。皇帝称号の新しい定式化が、ビザンツ側との協議の結果、必要となった。その際、「インペラトール・アウグストゥス」という簡潔な定式へと単純化されたのには、おそらくローマだけでなく、フランク、ランゴバルドへの配慮が働いていたとおもわれる。皇帝が諸民族の上に立つべし、という考えは、八一七年の『帝国秩序令 Ordinatio imperii』の中に、明確に表現されている。

皇帝は、八一七年聖木曜日、事故に遭い(41)、この世のはかなさを思い知らされた。彼の側近の有力者たちは、彼に相続規定の発令を求め、そのさい、彼らは、フランク法に則っての帝国分割を考えていた。それは、新しい種類の帝国体制を構想するきっかけとなるが、三日間の断食 Triduum ののち、協議され、決定された。長男ロタールが、「神の霊感を受けて」共同統治皇帝に選ばれ、戴冠された。より年少の兄弟たち――アクィタニアを統治するピピンとバイエルンを保持するルートヴィヒ――は、国王に挙げられた。しかし、彼ら、ならびにその支配領域(potestates)は、皇帝権をもつ父とその後継者のもとにおかれた。この下級国王による、それ以上の分割相続は禁止された。多くの相続人がいる場合には、将来の相続権者たち Successio に対する人民の選択によって決する、とされた。

帝国と教会とは、『帝国継承令』において、一体のものとして捉えられていた。「帝国の一体化 unitas imperii」は、神の欲し給うもの、とみなされた。それは、子供たちへの愛からする「人為的分割」によって、分裂させられるようなことがあってはならず、また聖なる教会の中にいかなる憤激をも呼び起こすものであってはならない。統一体としての帝国の上に、全キリスト教徒の平和が築かれており、その保持のために、『帝国秩序令』は奉仕するものである。そこでは、皇帝および国王の職務は、司教職と同じものとみなされている。ロタールは、三日間の断食ののち、神の霊感を受けた選出によって、共同統治皇帝に挙げられたが、この選出方法は、将来、一定の場合に、下級国王の選出にも適用されるはずであった。国王に対する皇帝の処罰権は、教会処罰法にならって規定されている。すなわち、まず三回にわたって「忠実なる国王代理人による秘かな secreto per fideles legatos」訓戒が行われ、次いで「他の兄弟たちの面前での警告と譴責 monitio et castigatio coram altero fratre」、最後に、帝国集会への諮問を経たのちの、帝国追放となるのである。

その記念碑的ともいえる完結性と明解な合理性において、『帝国継承令』は、疑いもなくカロリング立法活動の頂点、カロリング・ルネサンスの頂点を示したものであり、そのルネサンスの指導的人物たちによって立案されたものにほかならなかった。もちろん、この大胆な帝国構成令が、最初の試金石であるイタリアのベルンハルトの反乱を乗り越えたとしても、果たして歴史的に維持されうるものであったかどうか、という問題は残る。立法者たちは、これまでイタリア王国に、バイエルン、アクィタニアとの同格を与えていた。いまや『継承令』によって、ベルンハルトには、古い法で認められてきた分国国王への上昇の道が閉ざされたことになる。皇帝の甥は、武器を取らざるをえなかった。しかし、古い家門法のための彼の闘争は、完全な崩壊におわった。アーヘンの帝国集会は、八一八年三月、この不幸な君侯に死刑を宣し、オルレアンのテオドゥルフも彼の没落に巻き込まれた。皇帝は判決を眼のえぐり出しに減じたが、それでもベルンハルトはその命を失わねばならなかった。イタリアは新しい下級国王を戴くことなく、帝国の一体性は、さし当たって保障されたのである。

帝国の基本法が、あらゆる反対に抗して貫徹されたのち、八一六年の教会改革が再び取り上げられた。八一八年のクリスマス直後、アーヘンに帝国集会が招集されたが、それは、皇帝に対する教会の結び付き、帝国に対する教会の義務をより精密に規定するためのものであった。八一八／八一九年の勅令の『序言 pro mium』こそは、新しい帝国思想の第二の重要な記録にほかならない。それは、死すべき人間である統治者〔皇帝〕と官職としての皇帝を分離し、後者が独り聳え立つのである。皇帝は神の補佐役 adiutor Dei であり、彼の職務範囲は、教会業務 ecclesiastica negotia、国家の安寧 status rei publica を包括するものである。キリスト教人民は三つの身分、すなわち、在俗聖職者、修道士、俗人に分けられる。皇帝は彼らを指導し、帝国の手綱を「もっとも公平な基準でもって aequissimo libramine」操らねばならない。

帝国統治者〔皇帝〕による教会高位聖職者の独占任命は、六世紀以来、フランクによる教会統治の基本的要素をなすものであった。公式的には、大多数の司教座は司教選挙の権利をもっていたが、それに対し、修道院の院長は、多く創立者あるいは私有教会領主によって決定されていた。現実と法的規約の乖離がとくに深かったのは、後者の分野においてであった。ルートヴィヒ敬虔帝は、八一八／八一九年、すべての司教座ならびに正規修道士階層からなる帝国修道院に対し、選挙権を賦与したが、しかし、同意権、任命権を留保し、それには、選挙の吟味が結び付けられていた。帝国の設立に係わる律修参事会教会には、選挙特権は与えられなかった。ここでは、皇帝による修道院長、あるいは司祭長の直接的任命がなお可能であり、しかも俗人院長への委託という形で行われさえした。律修参事会員生活規則と正規修道士生活規則の分離にさいして、多くの古い修道士教会が創立者の側に返還されたので、皇帝が直接介入できる教会の数は著しいものにのぼったのである。

帝国に対する司教の奉仕は、公的なものであって、私有教会的なそれではなかった。その状態は、基本的には保たれた。個別特権状によってほかのことが指示されないかぎり、司教たちは、宮廷奉仕（帝国集会ならびに教会会議への出席義務、巡察任務の受託）を果たし、租税を支払い、旅行中の統治者、あるいはその使者に宿舎を提供しなければならない。司教の家臣は、統治者に対し軍役奉仕をしなければならなかった。

修道院は、公的負担のほかに、現物貢租の形で、私有教会的奉仕を果たさねばならなかった。ルートヴィヒは、八一八／八一九年、この負担に段階付けをおこなった。第一段階のものには、軍役奉仕、毎年の貢納、祈祷という完全奉仕が賦課された。第二のグループには、軍役奉仕が免除され、第三のグループには、さらに毎年の貢納が免除され、つまり、皇帝のために祈祷する義務だけが残ることになる。三つのグループへの段階付けは、それぞれの財産の状態に応じてなされた。この規定と関連して、修道院領の財産全体に関する目録作成が指令された。

帝国負担義務は、そうした配慮にもかかわらず、将来にわたって、教会に重くのしかかることになる。これらの負担による教会内の生活の混乱を避けるため、司教と司教座聖堂参事会、修道院長と修道士団体の各財産の分離が行われた。帝国負担は、司教領、修道院長領地にのみ掛けられ、縮小されることになる。聖堂参事会領地並びに修道士団体領地、つまり「兄弟たちの食事 mensa fratrum」は、教会共同体とその建物の維持、また貧民救恤《きゅうじゅつ》のために留保されることになるわけである。司教たちは、土地を「囲いでかこって ad claustra perficienda」教会共同体のために用いるようにと指示された。この土地は、統治者に対する貢租から免除される。この処置は、数世紀を通じて、教会制度の発展に寄与し、高位聖職者と聖堂参事会の二元主義を生み出すもととなった。同時に改革は、建築史に新しい局面を開き、司教座教会に壮大なるカテドラル建築を採用させることになった。

八一八／八一九年の『教会に関する勅令 Capitulare ecclesiasticum』は、また、下級教会、私有教会の状態を規制するものであった。私有教会付聖職者の任命、解任、その生活規律について司教が監督すること、既存の私有教会を廃棄することの厳禁、これらはすでにカール大帝が命令したところであった。いまや、より進んで、修道院・

教会改革と同様、私有教会付聖職者の経済的社会的保障を問題とし、次の三つの基本規定によって、彼らの生活を保障することになった。（一）不自由民を説教師に叙任することの禁止、（二）生活最低水準の確保——土地領主への負担から解放されたフーフェ農地を確保し、それは、家屋、菜園、十分の一税収入、供え物をふくめて、聖職者の勤務にのみ宛てられる——、（三）法定の最低財産を備えた教会に、一人の司祭をおくこと、こうした規定である。これらの基本原則は、まもなく、私有教会から、司教の直接的監督下にある教区教会にまで拡大され、教区教会は次第に司教の私有教会とみなされるにいたるのである。さらに二つの規定が、土地領主の利益確保のために奉仕することになった。すなわち、司教は、異議申し立てようもない生活態度と教養を積んだ人物として推挙された私有教会付聖職者について、必ず叙階をおこなわねばならないし、また、規定通りに寄進され、聖職者の配置された私有教会に対しては、十分の一税〔収入〕を割り当てなければならない、というのである。

この年の改革事業は、教会分野だけに限られていた訳ではなかった。アーヘンの宮廷・財務管理は、すでに新統治初年度に再組織されていた。古い宮廷官職保持者とならんで、ルートヴィヒの下には、門衛、乞食、商人、ユダヤ人に関する各係長、宮廷有力者たちの住居に責任をもつ住宅係官が現れている。巡察範囲 missatica は、カールの晩年の処置と関連して、固定した管区として、司教管区がそれに宛てられることになった。この管区の内部では、しっかりとした命令伝達組織がつくられた。勅令は、より明快に定式化され、より良く整理され、基本から根拠が付され、注意深く保存された。すでにカールのときに、勅令立法の中に、部族法のあれこれの条項が取り入れられていた。ルートヴィヒ敬虔帝は、これを一歩進めて、王法の諸条項を部族法の中に取り入れさせ、それによって、王法に法としての高い声望を賦与しようとした。

勅令立法は、八二一年、さし当たって終結をみた。八二一年二月十一日、皇帝の賢明な顧問アニアーヌのベネディクトが死んだ。カロリング帝政は、その歴史の新しい局面に入ることになるのである。

アニアーヌのベネディクトの死後に起こったもっとも刮目《かつもく》すべき出来事は、アーダルハルト一族との皇帝の和解であり、八二一年十月、ディーデンホーフェン帝国集会での、八一七年反乱者の恩赦であった。それに続く八二二年八月のアティニー帝国集会では、ルートヴィヒと三人の異母兄弟ドローゴ、フーゴー、テウデリヒとの和解が行われたが、この三人は、八一八年宮廷から遠ざけられ、修道院入りを強制されていたものであった。皇帝はアティニーで、アーダルハルト、ヴァラ、イタリアのベルンハルトに対して行った誤りを、公然と告白し、彼自身、あるいは彼の父親によって犯されたかもしれないあらゆる不正に対して、贖罪を行った。この告白と贖罪に、司教たちも同調した。この出来事に、これまでの研究者は、高慢な修道院長アーダルハルトによる皇帝の辱めを見てきたが、それは正しくないようである。実際に、そこで行われたのは皇帝の真実の証であり、新統治者の倫理観を示した一例証にほかならない。八一四―八二一年の諸業績はくつがえされることはなく、それらは、八二一年五月ニムヴェーゲン、同年十月ディーデンホフェンでの、『帝国継承令』に対する豪族たちの宣誓によって、承認された。「いまや文章によって整えられ、権力によって強く保障された秩序令は、正義、平和、和解の精神によって、さらに道義的にも固められたのである」(シーファー)。

皇帝の顧問団の中では、アーダルハルトが、宮廷司祭長ヒルドウィン、修道院長ヘリザカル、伯マトフリートと並んで、指導的地位をえた。ルートヴィヒが八一九年、最初の妃の死後、娶《めと》った帝妃ユーディトの影響は、まだほとんど認められない。司教団の中では、アゴバルトが最有力な人物の一人であった。彼は責任感が強く、明晰で、首尾一貫はしていたが、必ずしもつねに現実的な思考をする人物ではなかった。八二二年に提起され、八二三年に繰り返された、教会領の完全回復という彼の要求は、アーダルハルトとヒルドウィンによって、帝国内平和の観点から、拒否された。また救霊者の立場からアゴバルトが取り上げたユダヤ人問題においても、筆頭の二人の顧問〔アーダルハルトとヒルドウィン〕によって、純教会的考え方の適用はゆるされなかった。同様に、カロリング的「合理主義」の精神からする神判(42)に対するアゴバルトの攻撃も、さらに、サリカ法典をもって統一的帝国法の基礎にせよ、という彼の提案も、ともに成果を収めるにはいたらなかった。このあとの方の、統一思考の精神からする大胆な要求は、当時の事情からすれば、越え難い障壁にぶち当たらざるをえないものであった。

アーダルハルトは、八二二年、宮廷からコルビー修道院へと引退し、そこで彼は、一種の政治的遺言書である覚書『宮廷の秩序について De ordine palatii』を執筆した。そうこうするうちに、かれの弟ヴァラは、次席皇帝ロタールの師傅に決定された。皇帝の最年長の息子であるロタールとピピンは、ともに成長し、八二一年と八二二年に結婚したが、年少のルートヴィヒの方は、まだ父の家にとどまったままであった。八二二年ロタールが、カロリング立法の完遂のため、イタリアへおくられることになると、顧問団のなかでもっともイタリアの事情に通じているヴァラが同行することになった。イタリアでの若い皇帝の行動は、基本的にはヴァラの仕事であった。八二五年まで、ロタールはアルプスの南に滞在した。ただ八二二年、二カ月ばかり、ロタールは父の宮に帰ってきたが、そこで彼は最年少の兄弟シャルルの代父の役を引き受けた。イタリアは、この三年間に、帝国にしっかりと編み込まれた。しかし、ロタールはカロリング立法の単なる完遂だけでは満足しなかった。彼は、それを越えて、文化政策の面において、この時代としては独自な事業を開始し、ランゴバルド王国の中に、ふさわしい校区を備えた九つの上級学校を設立したのであった。

イタリアにおける副皇帝の滞在は、ローマに影響を及ぼさずにはおかなかった。八二三年春、若い皇帝にパスカーリス一世の招待が届いた。ロタールはこれを受け入れ、復活祭に教皇によって戴冠された――ちょうど九年前、彼の父がランスでなされたように。ローマの動きは、しかし、パスカーリスの思い通りにはすすまなかった。というのも、ロタールとヴァラは、たとえ教会国家内にいようと、手綱をしっかりと握られていたからである。フランク人が退去したのち、教皇配下の人びとは、教皇に仕える二人の高級官吏を殺してしまった。「何故なら、彼らが、あらゆる面で、若い皇帝に忠実でありすぎたからである」。ルートヴィヒ敬虔帝は、調査委員会を設置したが、それは、パスカーリスを追い詰めることになり、彼は自分自身を潔白であるとする誓いを立てる一方で、殺された者たちは大逆罪の故に合法的に処刑されたのだ、と宣言して、責任を回避した。しかし、パスカーリスが八二四年春に死ぬと、事態は一変した。ヴァラは、貴族出身のエウゲニウス二世を後継者として押し通すことに成功した。かくして、フランク・ローマの関係を新しく調整し直す前提がつくられたが、それは、八二四年十一月十一日、『ローマ勅法 Constitutio Romana』によって具体化された。ロタールは、その中で、すべての教皇、皇帝の庇護民を侵害すべからざる者と宣言し、それによって、彼の党派の者が、将来、一方的な国事犯訴訟に引きずり込まれないように取り計らった。こうすることによって、ロタールは、これまでローマ法が行われていた教会国家の中へ、属人法の原則を持ち込んだことになる。痛烈であったのは、ローマを職務範囲とする監督機関が設置されたことで、それは、教皇、皇帝側各一人の特使からなり、教会国家の管理について監視し、それについて毎年、皇帝に報告すべきものとされた。教皇選挙という教会法上の慣習 mos canonicus は承認されたが、同時に、しかし、これからの被選出者は、祝聖される以前に、皇帝の使者のまえで「すべてを保守する pro conservatione omnium」と誓わなくてはならず、その宣誓のモデルを最初に実行したのは、ほかならぬエウゲニウスその人であった。

ローマ教会国家は、この『ローマ勅法』によって、以前よりも一層強固に、カロリング帝国に結び付けられることになった。エウゲニウス二世は、八二六年、ローマ教会会議で、私有教会に関するカロリングの立法を、ごく大雑把に受け容れた。『ローマ勅法』の拘束は、ずっと続いた。ロタールは、八四四年、それをより強化しさえした。すなわち、彼は教皇選挙を、皇帝の特別な命令に依存するものとし、その執行を皇帝の特使の面前で行うこととしたのである。それは、ビザンツ皇帝権をもはるかに凌ぐものであったにせよ、ヨハネス九世は、この指示を八九八年ローマ教会会議で承認したのであった。

『ローマ勅法』は、教会聖職者の首長としての教皇については、なんら触れるものではなかった。そのことは、次の出来事に示されている。すなわち、八二四年十一月十七日、東皇帝ミカエル二世（八二〇―八二九）とテオフィーロス〔ミカエル二世の息子、のち皇帝、八二九―八四二〕の使節が、ルーアンでルートヴィヒ敬虔帝と会見したが、それは、皇帝ミカエル一世・ランガベ（八一一―八一三）の死後、途絶えていた関係を修復するだけでなく、聖像禁止問題でローマと妥協をはかりたく、そのためフランクに働いてもらうことを意図したのであった。コンスタンティノープルでは、レオ五世（八一三―八二〇）のもとで、聖像破壊運動が新たに燃え上がっていた。ミカエル二世は、聖像反対論者の側に傾いてはいたが、しかし、国内の平和を保とうとおもっていた。フランクの態度――聖像を許容はするが、崇拝 adratio はさせない――は、彼にとっては、妥協的解決を提供しているようにおもわれた。事実、あるフランクの使者が、ローマでこのような見解を披瀝《ひれき》している。エウゲニウス二世は、第二回ニカエア公会議の決議を固持していたが、しかし、皇帝に対して、聖像問題に関する帝国教会会議を招集する承認を与えた。

教会会議は、八二五年十一月一日、パリで開催され、サン・ドゥニ修道院内外で会合したが、その指揮をとったのは宮廷司祭長ヒルドゥインであった。ヒルドゥインは宮廷司祭長として、教会問題に関する皇帝の第一級の助言者であったが、個人的には、ギリシア神学に関心を寄せていた。教会会議の参加者たちの前には、教皇ハドリアーヌスの書簡類、ニカエア公会議の議事録、『カールの書』が提出されたが、参加者たちはフランクの立場を堅持し、論難の鋒先をまずは聖像破壊論者に向けたのであった。彼らは、教皇に向けての皇帝の、意向に沿った答申書、さらには東皇帝に宛てた教皇の答申書さえも作成したが、ルートヴィヒ敬虔帝は、もちろん、後者を転送することはしなかった。皇帝は教皇に宛てた書簡を新たに起草し、ビザンツ皇帝に共通の使者を送ろうではないか、とエウゲニウス二世に提案している。事柄はここで立ち消えとなっている。八二七年「同盟を固めるために propter foedus confirmendum」コンピエーニュへやってきた第二回目のギリシア使節について、われわれはただ、彼らが、ヒルドゥインの要望に応じて、ディオニシウス・アレオパギータの著作をもたらした、ということしか知らない。フランク帝国では、聖像論争は、トリノ司教クラウディウスの極端な聖像反対の著作によって、ジャーナリスティクな余波をみたが、この論争では、アイルランド出身のドゥンガルとオルレアン司教ヨナスが反論している。東方では、聖像破壊運動は、皇帝テオフィーロスの死とともに崩壊した。そこでは、八四三年、正教派《オーソドクシー》が回復されたのである。

皇帝の立法活動は、八二一年、さし当たって終結をみた。引き続く年々の活動は、新しい勅令の導入というよりは、既存のそれの実施に向けられた。八二五／八二六年にいたって、ようやく再び勅令が出されている。そして、聖ヴァンドリーユ修道院長アンセージスは、当時、半ば公的に、勅令の蒐集を始めており、八二七年にそれを完了した。八二五年に属する勅令のなかに、『全王国の諸階層に宛てた説諭 Admonitio ad omnes regni ordines』というものがあるが、これは、皇帝・帝国理念に関する第三の、そして最後の文書であり、八一八／八一九年の勅令『序言』の思想を再び取り上げ、さらに発展させたものである。ここで初めて、皇帝職は、司教職と類似した職務ministerium と記されている。双方の分野が、教会 Ecclesia と王国 Regnum の名称のもとで現れる。考えとして新しいのは、各有力者は、その席次、地位に応じて、皇帝の職務に関わりをもたねばならない、という考えである。皇帝は起動者（説諭者）、有力者は補佐役であり、お互いに支え合わねばならない。聖職者の任務は、言葉と事例による教化、教会、礼拝、学校の世話である。世俗有力者の任務は、公正なる裁判、公的安全の維持、武器を持たない者の保護などによって、平和を実現するところにある、とされている。

『説諭』は、八二五年八月のアーヘン帝国集会において発布され、そこでは、ヴァラがイタリアでの統治活動について報告した模様である。ロタールの共同統治は、このときから、文書や記録類の中で公式に記され、これらの文書は以後、二人の名前で出されることになる。ヴァラは、アーヘン会議後、コルビー修道院に隠退し、八二六年初め、兄弟のアーダルハルトの後を継いで修道院長に就任した。この機会に、ヴェーザー河畔の娘修道院コルファイ——ザクセン随一の大修道院——は、修道院長ヴァーリンのもとで、自立した。八二一／八二二年のコルファイの設立にあたっては、ヴァラ——その母親はザクセン系の家門の出身であった——が、際立った寄与をなしていた。そういうわけで、八二六年以後も、母・娘修道院間の繋がりは絶えなかった。むしろコルファイは、ヴァラを通じて、当時始まったばかりのスカンディナヴィア布教において、重要な役割を与えられることになったのである。

スカンディナヴィア布教はザクセンから始まった。その発起人はランス大司教エボーであったが、彼は、八一五年のヒルデスハイム司教区の設置によって、ザクセンにおけるランスの布教圏が自立したのち、新しい活動分野を求めていたのである。八二二年、エボーは、ボニファティウスの模範にならって、教皇によって北方の特使に任ぜられ、八二三年、皇帝は彼に根拠地としてホルシュタインのミュンスタードルフを委ねた。八二五年、ゲットリーク王の息子ホーリクと、王位請求者ハラルドとのあいだのデンマーク内戦が調停されたとき、北方改宗到来の時が打たれたようにおもわれる。下部王国としておそらく今日のシュレスヴィヒを保持したハラルドは、八二六年インゲルハイムに現れて、忠誠を誓い、同六月二十四日、マインツの聖アルバン教会で洗礼を受けた。ルートヴィヒ敬虔帝は、彼にヴェーザー河口にあるフリジア人の伯領フリウストリをフランクの封地として与えた。ハラルドの支配領域内での布教の指導者には、ヴァラの提案で、フラマン出身で、当時コルファイの学究生であったアンスガルが任命された。

八二六年の高揚した期待は満たされなかった。八二七年、ハラルドはデンマークから追放された。アンスガルは、デンマーク人の新しい信徒を連れて帰って来、彼らはコルファイ、その他のザクセン修道院で教育されることになった。八二九年、スウェーデン王ビヨルンの使者がフランク帝国に現れたとき、ヴァラは新しい布教をせきたてた。アンスガルは、スウェーデンの使者に同行して、彼らの郷里へ赴き、この度はより良い成果を収めた。八三一年、デンマーク、スウェーデン、アボトリート布教のために、ハンブルク司教座が設立された。アンスガルは、皇帝の兄弟ドローゴ、ならびにマインツ、トリアー、ランスの三人の首都大管区長によって、司教に叙階された。教皇はパリウムをおくり、彼を特使に任命した。ランスのエボーの親戚にあたるゴーベールが、スウェーデン司教に挙げられた。かくして、この年、フランクの教会は、カール大帝によって定められた国境をはじめて越えた。しかし、北方の布教にとって不運なことに、その着手は、まさに、内部的混乱によってフランク帝国の衰退が始まったときに当たっていたのである。

# 第十二章　ルートヴィヒ敬虔帝時代のカロリング・ルネサンス

カロリング・ルネサンスの発端は、カール大帝の宮廷学校と学者グループに溯る。宮廷学校、同図書館は、ルートヴィヒ敬虔帝のもとでも存続し、宮廷学校からは精神的エリートが続出した。帝国年代記は書き続けられ、ルートヴィヒ敬虔帝の宮廷天文学者は皇帝の伝記を書いた。詩作が、テオドゥルフ、エルモルドゥス・ニゲルス、宮廷学校教員の中での唯一の詩人ワラフリード・ストラボーによって、皇帝に捧げられた。リジューのフレクルフは、若い王太子シャルルの教育のために世界史を書いた。アイルランド人のディクイルは、計算に関する四つの書物をルートヴィヒに献じた。しかし、全体的にみて、芸術は神学の背後に退くことになった。フラバーヌス、アゴバルド、ドゥンガル、ヒルドゥイン、ヨーナス、プルーデンティウス、アラマール、スマラクトは、皇帝と帝妃に、宗教、教会政策、神学にかんする諸作品を奉献している。

カロリング文化運動の存在にとって、アーヘンの宮廷学校は唯一の教養中心ではなかった。下級国王の宮廷もまた、教養と無縁な存在ではなかった。アイルランド人ドゥンガルは、カロリング皇帝によってパヴィアへ派遣されたが、そこは、ロタールの学校設置令において中心的地位を占めたところであった。アクィタニアのピピンの宮廷では、シュトラスブルクへ追放されるまえのエルモルドゥス・ニゲルスが働いていた。宮廷と並んで、すでにカール大帝のもとで、重要な地方的中心が現れていたが、ルートヴィヒ敬虔帝のもとで、その数は大幅にふえていた。この中心の大多数は、ロワール河とライン河の中間にあったが、ブルグント（リヨン）、ゲルマニアのフランケン地方（ヴュルツブルク、フルダ）、シュヴァーベン（ライヘナウ）、バイエルン（ザルツブルク、フライジンク）にも、精神の涵養地がないわけではなかった。しばしばみられるように、その最初の刺激は、皇帝宮から発した。カロリング・ルネサンスで輝かしい地位を占めるにいたった教会、修道院を管理していたのは、カロリング家関係者、宮廷司祭長、国王官房長にほかならなかった。宮廷聖職者からは、名の響いた多数の司教が現れた。

もっとも個性ある大聖堂学校はリヨンにあった。そこから、アボガルド、彼の補佐で、助祭であるフロールス、のちの大司教アモーロ、トリノ司教クラウディウスが現れた。リヨンは、スペインと密接な関係をもち、南ヨーロッパ的精神潮流を代表していた。この都市は、カロリング改革派、カロリング「合理主義」の中心地であった。アボガルドとフロールスとは、教会における俗人支配に反対し、司教選挙の自由と聖職者の教会裁判所属籍確立のために闘った。フロールスは、自分の教会政治的要求の根拠付けのためローマ法を援用したが、ローマ法は当時、ただイタリア（パヴィア、ボッビオ）においてのみ行われていた。そのことによって、彼は、「ローマ法の漸次的規範化 la canonisation progressive du droit romain」の中心的推進者となった。アボガルドの政治理念、彼の神判に対する反対論についてはすでに論じた。典令については、アボガルドとフロールスは、ただ聖書のテキストだけでよしとした。彼らは、ミサにさいしての宗教的詩作挿入を拒否しただけでなく、典令の寓意的解釈をも拒否した。アボガルドは、聖遺物崇拝にも冷たい態度を示した。彼は、聖者の記念の場所（memoriae）と本当の意味での教会堂（templa）とを区別した。学校の「恐るべき子供 Enfant teriible」は、スペイン出身のトリノ司教クラウディウスであり、彼の極端な聖像に対する敵意は、フランク国内で反対論を呼び起こしたほどであった。

典令の問題でリヨンの神学者に反対した中心人物は、トゥールのアルクインの弟子、メッツのアマラールであった。アマラールは、多分八〇五年にはじめてメッツ司教管区にきたものとおもわれるが、そこで、ホルンバッハ修道院をえた。また、しばらくは、トリアー教会の長をしていたが、彼の観想的性質は、教会の長ということから生ずる組織上の課題には堪えきれなかった。メッツは、クローデガングのとき以来、フランク帝国のもっとも重要な典令の中心であった。アマラールは、八三六／八三七年、カール大帝の一連の教会法書と交誦集 Antiphonar を編纂したが、後者はローマとメッツのテキストを総合して編まれたものである。典令学者としての彼の名声は、そのときすでに定評のあるところであった。彼の名声の根拠をなしたのは、八二一年に初めて編纂され、その後しばしば版を重ね、増補された『公職に関する書 Liber officialis』であったが、そこには、教会の年間スケジュール中の最重要期間（七旬節の主日から聖霊降臨祭にいたる）、教会での聖別、儀式での式服、ミサ、読誦についての、壮大な寓意的解釈を施した彼の研究が集大成されている。アマラールの寓意的解釈の方法は、ベーダに則ったものであるが、それは、アルクインによって初めて典令に適用されていたものであった。アマラールはそれを見事に、そして独創的に取り扱って、そこから彼の思想にとって直接的なインスピレーションを引き出していた。彼は、ミサを、劇的に演出すべきものと考えている。たとえアボガルドやフロールスとの論争に陥ったにせよ、彼の業績は、中世典令の象徴性をさらに発展させるにあたって、決定的なものとなった。すでにヴァラフリート・ストラボーは、その著『教会職務の始まりとその成長に関する小論 Libellus de exordiis et incrementis ecclesiasticis』の中で、アマラールの著作を引用しているのである。

アマラールは、世間離れした、ただ神学・典令に対する関心によって生きている学者であった。当時の政治的、教会政策上の論争は、彼の著作の中にはほとんど影を落としていない。それゆえに彼は、トリアー司教を辞任したのであった。実際、司教というのであれば、こうした論争を無視するわけにはいかなかったからである。司教たちは、歩一歩、豪族たちに対する教会の権利の確保と新たにされていく教会法の実現に携わっていかねばならなかった。オルレアンのヨナスのようなアイルランド人さえ、聖像問題について立場を明らかにし、オルレアンのマトフリートのために『世俗制度論 De institutiones laici』を、アクィタニアのピピンのために『君主の鑑』を書いているほどである。彼は、八二九年のパリ教会会議の教会政治的に重要な決議を作成し、それを根拠として、ピピンに宛てた「説諭」を書いた。最初の司教布令が出されたのは、ヨナスの先任者テオドゥルフからであるが、それにリエージュ、バーゼル、フライジンクの司教布令が続いた。それらは、教区管理に関する基本的規則を内容とするものであったが、その目的は、教区管理を越えて、司教管区の聖職者や修道士に対して司教の権威を確立すること、俗人に対して教会の結婚法、贖罪の法を貫徹すること、教会内域への俗人の介入を拒否することを、目指したものであった。それによって、ばらばらに行われていた贖罪規定書 Poenitencialien に対する闘争が強められることになった。既存の教会法集成があまりにも浩瀚《こうかん》でありすぎ、参照しにくいため、特別な集成が編集されたり（ラン）、あるいはローマ・古教会的規律の精神に立った新しい贖罪規定書が編纂されたりした。後者の最初のものは、カムブレのハリトガルに負うもの（八一七―八三一）である。司教職の課題に、教会生活の物質的基礎の確保があったことはいうまでもないことであるが、その確保は、とりわけ、八世紀初頭の教会領世俗化が著しかった地域では、しばしば不十分なものであった。教会財産に対する憂慮から、文書庫に土地所有の表題付文書を蒐集すること、さらに真正な、あるいは偽作の文書を引用しつつ司教区の歴史の実証的叙述を行うことが始まるが、それを最初に行ったのは、ル・マンの司教アルトリッヒ（八三二―八五七）であった。

学校は、司教の広い職務領域の中では一部分をなすにすぎないが、修道院の中では中心的地位を占めるものであった。だから、書籍芸術と文字文化の重心が修道院にあったとしても、驚くにはあたらない。トゥールのサン・マルタン修道院は、アルクインの死後、もちろん、中心的教養の場所という地位を失ってしまったが、しかし、九世紀には、大出版所となり、手写本や豊富な挿絵入りの書物をフランク帝国のすみずみに輸出したのであった。サン・マルタンと並んで、ルートヴィヒ敬虔帝の下では、ランスの書写室（サン・ルミ、オートヴィエ）が傑出していた。ベネディクト的改革の母修道院であるアニアーヌでは、なんら新しい中心的学校は生まれなかった。フランキア〔フランク帝国の北部〕の精神的中心は、サン・ドゥニとコルビーであって、前者では、司祭長ヒルドゥインがギリシア語を育成しており（八三二／八三五年、ディオニシウス・アレオパギータの著作の翻訳）、後者では、パスカシウス・ラートベルトゥスが、八三一年に論文『主の身体と血について De corpore et sanguine Domini』を書いて、九世紀の聖餐論争の口火を切った。フェリエール修道院（サンス司教区）では、院長アルトリッヒ（八二一―八二九）が、次の時代における同修道院の全盛のための基礎をおいていた。

ルートヴィヒ敬虔帝時代の修道院学校では、フルダが第一に位していた。このボニファティウス修道院は、その地位を、院長アイギル（八一八／八一九―八二二）、フラバーヌス（八二二―八四二）に負うている。フラバーヌス・マウルス、このマインツ出身のフランク人は、メッツのアマラールと同様、トゥールのアルクインの弟子であった。彼は、アマラールのような独創的な頭脳の持ち主ではなかったが、しかし、キリスト教古代文学にもっとも精通した人であり、その点では師のアルクインにさえも勝っていた。彼の文学的活動は非凡なものであったが、芸術と神学を包括し、とくに彼の仕事の重点は後者にあった。この特別な能力によって、フラバーヌスは「ゲルマニアの教師 Praeceptor Germaniae」となったのであった。ゲルマニアのその他の学校で、フルダと比較できるものはなかった。修道院長アットーの下で台頭し、ヴァラフリートという優れた詩人・学者でもって頭角を現したライヘナウさえも、ただ距離をおいて挙げられる存在であった。フルダでは、聖書の本質的部分を翻訳する努力がなされ、とくにタティアーヌスの『四福音書調和』(43)が古高ドイツ語に訳されたのも、ここである。『ヘーリアント』(44)と古ザクセン語の『創世記』は、ともに精神、形式（頭韻形式）において、アングロ・サクソンの聖書詩作の影響を受けているが、それらがフルダ、あるいはヴェルデン修道院において成立したかどうかは、論争のあるところである。フラバーヌスは、ゲルマン語の言語共同体（lingua theodisca）の存在を自覚しており、この認識は彼から弟子たちへと伝えられた。実際、〈theodiscus〉という用語は、ゲルマン言語共同体をあらわす表現として、同時代の、ラテン系西ヨーロッパの他の著作家たちのところでも、通用しているのである。

ルートヴィヒ敬虔帝の下でのカロリング・ルネサンスの発展は、畏敬の念をおこさせる様相を呈している。いうまでもなく、神学、教会に関する著作は、カール大帝のときよりも、はるかに広いひろがりをもつにいたった。しかし、教会的テーマへのこの傾倒を、皇帝の関心に帰してしまうのは一面的にすぎるであろう。そこには、一つの成熟過程が表現されているようにおもわれる。何故なら、前の時代には、帝国政策や教会政策について、これだけの広範な論議をするだけの能力に欠けていたからである。それに対して、芸術は、もちろん後退はしたが、しかし、だからといって、教養全体におけるその役割を失ったわけではない。指導的な人びとの理念と要求は、つねに歴史的現実と一致するものではなかった。カロリング帝権の下でのキリスト教的統一という大いなる思想は、まもなく幻想となるはずである。しかし、教会改革と帝国統一、統治者と有力者の役割をめぐる論議のなかで、支配と奉仕、教会、国家、法に関する考えは深まり、明確化していったのであった。この明確化と客観化とは、永続的成果として残るのである。

# 第十三章　帝国と教会の危機（八二八―八四〇）

長い平和ののち、八二八年二月、帝国の有力者たちに対し、二人の皇帝から警報が発せられた。「われらの認めるところによれば、いたるところで、聖なる神の教会の敵が動きだし、王国を……根底から脅かしている undique inimocos sanctae adaei ecclesiae commoveri et regnum . . . infestare velle cognoscimus.」この警報のきっかけを与えたのは、国境における形勢逆転であった。それは、ホルシュタイン、パンノニア、フリウーリ辺境マルク、カタロニアで起こっていた。離れたところからみれば、なんらパニックを惹き起こすほどのものではなく、そして、国境の事態はまもなく安定にかえった。カール大帝であれば、平静さを失わなかったであろう。しかし、八二八年二月、アーヘンに招集された帝国集会においては、憂慮と不安が支配した。トゥールのユーグ、オルレアンのマトフリート、フリウーリのバルデリッヒが、その職を免ぜられた。この三人の重要官職保持者の罷免が、政治危機の幕を切っておとした。次の帝国会議で、改革提案が出されることになった。しかし、六月にインゲルハイムで開催された会議では、さし迫った軍事的緊張のため、改革を討議する十分な時間がなかった。この討議は、十二月、アーヘンでの冬の小集会において、ようやく行われることになり、それは八二九年二月まで続いた。ここへ、ヴァラが大きな改革文書を提出した。

カール大帝の老パラディン〔カール大帝麾下《きか》の老英雄〕が、宮廷（その運営の弛み、宮廷人の職禄漁り）、聖職者（救霊活動・規律の欠如）、俗人有力者（腐敗、私闘、徒党づくり）について、厳しい批判を開始した。彼は悪弊の原因を、中央の消極性と聖俗両分野の許されない混合にあるとみている。皇帝は、法の保持により熱意を払い、官職委任者を選ぶにあたってより慎重であるように、と要求された。

ヴァラは、皇帝を、以前と同じように、帝国の基礎（totius stabilimentum regni）とみなし、その上に、両身分（教職身分と国家管理職身分 Ordo disciplinae, Status rei publicae）が立っていると考えている。ただし、教会に対した場合の皇帝には、監督権だけが認められ、本当の意味での統治権限は認められてはいない。彼の信頼する友人で、皇帝の伝記作者であるパスカシウス・ラートベルトゥスと同様に、ヴァラは、皇帝をコンスタンティヌス大帝の像においてではなく、テオドシウス帝の像において見ているのである。教会は、ヴァラにとっては、もう一方の国家altera res publica であり、こうしたものとして、それは、秘蹟と教会領の上に立脚し、司教たちによって統治される。教会領は、彼によれば、神によって聖職者に授けられた封地であり、それについては、キリストだけが唯一の使用権をもつものとされる。教会は、教会法の枠内で、自己独自の課題を果たしていき、毎年の大司教管区会議において、その活動の成果を提出しなければならない。宮廷付司祭は、教会法によって叙階された上司をもたず、聖堂参事会員、修道士、俗人というキリスト教的階層制の中にぴったりとした位置付けをもたないため――聖堂参事会員規則は、彼らのために導入されたものではなかった――、宮廷礼拝堂は、ヴァラにとっては、なんら存在権をもつものではなかった。コルビー修道院長〔ヴァラ〕は、教会における選挙の自由を要求し、教会諸職に対する皇帝の自由処分権を拒否した。ただし、これからより詳しく規定されるはずの監督権は、認めている。彼は、国家存亡の危機のときに、教会領の貸し出しを拒んではいない。そして、その貸与は、「強盗に対してというよりも、より以上に防衛のために ob defensionem magis quam ad rapinam」行われ、そのさい支配者の直接的介入によってではなく、司教によって行われるべきである、とされた。

帝国理念を証明するものとしては、八一八／八一九年の『序言』、八二五年の『説諭』に加えて、ヴァラの『覚書』があげられる。コルビー修道院長は、これまでの基本的考え方から変わっていない。彼の本来の関心事は、聖俗領域の分離であり、それによって、帝国の両階層が今後その固有の職務に献身できるようにすることにあった。俗人修道院長制とか宮廷礼拝堂といった雑種の入り交じった制度が彼の主要な攻撃目標であったのである。しかし、ヴァラは、個々の現象だけにとどまらず、教会に対する皇帝の権利（監督、監視）を、国家に対する皇帝の権利（支配）から区別するところにまですすんでいる。

『覚書』は、あらゆる党派に嵐を巻き起こしたが、それは永続的足跡をも残した。ルートヴィヒ敬虔帝は、アーヘンで毎週、裁判を開廷することを告知し、パリ、マインツ、トゥールーズ、リヨンの四地区教会会議に宛てて、帝国と教会について欠陥がないかどうか検証するようにと書簡をおくっている。八二九年復活祭期間中に派遣された巡察使は、裁判参審人ならびに人民に対し、好ましからざる状態がないかどうか、問いただすように指令されている。地区教会会議が聖霊降臨祭八日に催された。議決で残っているのは、オルレアンのヨーナスが編集したパリのそれだけである。決議に先立って配布される聖俗双方の第一次決議案書を、ヨーナスは前もって起草していた。それは、司教たちの自己批判――ルートヴィヒ改革精神に立った司教職務義務感を真に反映したものであった――のほかに、キリスト教世界の秩序についての基本的叙述を含むものであった。それは、次のようにいう。教会は一つの身体を構成し、それは、司祭人 persona sacerdotalis と支配権者 persona regalis と称される二つの階層から成る。それによって、国王は俗人の側におかれ、そのことは、（司祭の中の重々しき重し gravius pondus sacerdotum である）ゲラシウスを引き合いに出して、強調されている。それによって、ヨーナスは、教会の帝国内への編入を否定するというわけではないが、しかし、草案冒頭のところで、教会は統治と保護を双方の皇帝に委託したのだ、とまで宣言するにいたっている。統治者〔皇帝〕はその帝国を神から戴くのであって、その先任者から受け取るのではない。その教会上の任務は、第二の決議案文では、守護 defensio にあると記されている。

ヴァラとともに、パリ教会会議出席者たちも、職務分野の混淆の中に悪の根源を見出しており、それこそ、彼らを教会諸義務、とりわけ毎年招集される教会会議から遠ざけるものにほかならない、とする。もちろん、それらの点において、国王ピピン以来、改善は行われているにせよ。ヴァラとともに、教会会議出席者は、雑種的制度としての宮廷礼拝堂の廃止を求めた。だが、決議録の中には、俗人修道院長制に対する攻撃はどこにもみられない。俗人修道院長は、正規の修道院長と同様、立派な生活をおくるべきである、とある。皇帝には、高位聖職者を任命する権利が認められ、「良き司牧者、指導者を任命するように in bonis pastoribus rectoribusque constituendis」最大限の配慮を払うように、要求されている。皇帝の家内および国家職務における補佐役を選ぶにあたっても in eligendis adiutoribus vestris et rei publicae ministris、同じような配慮をするように、と勧められている。ここでは、皇帝による聖職者の司教職などの任命と俗人有力者の官職選任とが、はっきり区別されている。これこそ、ヴァラの考えにほかならなかった。しかし、パリの教父たちは論争を一切控えた。諸領域の混在とか教会の自由といった難しい問題は、のちの時点――適当な時期 suo tempore――に協議するとされた。ヴァラの影響力は、帝国の適当な三つの都市に公立学校の設立を勧告するところにまで及んだが、そのような学校は、すでにロタールによってイタリアで設立されていたのである。

八二九年八月、豪族たちがヴォルムスの帝国集会に集まった。司教団は、すみずみにまでパリ決議を取り入れた総括報告を提出した。しかし、皇帝は司教たちの報告に立ち入ろうとはしなかった。彼は改革を一時停止し、一方的な布告によって、帝妃ユーディットの息子で、ようやく六歳になったばかりの王子シャルルの相続分を定めたが、それは、大公領としてシュヴァーベン、ラエティア、エルザス、ブルグントの一部から成るものとされた。この領地複合体は、アクィタニア、バイエルン、イタリア諸王国のような昔から一体を成していたものではなかった。さらに皇帝は、それら複合体の下級王国への昇格さえをも示唆した。年長の息子たちは、この勅令によって、明らかに驚かされた。帝国会議の終了後、ロタールはイタリアへ追いやられ、彼の共同統治は終わった。

反対派はコルビーに結集した。五十六歳の院長ヴァラは、栄光あるカロリングの過去を代表したが、その過去が、改革の一時停止と一方的な相続配分によって危険にさらされようとしている。彼は、君主対君主の戦い pro principe contra principem の音頭をとった。ほとんどすべてのこれまでの指導的な人物を網羅した誓約団は、その目的のために、ブルターニュ遠征行のチャンスを利用したが、この遠征軍は、皇帝と新任の補佐官バルセローナのベルンハルトとによって、聖週間を無視して、八三〇年の聖木曜日（四月十四日）に開始されていたものであった。クーデターはうまくいった。皇帝は、急ぎイタリアから呼び寄せたロタールを、再び共同統治者にすえた。帝妃ユーディットとその兄弟たちは、修道院へおくられ、一味のものは追放に処せられた。

八二九年の政権変動は、元に戻されたが、しかし、勝利者の内部で、新しい対立関係が発生した。その誠実な志において、帝国および教会内での大改革事業の続行を意図していたコルビーの修道院長は、いまや事態をコントロールする力を失ってしまった。かくして、ニムヴェーゲン（八三〇年十月）、アーヘン（八三一年二月）の帝国集会において、完全な逆転がおこった。誓約団の首謀者たちは逮捕され、ロタールはイタリアへ追放された。ヴァラの「皇帝革命」は、皇帝の人柄と、豪族たちのエゴイズムのために挫折してしまったのである。

皇帝の権威は、八三〇／八三一年の出来事によって弱められ、内部対立が激しくなった。しかし、取り返しのつかないことが起こったのは、八三一年、ルートヴィヒ敬虔帝が、『帝国秩序令』を破って、アルプス北側の帝国をピピン、ルートヴィヒ、シャルルの三人の息子に分割したときであった。この分割の基礎となったのは、八一七年の〔アクィタニア、バイエルン〕両王国、そして八二九年の大公国であった。そこから、カール大帝が手付かずのまま残したフランキアの分裂が生じた。たとえ分割にあたっての原則が、カール大帝のそれ――八三一年の分割令条文は、八〇六年の分割令のそれと密接に結び付けられている――を引き合いに出しているにせよ、実施細目の点では、最初のフランク皇帝の基本的考え方とは衝突するものであった。事態の安定化は、新しい相続措置によっては達成されなかった。まもなく皇帝とアクィタニアのピピン、バイエルンのルートヴィヒとのあいだに、新しい紛争が起こり、彼らはいまやロタールと結ぶにいたった。

八三〇年のヴァラのクーデターとはちがって、八三三年の息子たちの蜂起は、老皇帝に直接立ち向かわざるをえなかった。反対運動の指導権を握ったのは、副皇帝としてのロタールであり、ロタールは、『帝国秩序令』の保証人として教皇グレゴリウス四世を舞台に引き出すことに成功した。〔これらの行動の〕法的根拠を提供したのは、キリスト教的、ゲルマン的思考の根底にある抵抗権〔思想〕であった。何故なら、ルートヴィヒ敬虔帝は、『帝国秩序令』の廃棄と、八三一年彼によって企てられたピピンの相続取り消しとによって、家法ならびに帝国法に違反するにいたっていたからである。反対の目的は、『帝国秩序令』とロタールの共同統治の復活、そして、ピピンとルートヴィヒの相続権の保障であり、この後二者の取り分は、八一七年の規定よりはより拡大されるはずであった。教皇は自分の役割を、父と息子たちの調停にありと考えた。彼は四月、それにふさわしい使者をアルプスの北へおくった。

ルートヴィヒ敬虔帝は、八三三年二月、反乱に直面することになった。彼は、イタリアとバイエルンからする攻撃に対処するため、アーヘンからヴォルムスに赴き、そこへ高位聖職者と軍隊を召集した。しかし、蜂起の動きは急速にひろがってしまった。ロタールはブルグントに侵入し、そこで、リヨン大司教アゴバルドとヴィエンヌ司教ベルンハルトが彼に合流した。ヴァラもまた、ルートヴィヒ王の蜂起以来、再びコルビーに滞在していたが、ながい躊躇ののち、ロタールの勧めに従うことを決意した。アボガルドは、父皇帝に対する息子たちの権利を擁護する声明を書いた。老皇帝のぐるりに集まった司教たちは、その間にも、教皇に対して激しい決議をおくっていた。彼らは、教皇の介入を許されないと声明し、グレゴリウス四世にその忠誠の誓いを想い起こさせている。さらに、皇帝は『帝国秩序令』を「事情に応じて iuxta rerum opportunitatem」変えることができ、この変更を覆すことはできない、ともいう。そして、皇帝が、司教たちの正当性を教皇に説明するであろう。彼らは最後に、教皇に対する服従を解消するであろう、と脅かしているのである。同じとき、皇帝は息子たちに対し、彼に服従するようにと要求した。彼は、主な責任はロタールにあり、としている。ルートヴィヒ敬虔帝と彼に味方する有力者とは、父親の強制権と、息子たち、有力者たちの皇帝に対する臣従誓約を引き合いに出しているのである。

相手側の見解は、教皇を動揺させた。ヴァラは、教皇に、彼だけが裁き手であり、だれも彼を裁くことはできない、ことを思い起こさせねばならなかった。教皇の無謬性は、もちろん、宗教上の分野にのみ妥当することであったが、反乱側の見解によれば、皇帝は、神の啓示 divina inspiratione によって下された『帝国秩序令』を廃棄することによって、宗教的にも有罪であるというのである。司教たちへの返答のなかで、グレゴリウス四世は、自分はロタール派に属する者ではなく、自分のイニシアチヴから平和の仲介者として現れたのだ、と強調した。そのための正当性を、彼は自分の教会上の職務から導きだし、その特別の役目と高い地位とをゲラシウスの精神において力説する。ルートヴィヒ側の司教たちによって無条件なものと理解されている服従義務に対しては、グレゴリウスは忠誠宣誓のキリスト教的考え方、つまり教会と国家の一体性に反する違反を指摘する義務があるという考え方でもって、反論している。『規範令』に関しては、一党派ではなく、全体が判断すべきであり、全体こそが、皇帝の一方的な決定を改めて処理し直す権利をもつのである。かくいう教皇に対する服従拒否こそは、教会分裂を意味するのではないか。

教皇の返答の論拠が、危機以前の皇帝の立法精神と一致するものであったことは、いうまでもない――しかし、ルートヴィヒ敬虔帝は、まさにこの基礎を放棄してしまったのである。軍事的対決は避けがたいようにおもわれた。双方の軍隊は、八三三年六月二十四日、コルマールで対峙した。このような状況のもとでは、教皇の仲介はそれこそ時宜を得たものとおもわれた。教皇は皇帝のもとに赴き、平和の諸条件を携えて、息子たちの陣営へ帰ってきた。

しかし、時はすでに遅すぎた。その間に、反乱側の宣伝が効を奏し、ルートヴィヒ敬虔帝の軍隊は、相手方に寝返った。老皇帝は、帝妃ともども、息子たちの陣営の虜となった。グレゴリウスは、まもなく自分が悪く利用されたことを悟らねばならなかった。彼は「深い悲しみのうちに」ローマへ帰った。

ヴァラが諦念をもって予見していたこと、すなわち、老皇帝の完全な無力化が起こった。三人の兄弟は、十歳のシャルルを排除して――彼はプリュムの修道士となるべしとされた――、帝国を新しく分割して、独立した権力者になろうとした。この度は、即座の領地占取をともなう実質分割が問題であった。ピピンとルートヴィヒの取り分は、八三一年の分割案どおりではなかったが、八一七年のそれよりは、より大きく割り当てられた。皇帝権のもとへの諸国王の厳格な服属はなくなったが、しかし、緩やかな皇帝の宗主権は残された。父の家族の運命は、当然、ロタールの手に握られることになり、ルートヴィヒ敬虔帝はソアソンのサン・メダール、帝妃はトルトーナ、末弟のシャルルはプリュム各修道院へおくられた。

十月、ロタールは、帝国全体集会をコンピエーニュに招集した。彼の顧問団の中では、なおユーグ、マトフリート、ラムベルトが指導的存在であったが、ヴァラ、ヒルドゥインはもはやそうでなく、ランスのエボーとリヨンのアボガルドが新たに加わっていた。彼らはルートヴィヒ敬虔帝の廃位を推しすすめ、それは、ヴァラとヒルドゥインがそうした認識に与《くみ》しなかったにせよ、どうみても、避けられそうにないことであった。廃位の前例がなかったので、そのための法的基礎がまずつくられねばならなかった。ほとんど二十年間、皇帝権は「神の委託された、一つの教会の職務の如きもの」（シーファー）と考えられてきた。皇帝が、その職務の課題、すなわち、キリスト教世界における平和と協調 pax et concordia の実現を怠った場合には、〔廃位の〕手続きをとる法的根拠が与えられたことになる――そう、人びとは結論をえた。こうした事実があったかどうかを確認できるのは、「教会の代表者として呼び集められた」司教たちだけである。そこで、司教たちは、コンピエーニュの集会中、隣接するソアソンに集まっていた。ランスのエボーが代表して述べた起訴状は、信仰冒涜、殺人、偽誓 sacrilegium, homicidium, periurium にわたっている。すなわち、ルートヴィヒ敬虔帝は、親族の不当な取り扱いによって、八一三年カール大帝が与えた約束を破り、八一八年には、ベルンハルトの殺害を許可した。また彼は『帝国秩序令』をくつがえし、帝国の分割と人民の宣誓を軽々しくもてあそんだ。彼は四旬節期間を冒涜し、八三〇年に誓約した義務を破り、帝妃の「偽証」を許し、キリスト教徒に軍隊を差し向けた、と。皇帝は、自分に託された統治職権をそれにふさわしくない仕方で行使したことを認めた。彼はその過誤の目録を聖職者に手渡し、武器を捨て、修道服を身にまとうことになった。訴訟の目的は、皇帝を職権上無力にすることにあった。

訴訟は、一貫して、キリスト教皇帝権 Imperium christianum の理念から発したものであったが、告訴それ自体は、党派政治的にゆがめられていた。罪状を積み重ねることによって、人びとは決定的な論拠から重しを取り去ることになった。ルートヴィヒは、八一四年および八一八年の行為については非難されなかった。何故なら、彼はずっと以前から自発的に贖罪をしてきていたからである。訴訟中においてさえも、教会上の贖罪と廃位の混同に異論が唱えられていた。フラバーヌス・マウルスは、その『息子たちの恭謙について論ず Liber de reverentia filiorum』の中で、批判点を指摘している。すなわち、大逆罪犯人の処罰は皇帝の権限であり、皇帝が全く犯しようがない犯罪〔大逆罪〕を根拠にして、破門を執行することはできない。また教会贖罪は、けっして廃位にはいたらない。何故なら、罪人は贖罪によって、再び教会共同体の中に復帰するからである、と。フラバーヌウは、核心の問題、『帝国規範令』の全面変更とピピンの相続取り消し問題については、回避している。しかし、教会贖罪に関する彼の論説は、的を射たものであった。実際に、皇帝を統治無能力にするには、ただ一つの手段しかなかった。すなわち、修道院入りである。ロタール派は、ルートヴィヒ敬虔帝をそこへもっていこうとした。しかし、ここに至って、老皇帝がそれを拒否し、また、自己の個人的自由が回復されない前に、なんらかの決定が下されることを拒否した。ロタールは、この条件を認めることはできなかった。何故なら、父を手放すことは、帝国に世論の転換を起こしかねなかったからである。そこで、ルートヴィヒ敬虔帝は、引き続いて長男の手中に捕らわれたままであった。

事態は、長引けば長引くほど、ますます耐え難いものになっていった。ピピンとルートヴィヒも、父の釈放を認めはしなかった。しかし、彼らは、それをそれほど重大事とは考えていなかった。何故なら、彼らは、自分の利益を損なうことなく、八三三年蜂起の最後の結末の責任をのらりくらり言い逃れることができたからである。かくして、蜂起の全汚名は、結局、ロタールに降りかかることになった。加えて、ロタールの助言者たちの中で、マトフリートとラムベルトとのあいだに新しい張り合いが起こった。ヴァラは、帝国改革を軌道にのせようとしたが、無駄におわった。

老皇帝の支持者たちは、ルートヴィヒ・ドイツ王のぐるりに集まり、彼は、八三三年十二月、父の釈放を要求した。またもや、事態は完全に逆転した。ロタールは、八三四年、再びイタリアへと押し込まれ、彼に付き従ったのは、ヴァラとその他の指導的聖俗界の有力者たちであった。ルートヴィヒ敬虔帝は、八三五年二月の華々しい復位後、もちろん、とくに妥協的態度を示したランス、リヨン、ヴィエンヌ、ナルボンヌ各大司教を免職したが、新しい相続措置をとることは差し控えた。彼はロタールとの平和を望み、副皇帝の側にあっては、とくにヴァラがそのための努力を払った。コルビー修道院長は、双方の皇帝の和解を見ることはなかった。八三六年、彼は疫病のため倒れたのである。彼の死は、この動揺する情勢のもとにあっては、カロリングの家門と帝国にとって、重大な損失を意味した。キリスト教皇帝権の悲劇は、基本的にはヴァラの悲劇であった。何故なら、彼は自分が立っている立場において悲劇をくい止めることができなかった、いな、自分のイニシアチヴにおいて、まさにそれを促進さえしたからである。ライプニッツは、彼について次のようにいう。「偉大な人物として知られていた。……しかし、カトー一門は、不運にも、国家の悪を癒そうとして、かえってより荒々しく掻き立ててしまった Virum magnum fuisse constat. . . sed Catonis fato mala publica acrioribus remedis exasperrase.」

最若年の息子シャルルに相続分を賦与することが、老皇帝の関心事でありつづけた。アクィタニアのピピンの死が、新しい相続規制への道を開いた。ルートヴィヒ敬虔帝は、八三九年、ヴォルムスで、フランク帝国をロタールとシャルルのあいだに分けた。ピピンの息子たちは、相続を取り消され、ルートヴィヒ・ドイツ王は、バイエルンに限られた。平和はそれによっては帰ってはこなかった。何故なら、損失を受けた党派が蜂起したからである。しかし、反対派はきっぱりと抑えられ、またロタールとシャルルが連合している限り、抑えられるはずであった。これを期待しながら、ルートヴィヒ敬虔帝は、八四〇年六月二十日、インゲルハイム近傍のライン河中の島で亡くなったのである。

# 第四部　カロリング時代終末期の国家と教会

# 第十四章　ルートヴィヒ敬虔帝の死から皇帝ルートヴィヒ二世（八四〇―八七五）の死にいたるまでのカロリング帝国

フランク帝国の将来についての歴史的決断は、ロタール一世にかかっていた。ルートヴィヒ敬虔帝は、八三九年の分割に満足し、この規定を、その人間的判断にしたがって、ルートヴィヒ・ドイツ王にも適用した。これによって、カロリング帝国には、数年後に起こったような重大な激動は生じなかったはずであった。しかし、当時、四十五歳にたっし、男盛りにあったロタールには、わずか十七歳の弟シャルルを対等の相続権者として認める気持ちはさらさらなかった。彼は『帝国継承令』をめぐる戦いを取り上げた。この戦いで彼は敗れた。すなわち、八四一年六月二十五日、ルートヴィヒ・ドイツ王とシャルルは、オーセール近傍のフォントノワでの決戦に勝ちを制したが、この戦いは、のちにプリュムのレギーノが語っているように、フランク人の力を打ち砕いてしまったのであった。フランクの高級貴族たちは、妥協するようにと迫った。八四二年六月五日、三人の兄弟はマーコンに相会し、そこで休戦を約した。メッツ、およびコブレンツでの長くて、執拗な交渉ののち、八四三年八月初め、ヴェルダン条約が締結された。ヴェルダン分割の発想の基礎となったのは、イタリア、バイエルン、アクィタニア各王国であった。帝国のその他の地域は、等分 aequa portio の原則にしたがって分割された。しかし、ロタールが皇帝兼家門の長として、玉座アーヘンを保持することは、初めから決まっていた。かくして、イタリア、アルプス・ローヌ河・ソーヌ河に囲まれたプロヴァンス・ブルグント地域、ライン河・ムーズ河・スヘルデ河に囲まれたフランキア中央部、そしてフリースラントを包括するロタール中部国家が成立した。ルートヴィヒは、フリースラントを除くゲルマーニア、そして、ライン河左岸では、豊かな王領地を含むマインツ、ヴォルムス、シュパイヤーの地域を獲得した。

ヴェルダン分割後の諸王国は、なんら均質的な構成体ではなかった。この点は、分割以前から、ロタールの中部国家についてとくにいえることであったが、しかし、東部、西部王国についても同様であった。何故なら、国家形成にあたって重視されたのは、大きな言語集団ではなく、なお、カロリング帝国を構成してきた古い種族・地域共同体であったからである。それらのより大きな民族への統合は、なお現実ではなく、将来の課題であった。東部王国は、なお比較的原初的な構造をもち、カロリングの神裁政治によって弛緩されてはいなかった。さまざまな分野で、カロリング諸制度の退化、いわゆる「脱フランク化の過程」（テレンバッハ）が、はっきりと認められる。ルートヴィヒ・ドイツ王とその後継者は、なんら東フランクに適用される勅令を出しておらず、巡察とグラーフ制は縮小され、司教たちは、なおザクセン布教の課題をかかえていた。彼らは、国王の助力者として立ち現れてはいるが、独立した政治的因子となってはいない。九世紀末になって、初めて、ここでも変化が訪れてくるのである。

東部王国とは対蹠的に、中部および西部王国は、長く伸びた海岸線をもっており、これは、兄弟間戦争以来、次第しだいにノルマン、サラセン両海賊の目標となりつつあった。両王国の不安定性は、東部王国の比較的強い安定性と対照的であった。もっとも困難な出発をなしたのは西部王国であった。フランク帝国貴族ならびに「高位聖職」司教たちの地位が、西フランキア、西ブルグントほど強いところはどこにもなかった。そこでは、ルートヴィヒ敬虔帝時代の理念がなお生きていたのである。国王、司教たち、世俗有力者間の抗争のなかで、西部王国はその形を整えていった。ここでは、有力者間の、また国王と有力者間の平和協定という古い勅令の平和思想が、さらに発展させられた。八四三年、シャルルは、有力者たちとクーレーヌの協定を結ばねばならなかったが、その中では、教会の名誉、国王の名誉、忠実なる者の名誉 Honor ecclesiae, Honor regis, Honor fidelium が文書の上ではっきりと定義され、保障されているのである。西部王国は、忠実なる者たち全体の上に基礎をおく法共同体となった。勅令には、有力者たちの同意が不可欠とされた。シャルルは、弱体化した王権を、王権の新たな神聖性の高揚によって盛り返そうと企てた。彼はアクィタニアの奪回を目標におくや、八四八年、オルレアンでサンスの大司教によってみずからを塗油させた。この塗油は、八六九年、二回目が行われ、今度はランス大司教によってメッツで行われている。後者は、ロタール二世の王国に対するシャルルの要求権を確認したものであった。カロリングの帝国観、国家観は、戴冠儀式の豊かなシンボル性の中に深い表現を見出していた。ランス大司教ヒンクマールは、この儀式を演出し、八七七年の「戴冠式次第 Krönungsordo」によって、それに最終的な形を与えた。「国王は、司祭の如くに塗油され、俗人から脱して、今後はキリスト者の支配者となる」にもかかわらず、彼は絶対的な支配者ではなかった。何故なら、ヒンクマールは、クーレーヌで初めて定められた国王の諸条件を、儀式書の誓約部に取り上げ、国王をして、それを守るのが自己の職務の義務である、と誓わせているからである。八七七年の「儀式次第」は、二世紀間保ち続けられ、その後は事情に応じて変更されたが、基本は変わらなかった。それは、スペイン、イングランド、ドイツにおける戴冠儀式の形成にあたって、模範となったのである。

東部における「脱フランク化」、西部における全盛期カロリング国家観の継承、中部における停滞は、それぞれの独立化過程の兆候であるが、もちろん、忘れてならないことは、九世紀末には、カロリング帝国はなお統一体として意識されていたということである。分割条約は、カロリング皇帝権の衰退を決定づけるものであったが、人びとは、なお、一つの帝国、一つのキリスト教人民の概念を堅持していた。兄弟たちは、分離した国家を統治するのではなく、一つの帝国の部分を統治するのであり、帝国は、今後もこの兄弟団を通じて表わされることになる。そこから生じてくる法的拘束力は、ヴェルダン条約では、友愛、平和、相互援助 amicitia, pax, mutuum adiutorium という語によって、言い換えられている。その意味するところは、相互相続権、共通の内政・外交であり、それらは、「フランク諸王の会議」、つまり、カロリング分国支配者の定期的会合において、その都度定められた。さらに、部分国家の共通性は、司教たちの集会や、さし当たっては帝国全体に張り巡らされている帝国貴族層の所領、権利、親族関係の中に表現されているのである。

ロタールは、八四三年に、皇帝の優位性という考えを葬り去ったわけではなかった。西方の状態はなお安定したものではなかった。皇帝は西部の国王を外交的に孤立させ、教会という迂回路を通じて、優位性を回復しようと試みた。メッツのドローゴは、ロタールの要請をうけて、八四四年、アルプスの北側の教皇代理職を引き受けたが、その権利は、三つの王国の全体教会会議の招集、地域教会会議の監督、司教・修道院長すべての監視、ローマへの上訴にあたっての中継機関としての役割、といったところにあった。しかし、教皇の教令は効果がなく、ルートヴィヒ・ドイツ王をシャルル禿頭王から引き離そうとする試みは失敗におわった。ルートヴィヒの動議で、八四四年、ディーデンホーフェンでフランク諸王の会議が開かれた。三人のカロリング国王は、その声明において、兄弟愛の考えを強調した。それは、教会領と教会諸権利の回復を命じ、西部王国における反抗にたいして共同行動で対処するとしている。

シャルル禿頭王は、ディーデンホーフェンから成果をかちとった。すなわち、彼は、八四五年四月、エボーに代わって、サン・ドゥニの修道士ヒンクマールをランス大司教に選出させたのである。選出は巧みに行われた。ヒンクマールは、ヴァラのクーデターのとき、ルートヴィヒ敬虔帝に忠誠を堅持した人物であった。ヒンクマールはまた、自分の師、そして友人であるサン・ドゥニ修道院長ヒルドゥインのために力を尽くしてきたが、じつは八四二年、ロタールは、このヒルドゥインにケルン大司教職を、八四三年には宮廷司祭長の職務を委ねていたのであった。かくして、新しいランス大司教は、シャルルとロタールのいわば仲介者として現れたわけである。ロタールは、実際、八四五年にエボーを引退させたが、次の年、改めてエボーの訴えを取り上げざるをえなかった。彼は教皇からトリアーに全体教会会議（八四六）を招集する承認を得、そこでランスの問題を再度審議した。八四七年二月、カロリンガーは、第二回目のフランク諸王会議のために、メールセンに集まった。ロタールは、メールセン会議の直後に、皇帝優位性の復活についてのいかなる意図ももたないことを表明し、八四九年、ペロンヌで、最終的にシャルル禿頭王と和解した。中部、および西部王国に等しく襲いかかってきたノルマン人の脅威が、兄弟たちの和解の一原因であった。しかし、他の原因もある。ロタール一世はすでに老い、自分の家門を立てようと考えるにいたったのである。八五〇年、彼は、長男のルートヴィヒ（二世）をして、教皇によって、皇帝に戴冠させた。彼は、自分の計画する相続を実現するためには、兄弟たちの了承を必要とした。八五一年、メールセンで開かれた第三回目のフランク諸王会議は、友愛の頂点をしめした。共同の勅令の中で、兄弟たちは、ただ一つのフランク王国 Regnum Francorum について語っているのである。各人は、相手の支配を、今後とも、宣伝とか、ましてや干渉によって、乱すようなことがあってはならない。了承は、はっきりと、相互の子孫にまで延長される。二十年にわたる争いは、ここに最終的に葬り去られたかのようにおもわれた。このメールセン会議に大きな希望をつないだのは、とりわけ聖職者であったが、彼らはそこに、帝国全体にわたる教会の状態の改善、ルートヴィヒ敬虔帝の改革の復活を期待したからである。

八五五年晩夏、ロタールは彼の支配圏を三人の息子、ルートヴィヒ二世、ロタール二世、シャルルのあいだに分割した。副皇帝ルートヴィヒは、すでに八四〇年以来統治してきたイタリアで満足しなければならなかった。ロタール二世は、玉座アーヘンをふくめた中央部フランキアと隣接地域フリースラント、上部ブルグント（ブザンソン、ジュネーヴ大司教管区）を得、シャルルは南ブルグント（リヨン―ヴィエンヌ大司教管区）とプロヴァンスを得た。ロタール一世は、この分割相続によって、帝国の統一観を放棄したことをはっきりと示した。彼は相続問題を片付けたのち、プリュム修道院に入り、その数日後、八五五年九月二十九日、亡くなった。同じ年、教皇レオ四世、そして、かつての皇帝の宮廷付司祭長にしてアルプス以北の教皇代理人であったメッツのドローゴも死んだ。サン・

ドゥニ修道院長でロタールの宮廷司祭長であったヒルドゥインは、皇帝とともにプリュムに入り、世界の檜舞台から退いた。彼はプリュムで、皇帝の死後、いくらも生きてはいなかった。かくして、ロタール一世とともに、フランク皇帝権の最後の闘士もいなくなったのである。いまや、友愛が皇帝権に取って替わることができるかどうか、が示されねばならなかった。後世からみれば、ヴェルダン条約からロタール一世の死までの年月は、あたかもフランクの衰退過程の一齣であるかのようにおもわれる。ロタール一世は、皇帝であると同時に、家門の最長老であった。彼の死がこの事情を根本から変えた。彼の相続人による分割相続が、分割諸国家間の均衡をくずし、分国支配者間の関係を複雑なものにした。また、皇帝権と家門の長老とのあいだの乖離が生じた。家門の最長老は、いまやルートヴィヒ・ドイツ王であった。皇帝権の方は、イタリアのルートヴィヒ二世に移っていたが、カロリング家門内においては、なんの権威もなかった。しかし、皇帝の教皇に対する影響力は、もちろん、保持されつづけたのである。

五人の分国支配者の中では、プロヴァンスのシャルルは、ロタールの末っ子であるうえに、病身であったので、一人前のパートナーとは見做されなかった。政治の舞台には、二人の叔父と二人の甥、ルートヴィヒ二世（イタリア）とロタール二世（中央部フランキア、つまりロートリンギア）だけが残った。彼らの中で、もっとも強力であったのは、疑いもなくルートヴィヒ・ドイツ王であった。八五五年以来、新たに生まれてきたモラヴィア王国が、彼を悩ませていたにせよ、である。八五八年、一団の西フランク貴族たちは、サンス大司教ヴェニーロの了解をえて、ルートヴィヒに対し、シャルル禿頭王に対して家門の長老としての権威を行使するように要請した。シャルルの陣営は、当時、絶望的な様相を呈したが、しかし、ランス、ルーアン両大司教管区の司教たちが、結局、彼の王冠を救った。ルートヴィヒ・ドイツ王は、八五九年一月、撤退した――この失敗は、帝国全体における彼の威信をゆるがした。八五九年五月、メッツで開かれた西フランク・ロートリンギアの教会会議では、彼の行為は、友愛を破り、教会の統一を損なったものとして、鋭く非難された。ランスのヒンクマール、ケルンのグンタールは、東フランク国王に教会会議の決議文を手交した。ルートヴィヒ・ドイツ王は、自分に属する司教団の背後に退き、皇帝である甥を通じて、教皇に訴状を呈して、これに応えた。ロタール二世は、叔父たちのあいだに和解を成立させた。八六〇年六月五日、コブレンツのフランク諸王会議において、八五一年のメールセンの決議にもとづいて、友愛が回復された。帝国内において、優越権を押し通そうとしたカロリング最長老の企ては、失敗に帰したのである。

新しい混乱を呼び起こしたのは、ロタール二世の結婚をめぐる紛争であった。ロタール二世が、トランスユラ（ジュネーヴ―ローザンヌ―ジッテン）の強力な大公フークベルトの妹、テウトベルガと結婚したのは、ただ政治的理由からであったようにおもわれる。この結婚からは、子供が生まれなかったので、彼はまもなく以前の愛人ヴァルトラーダとの関係を回復し、そこから息子ユーグと娘ギーゼラをえた。ユーグとギーゼラは、彼とヴァルトラーダとの結婚によって、嫡出と認められねばならなかった。何故なら、改革の過程の中で、ただ教会によって後見された結婚 Muntehe から生まれた正統な子供だけが相続権をもつ、という教会の考え方が貫徹しつつあったからである。結婚争論は、八五八、八六〇年、さし当たってロートリンギアの裁判で展開された。王妃テウトベルガは、ロタール二世の司教団によって、罪の告白を強制され、近親相姦の贖罪をするように公に宣告された。しかし、八六〇年秋、彼女はシャルル禿頭王のもとに逃れることができた。自由になるや否や、この不幸な王妃は、ローマへ訴えを起こした。そこで、ロタール二世もまた、教皇へ使者を送ったのであった。

結婚をめぐる紛争は、すでに述べたように、宗教的・教会的側面をもつだけでなく、政治的側面ももっていた。ロタール二世は、同じように男子の相続人に恵まれていない兄弟たちの同情を期待していた。とくに八五八／八五九年にロタールが彼らに領土上の譲歩を行ってからは、なおさらであった。二人の叔父については、彼が八五九／八六〇年両者の和解を仲介したことによって、恩義を負わせたと信じていた。しかし、シャルル禿頭王は、カロリングの連帯を破り、テウトベルガの提訴を支持した。教皇の返答は延びのびになった。ロタール二世は、行動を決意した。八六二年四月、第三回アーヘン教会会議は、彼に再婚することを認めた。国王はその決議を教皇に伝達し、この決議にすべてを委ねることを求めた。しかし、彼は教皇の決定を待たずに、八六二年、ヴァルトラーダとの結婚に踏み切った。西フランク国王は、テウトベルガの側にとどまった。彼はランス大司教ヒンクマールの要請を取り上げて、全フランク教会会議で結婚問題について検討するように要求した。教皇ニコラウス一世は、八六二年十一月になって、ようやく結婚争論に介入するにいたった。かれはポルト司教ラドアルトとチェルヴイア司教ヨハンネスに命じて、メッツで新しく教会会議を開いて、問題を検討するように委託した。この会議には、ルートヴィヒ・ドイツ王、シャルル禿頭王、プロヴァンス王シャルルは、各二名の司教を代理人として派遣するように命じられた。プロヴァンス王シャルルは、八六三年一月、死去し、その相続地の兄弟間の分割には、しばらく時間が必要であったので、さし当たって設定された会議の開催期限は守られなかった。その間に、教皇はロタールの再婚の報に接した。教皇はガリア、ゲルマニアの司教たちに書簡をおくり、国王に教会の贖罪に服すべしとする判決を下すように求めた。しかし、事態は、まったく違った方向にすすんだ。教会会議は、八六三年六月、メッツで開かれた。しかし、東、西両王国からは、だれも現れなかった。教皇特使は、ロタールによって買収され、教皇の指示をゆがめた形で伝えた。教会会議は、テウトベルガとの結婚の無効、ヴァルトラーダとの結婚の合法性を認めた。ケルン大司教グンタールとトリアー大司教テウトガルトとは、教会会議の決議を教皇に伝達するように委任された。

ニコラウス二世は、事態の進行にひどく怒ったにちがいないが、しかし、彼の対抗策は――皇帝ルートヴィヒ二世との、いざこざを避ける配慮から――文字通り秘かに用意された。二人の大司教は、八六三年十月、聖職者、俗人の集まるラテラーノに呼び出された。そこで教皇は、一大打撃を発止と打った。彼はメッツの決議を取り消しただけでなく、ケルン、トリアー両大司教を罷免し、彼の同意なしに両大司教職に新任を登用することを禁じた。

教皇の決断は、両大司教にとっては青天の霹靂のようなものであった。彼らはこれに抗議して、皇帝に訴えかけ、皇帝は八六四年初頭、軍隊を連れてローマの前面に現れた。ニコラウス一世は、形の上では、正しくなかった。何故なら、ケルン、トリアー両大司教に対する彼の突然の出方は、教会法的には異常であったからである。しかし、告訴人であるロタール二世の道義的立場は、きわめて弱いものであった。そこで、ルートヴィヒ二世は、教皇に対する実力的処置は断念し、その代わり、皇帝の信頼するオルタのアルセニウスを、全権委任者としてローマに常駐させることにした。両大司教は罷免されたままであった。二人の叔父は、事態の成り行きを黙ってみていたわけではない。彼らは二月九日、トゥールのテュセイに相会し、コブレンツの友愛協定を再確認し、共同の使者を甥たちのところへ派遣して、教会と仲直りするようにと勧告した。教皇主催のローマ教会会議への招待も、彼らはもちろん断った。いまや、ロタールが教皇に屈しなければならないことは明白であった。彼は再びテウトベルガを引き取ることにし、ヴァルトラーダを教皇特使に引き渡した。ヴァルトラーダは、もちろん、逃げることに成功し、ロタール二世のもとに立ち帰ってきた。新しい舞台が始まることになるが、しかし、教皇は依然としてヴァルトラーダを破門したままであった。八六七年五月（あるいは、八六八年六月か）、ルートヴィヒ・ドイツ王とシャルル禿頭王は、この度は古い王都メッツで、再び会合した。彼らはテュセイの決議を更新しただけでなく、さらに、万が一の場合には、二人の甥の王国を分割し、ローマ教会の共同の保護にあたることを協定したのであった。皇帝権とロタール中部国家の命数が、いまや読まれはじめることになった。かつて、アーヘン、ローマの領主（ロタール二世とルートヴィヒ二世）による、皇帝権を根拠とした（領地拡大の）野望に対抗しようと約束した東・西フランクの国王は、いまやローマ（―パヴィア）とアーヘンの国家の分割を協定するにいたったのである。

甥たちの状態は、絶望的であった。ロタール二世はローマ行を通告してきた。教皇はそれを認める前提として、ヴァルトラーダを遠ざけること、テウトベルガの復権、教会法に則ったケルン、トリアー両大司教の選出を条件とした。この劇的な瞬間に、思いもかけない転換が起こった。八六七年十一月十三日、教皇ニコラウス一世が亡くなったのである。後継者ハドリアーヌス二世は、信心深い人物として知られていた。人びとは、彼から、教会政策上の大問題に関して、物柔かな処置を期待した。ルートヴィヒ二世とその妃アンギルベルガの仲介によって、ロタールは、八六九年七月一日、モンテ・カシノにおいてハドリアーヌス二世と会見し、教皇は彼に聖体拝領にあずからせた——もちろん、それは、神判に匹敵する形のものであったが。八七〇年春、全フランク諸王国から司教団を派遣したローマの教会会議が開かれ、全問題を新たに審議するとされた。しかし、それには至らなかった。八六九年八月八日、ロタール二世は、イタリアからの帰途、ピアツェンツァで亡くなったのであった。

この不幸きわまりない王の死は、長い紛争に終止符をうったが、それはまた、ロタール家系の運命を決するものでもあった。同家系は、いまや男子のいない皇帝ルートヴィヒ二世によってのみ代表されることになったからである。皇帝は、南イタリアにあって、サラセンとの戦いに従事していた。彼が兄弟たちの遺領に対する要求を実現する以前に、シャルル禿頭王は、八六九年九月九日、メッツに現れ、「ロートリンギア」の国王として戴冠している。当時、病気で全身麻痺に陥っていたルートヴィヒ・ドイツ王は、八七〇年になって、やっと試合場に現れた。八七〇年八月、二人の叔父は、メールセンにおいて、八六七年の協定に従って、ロタールの遺領を分割した。この既成事実に対する皇帝の抗議は、教皇によって支持されたが、その効果はなかった。ルートヴィヒ・ドイツ王は、もちろん、八七二年五月、帝妃アンギルベルガとの個人的話し合いによって、彼のロートリンギアに対する取り分を、皇帝である甥に譲渡した。しかし、この純粋に形式的な譲歩も——それは、イタリアにおける遺領相続について、すでに行われていた——現実の状態をなんら変更するものではなかった。皇帝には、自分の家の相続争いよりも、南イタリアでのキリスト教統一戦線の方が、より重要におもわれた。彼はサラセンとの闘争にその力を消耗しつくし、八七五年八月十二日に死んだ。彼とともに、皇帝権が代々受け継がれてきたロタール家の男系は絶えた。フランク帝国は、その歴史の新たな局面に入るのである。

# 第十五章　スペインとブリテン島、西欧へのサラセン、ノルマン人の殺到

フランク皇帝権は、九世紀まで、西欧キリスト教世界を代表するものであった。その境界線は、もちろん、全西欧を包括するものではなかった。しかし、カロリングの影響は、ルートヴィヒ敬虔帝のもとで、スペイン、イングランドにまでたっした。皇帝権の危機によって、はじめて、フランクの声望の後退が始まった。

コルドバ太守による貢納収取支配を破棄したアストリアスのアルフォンソ二世（七九一―八四二）は、七九一―七九六年、彼の国家の存立を脅かしたイスラムの激しい攻撃を防がねばならなかった。そのさい、彼はフランクの友好を頼りとした。フランクとの同盟は、七九七年から八二二年まで保たれた。イスラムの突進は弱まり、ついには全く止んだ。フランクは、この時期、その国境をピレネー山脈を越えて伸展させた。彼らはスペイン辺境領を設置し、バスク人のナヴァーラ（およそ七九六／七九八年頃パンプローナを併合）に対する宗主支配権を獲得した。パンプローナに対するフランクの支配は、もちろん、不安定で、八二四年、イニーゴ二世のもとで、ナヴァーラはアストリアスから独立した。かくして、第二の、もちろん、非常に小さなキリスト教王国がスペインに成立したわけである。しかし、八二八年、遠くメリダに在ったキリスト教徒たちが、コルドバ太守に対して蜂起したとき、彼らはアストリアスだけでなく、ルートヴィヒ敬虔帝にも救援を求めたのであった。アストリアスのキリスト教徒たちは、当時、第二次のイスラムの攻撃（八二三―八二六／八二八）に耐えねばならず、しかもそれには、第三次の攻撃（八三九―八四一）が続くはずであった。イスラム聖戦のこの二つの波は、その余波をフランクにも及ぼした。しかし、それらの波は、結局、ピレネー、およびアストリアス・カンタブリア山脈の前面から引いていった。アルフォ

ンソ二世は、アストリアスを守り抜いたのである。

九世紀末の史料は、国王が「西ゴートの国家秩序 Ordo Gotuorum」を回復した、と報じている。アルフォンソ二世は、七九四年、七九五年のイスラムの軍隊による破壊ののち、オヴィエードの居館を再建した。彼は最初のアストリアスの統治者として、七九一年、ゴート王を模範として、みずからを国王として聖別させた。彼は、トレドの王宮をモデルとして、中央行政府を再組織し、伯職と裁判官を備えた地方行政を樹立した。『西ゴート法 Lex Visigothorum』は再び国法となり、『イスパニア教令集 Collectio Hispana』が、教会再建のための基礎となった。また、サンチャゴ大聖堂の発端も、このアルフォンソ二世の時代に溯る。使徒ハコブ〔ヤコブ〕の遺骨は、おそらく七一一／七一二年、メリダから、ガリシアの司教都市イリアの近傍にあるコンポステラのマリア教会に避難させられたとおもわれる。アストリアスの生死を懸けた戦いにおいて、大ハコブはキリスト教徒の保護聖人となり、アルフォンソ二世は、最初のハコブ教会をコンポステラに建てさせたのであった。

国王は、彼の子孫に、小さいが、しかし、すでに打ち固められた国家と、ゴート人の後継者として全スペインに対する要求権とを残した。この要求の実現は、もちろん、なお遠い先のことだったが。「アンダルシア Al Andalus」、つまり、コルドバの太守国は、当時まさに、ウマヤード朝アブ・デル・ラーマン二世（八二二―八五二）、ムハンマッド一世（八五二―八八六）のもとで、「蜜月」を味わっていた。アンダルシアのイスラム文化は花と開き、多くのキリスト教徒をその影響圏内に引きずり込んでいた。イスラムへの改宗が相次いだ。キリスト教徒（モサラベ）は、もちろん、宗教的自由を享受していたが、それはただ、黙認されたゲットー共同体としてのそれにすぎず、どんなものにせよ、公然たる活動は禁じられていた。数においては比較的少数の征服者の宗教が、妨げられることなく展開される一方、キリスト教会の方は一切の布教活動を禁止された。改宗の勧めには、死刑が課せられた。征服者による承認を必要とした司教たちは、その意に従った。しかし、首都コルドバの下級聖職者、修道士、俗人たちの中では、四〇年代の終わり頃、進行しつつある同化に対する抵抗が起こった。このグループとイスラム教徒とのあいだに、八五〇—八五九年、激しい対立が生じた。キリスト教徒の中の少数精鋭分子にとっては、イエスの神性とモハメットの預言者性についての論争は避けることができず、彼らはこれに挑み、そして、死を贖《あがな》わねばならなかった。セヴィラ大司教管区の司教団は、八五二年、大管区長レッカフレッドを議長とするコルドバ教会会議を開き、そこで彼らの行動を手厳しく批判した。コルドバ反対派——それには、圧倒的にキリスト教徒にとどまったメリダ、トレドの住民が同調した——の指導者は、司祭エウロギウスであった。エウロギウスは、キリスト教に改宗したモスレム女をかくまったという理由で投獄され、結局——その直後、トレド住民は彼を、示威的に、トレド大管区長に選んだが、効果はなく——八五九年、処刑されたのであった。コルドバの殉教は、フランク帝国自体の中でも、反響を呼び起こした。サンスのアウドラードゥスは、トゥールのサン・マルタンの加護のもとに、スペイン・キリスト教徒解放のために、フランクが介入することを期待した。シャルル禿頭王は、もちろん、この要望に応えることはできなかった。彼はイスラム太守とは平和を保ちつづけた。この平和にもとづいて、サン・ジェルマン・デ・プレの修道士たちは、コルドバ殉教者の遺骨を乞い求め、それを受け取ったのであった。

国土回復運動《レコンキスタ》の担い手は、フランクの脱落後は、アストリアスの人びとただ一人であり、彼らは、アルフォンソ三世（八六六—九一〇）のもとで、アストリアス・カンタブリア山脈を越え、アルフォンソ一世（七三六—七五七）のとき造られた防衛荒蕪地帯に入り、イスラム太守の抵抗を排除しつつ、ドゥエロ河の線まで入植した。新たに、都市、あるいは要塞として、ヴィスウ、ラメホ、レオン　ザモラ、シマンカス、ブルゴスが成立した。この入植者の中には、太守国から逃れてきた多数のモサラベ、とくにトレド住民がみられた。新たにレオン、カスティリア辺境区が造られ、王国の規模は二倍となったが、この両辺境区こそが、まもなく国土回復運動の主役となった。アルフォンソ三世は、それだけにとどまらず、国土の精神的中心地〔オヴィエード〕に宮廷を営んだが、この点でも、カロリングと似ている。だが、カロリング・ルネサンスの、スペインへの分流について云々することはできない。何故なら、ここでは視線は、文字通り圧倒的に、スペイン・ゴート的過去に向けられていたからである。それは、宮廷歴史書の中に明瞭に示されているが、同書は、七〇〇年頃で中断しているゴート時代の歴史叙述を再開し、トレド・オヴィエード国家の連続性を強調している。アルフォンソ三世は、もちろん、ナヴァラに対して新しい友好政策を打ち出しているが、しかし、そのさい、アストリアスの主導権を言い張った。彼はトゥールのサン・マルタン修道院の宝物から帝冠 Corona imperialis を獲得しようと考えているが、それは、彼の主導的地位に象徴的表現を与えるはずであった。九〇六年の修道院に宛てた書簡の中で、彼は自分のことをイスパニア王 Rex Hispaniae と称している。彼が全スペインに対する要求権を表現するために皇帝という称号を帯びていたかどうかは、確かではない。

九世紀アストリアスの連続的上昇に匹敵するものは、西欧キリスト教世界のどこにもない。イングランドは、この時期、カロリング帝権の運命を分け持っていた。マーシャ諸王の宗主権は、オッファ王（七五七―七九六）のとき頂点にたっし、八二五年には終わりを告げた。カロリングと同様、マーシャ王は聖職者・俗人混合の集会を招集し、それは、七四六―八一六年、主として国王御座所で会合し、とくに教会への土地寄進や、また教会規律の諸問題（司教の監督権・同義務、修道院・私有教会制、典令と祝祭、結婚と経済倫理）を規制した。オッファは、その狭い領域内にある、ブリテンの大殉教者ヴェルラムのアルバンの聖所を助長した。彼が設置したマーシャのリッチフィールド大司教管区（七八八―八〇二）は、短期間しか存続しなかった。彼の後継者チェンヴルフ（七九六―八二二）は、南イングランドの首都大司教座をロンドンへ移そうと試みたが、失敗におわった。カンタベリーは、ハンバー河にたっする首都大司教座でありつづけた。アングロ・サクソンとフランクの教会の同一化は、オッファ王のもとで、七八六／七八七年、教皇派遣特使団によって始められたが、オッファの死後、それはさらに進められた。

カンタベリー大司教ヴルフレッド（八〇五—八三二）は、その大聖堂に「律修生活 Vita canonica」を導入した。ベーダの時代、〔詩人〕ケドモンとともに始まった民衆語による宗教詩は、九世紀のマーシャ人シネヴルフによって、さらに発展させられ、取り扱うテーマも豊富になっている（伝説や聖書聖訓、聖書注釈、典令詩の受容によって）。アングロ・サクソン教会の前途洋々とみえた発展も、そうこうするうちに、ノルマンの侵入によってあっけない終末を迎えた。ヴァイキングがイングランドに襲来してきたとき、偉大なるマーシャの時代は過ぎ去った。九世紀半ば頃、四つの独立したアングロ・サクソン国家が成立していた。ウェセックス、マーシャ、ノーザンブリア、イーストアングリアである。最初のヴァイキング襲来は、八世紀末、政治的に分裂したノルウェーから発したものであったが、しかし、イングランドをかすめただけであった。ノルウェー・ヴァイキングの主流は北海島嶼に向かい、さらにスコットランド、アイルランドに押し寄せた。リンディスファーンは七九三年、ジャロウは七九四年に略奪をうけた。ノルマン人は、七九五年にレクルゥー島にある老コロンバヌスの墓と教会を、七九八年にはギャロウェイのセント・パトリック教会を破壊し、八二〇年にはマン島を占拠した。つづいて、オークニー、ヘブリデス、さらにアイルランド（ダブリン）にヴァイキング国家が成立し、そこから、ノルウェー人はスコットランド、イングランド西海岸を侵寇した。彼らはまもなく、アイルランドからガリア西海岸への昔からの航路を航行し、早くもロワール、ガロンヌ両河口に現れた。ここで彼らはデーン人と出会うことになる。

デンマークでは、国家の集権化がノルウェーよりは早く始まっていた。国王ゲットリークは、すでにカール大帝と対抗している。ゲットリークの後継者である国王ホーリク（およそ八二五—八五四）は、アンスガルの布教に好意ある態度を示したが、彼自身は異教徒にとどまった。しかし、彼は八五四年、甥のグットルムとの戦いの中で倒れ、それによって、デンマークの大王国はさし当たって滅んだ。スカンディナヴィア布教は、すでにハンブルクの破壊（八四五）によって困難になっていたが、上述のことによって、第二の、どうやら致命的とおもわれる打撃をうけて、苦しむことになった。大司教アンスガル――ルートヴィヒ・ドイツ王は、彼に大司教所在地としてブレーメンを指定したが――は、もちろん、その死（八六五）にいたるまで、布教という課題をつかまえて離さなかった。しかし、デンマーク、スウェーデンの少数の布教基地は、彼の後任リンベルト（八六五―八八八）のときにはなお存続していたにせよ、衰微するほかはなかったのである。

デーン人によるヴァイキング大侵寇は、八四三／八四五年に始まり、フランク・フリースラント、およびアングロ・サクソン海岸を目指した。ブリタンニアでは、ケントがもっとも危険にさらされたが、しかし、ヴァイキングはまもなくその行動範囲をイーストアングリア、リンゼイにまで伸ばした。彼らが八五〇年頃、その行動地域で越冬するにいたって、事態は深刻なものとなった。危機が頂点にたっしたのは、ラグナール・ロドブロックの息子たち、すなわち、アイヴァルとハルヴダーンの指揮のもとに、さまざまな侵寇群が調整され、「大部隊」となって、八六五年、イングランドを襲撃するにいたったときであった。ノーザンブリア、イーストアングリア、マーシャと、次々とデーン人の手におち、彼らはそこに定住し、自己の国家を設立した。ただウェセックスだけが、屈しなかった。アルフレッド大王（八七一―八九九）は、危機の始めから、国政を引き受けた。ほとんど十年間、事態はきわどいところをさまよったが、八七九年、アルフレッドは、エディントンにおいて、ヴァイキング王グスルムに決定的勝利を収めるにいたり、ヴァイキング王は敗北を承認する意味で、みずから洗礼を受けた。八八六年の平和によって、双方の境界が確定した。アルフレッドは、ロンドン市の南側の地域を主張したが、テームズ河の北側については、旧マーシャ王国の南西部で、いまウェセックス王国の属領となった地域についてのみ主張できただけであった。デーン人地域（いわゆるデーンロー地域）の奪回が始まるのは、アルフレッドの息子エドワードのとき、テトゥンホールの勝利（九一〇）の後においてであった。

半世紀にわたる戦闘と、デーン系ノルマン人によるイングランドの広汎な地域の占拠ののち、教会の分野においいては完全な混乱が支配した。ベーダ、ヴィリブロルド、アルクインが輩出したノーザンブリアは、もはや存在しなかった。しかし、他の地域においてもまた、大聖堂は焼かれ、修道院が破壊された。司教や修道院長は、聖堂参事会員あるいは修道士ともども、しばしば数年にわたって放浪生活を余儀なくされ、多くの司教座は、数年にわたって、なかには数十年にわたって空席になるものもあった。もちろん、デーンローの地域においても、結局は、教会は消滅することはなかった。ただ若干の司教座（例えば、リンディスファーン）は、徹底的に破壊され、再び名前があげられることはなかった。移住してきたスカンディナヴィアの異教徒たちは、融合によって、しだいに教会内に吸収されていった。しかし、精神的、風紀的荒廃化は大きかった。何故なら、聖堂参事会、修道士会の四散によって、聖職者の後継ぎを供給するエリート層が消滅したからである。

アルフレッド大王は、この危機をよく知っており、それを解決しようと試みた。彼は自分の宮廷に、あまり被害を受けなかった地域から人びとを呼び集めた。例えば、ウェールズから彼の友人であり伝記作家でもあるアッサー、東マーシャからは、ウースター、カンタベリー各司教となるウェアファースとプレーグムントを呼び寄せた。大陸からは、ガリア・フランク人であるグリンバルド、旧ザクセン出身のヨハネスを召したが、アルフレッドは後者に、アングロ・サクソンのいわば「サン・ドゥニ」に当たるアスルネイ修道院を委ねた。青年期に芸術・神学についてなんら教養を積まなかったことを欠点と感じていた王は、キリスト教文献の基礎的テキストをサクソン語に翻訳させた。すなわち、『司牧の規則 Regula pastoralis』、グレゴリウス大教皇の『対話集 Dialogi』、ボエティウスの『哲学の慰め De consolatione philosophiae』、アウグスティヌスの『独白録 Soliloquia』（それはさらに『不死に関する詞華集』へと拡大された）、最後に、オロシウス（『異教駁論 Adversus paganus』）とベーダ（『教会史 Historia ecclesiastica』）がそれである。彼の『法書』への序文で、アルフレッドは、ユダヤ・キリスト教の戒律を引き合いに出している。またベーダとその他の史料を基礎として、『アングロ・サクソン年代記』、つまり、サクソン語で書かれた、カエサルからアルフレッドにいたるブリタンニア歴史書が成立した。この書物において描かれている基本的観念——ブリタンニアにおける皇帝的ヘゲモニー確立への要請——を、アッサーは、ラテン語で書かれた国王アルフレッド伝の中で、「もっとはっきりと sxpressis verbis」述べているのである。

アルフレッド大王は、同時代人のアストリアス大王アルフォンソと同様、一緒に協力しあった宮廷サークルの人びとの文学作品を通して、アングロ・サクソン散文文学の創始者となった。翻訳にあたっては、王は、将来、学校において、母国語で読み書きを習うはずの自分の国の若者たちのことを念頭においていた。聖職者に対しては、高度なラテン語の教養が規定された。この分野では、ウェセックスの宮廷は、もちろん、なんら見るべき業績をあげておらず、ここにその限界が見て取れる。カール大帝下で起こったような、広い精神的、あるいは聖職に関する改革は、ウェセックスでは起こらなかった。困難な戦いから立ち直ってはいないこの時期にあっては、改革のための、外的諸前提がなお欠けていたからである。

フランク帝国の苦悩は、ブリタンニアやアイルランドがうけた試練に、けっして劣るものではなかった。とくにカロリング朝は、同時にサラセン人を防がねばならなかったが、サラセン人は、ヴァイキング同様、海賊団の形態をとり、大河の河口をめざして攻撃を仕掛けてきたのであった。フランク帝国を荒らしたヴァイキングは、イングランドで行動したノルマン人と同様、もっぱらデンマーク系の者たちであった。フランク帝国とブリタンニアでの行動のあいだには、むしろ、相互作用があったようにおもわれる。つまり、荒掠集団は、そのおりおりに抵抗のもっとも弱い地点に集中したのである。デーン系ヴァイキングの大陸における最初の目標は、フリースラントであった。八三四年から八三七年にかけて、ドーレシュタットが毎年、掠奪を受けた。ルートヴィヒ敬虔帝の最後の防衛措置によって生じたしばらくの休止ののち、新しい掠奪行が、八四一年、フランクの兄弟戦争の間に始まった。ロタール一世は、デーン人のローリックにゼーラント伯領をゆだね、それによって、彼をムーズ、スヘルト両河口の「見張人」にした。同じ年、デーン人の別の一隊がセーヌ河口に現れ、ルーアンを焼いた。八四二年には、イングランドへの往復交通にとって最も重要な商業地であるカントヴィクに順番が廻ってきた。デーン人は、八四五年、セーヌ河口に、八四六年にはロワール河口に定着し、そこから、すでに八四三年にナントを破壊するにいたっていたノルウェー人のグループを追っ払った。八四八年には、ボルドーが炎上した。ラインからガロンヌ河口にいたるフランクの海岸に、鉄の輪がはめられたのである。

フランクの防禦は、さし当たっては完全さを欠いていた。ロタール一世は、ヴェルダン条約後、この厄介なデーン人の家臣をゼーラントに釘付けにしておこうとしたが、うまくいかなかった。スカンディナヴィア交通上に位置するカロリングの最重要な商業地ドーレシュタットは、この劫略の中で滅んでいった（最後の、第七回目の掠奪は八六三年）。ローリックは、デーン人のフリジア支配を樹立したが、彼の死後、それは、土着出身で、かつ親戚にあたる（？）ゴトフリートに移っていった。

西フランキアは、八五六―八六二年、セーヌ河口のノルマン人による大規模な侵入にさらされた。パリは、八四三年にすでに掠奪されていたが、八五六、八六一年、再び占拠された。侵入はまずロワール・セーヌ間の地方を、次いでソンム河沿いの地域を襲い、そこでは最悪の状態を生んだ。何故なら、この地域には、セーヌ河から人びとが逃れてきていたからである。サン・ヴァンドリーユ、サン・リキエ、サン・ベルタン、サン・トメールといったカロリングの大修道院群が、炎の中に消えていった。ただ、傭兵に応じたノルマン人グループの応援をえて、ようやくシャルル禿頭王は、事態を転ずることができたのであった。

その間、地中海航行から帰ってきた他のノルマン人グループが、ロワール・ガロンヌ間の地域を襲い、八六二―八六六年には、内陸（オルレアン、クレルモン）に深く侵入した。とくにひどい被害を受けたのはアクィタニアで、そこでは多数の司教座が放棄され、長い間空席のまま放置された。その中には、大司教座ボルドーも含まれている。

ロワール流域では、フランク人は、カペー朝の先祖にあたるロベール勇武公の下で、成果を収めた。シャルル禿頭王は、ピートルの勅令（八六四）を出して、農村部に築城を命じ、セーヌとロワールに辺境区を設置した。フランクの抵抗が固まるにつれて、ノルマン人はイングランドへ引き揚げ、西フランクは十年間、平穏をえたのであった。フランアルフレッド大王の勝利ののち、多数のノルマン人が、妻子を連れて、イングランドから改めて大陸へ逃げ帰ってきたとき、カロリング帝国にとっては、最後の、そして、困難を極めた試練が始まった。ノルマン「大部隊」の主力攻撃（八七九―八九一）は、さし当たって、セーヌとソンムの間の地域にねらいを定めた。「大部隊」は、八七九年には、スヘルデ河へ侵入した。八八〇年には、ザクセンが重大な敗北を喫し、八八一年末には、ノルマンの主力はムーズ河を溯って、リエージュ、マーストリヒト、アーヘンまで前進した。彼らはそこからラインへ転じ、ケルン、アンデルナーハ、コブレンツを破壊したが、マインツ地域で東フランク王が防備を整えたという報知に接して、方向転換をしてモーゼル河を溯った。八八二年初め、トリアーは瓦礫の中に沈んだ。アーダルハルト伯とメッツ司教ヴァラの、レーミッヒでの抵抗は、ノルマン人をムーズ河中流へと後退させた。彼らは八八五年、パリへと攻撃の重点を移した。シャルル三世は、買収によってノルマン人を引揚げさせたが、王は彼らに八八六／八八七年の冬季宿営地としてブルグントを指定し、それによって、これまで手付かずであった土地を掠奪にさらすことになった。八九一年十一月、ルーヴァンでの東フランク王アルヌルフの勝利が、ついに転換をもたらし、主力部隊をイングランドへ引揚げさせることになった。そこから八九六／八九七年、一グループが入れ替わって大陸に渡り、その指導者ロロがノルマンディ公国の創設者となった。

ノルマン人は、八五九／八六二年の遠征行で、地中海に深く突っ込んだ。彼らは八六〇年、ニーム、アルル、ヴァランスを、八六一年にピサ、フィエゾーレを掠奪した。しかし、地中海は依然としてサラセンの領分にとどまり、サラセンはスペインとアフリカ（チュニス―カイラワン）からキリスト教の土地を脅かしていた。サラセンの最初の遠征は、ギリシアの皇帝権に向けられた。それは、八二五年クレタを占領するという、スペイン系サラセンの偶然の成功でもって始まった。八二七年には、チュニスのアグラビード朝による、シチリアへの国家的に組織された攻撃が始まった。シチリアをめぐる闘争は半世紀間つづいた。イスラム教徒の最初の成功は、八三一年、パレルモを占領したことであった。八四三年にはメッシナが陥落したが、しかし、シチリアの首都シラクーサは八七八年まで持ちこたえた。アラブ行政の所在地にはパレルモがなった。最後の、そして孤立したギリシアの拠点として、タオルミナが九〇二年まで持ちこたえた。

シチリア戦争がまだ終わらないのに、サラセンの一団が、入れ替わり立ち替わり、南イタリアに入ってきた。彼らはさし当たって、たがいに敵対しあっているキリスト教諸国の傭兵として、立ち現れた。内戦によって、八三九年以来、ランゴバルドのベネヴェント侯国は弱体化し、八四七年と八五八年、サレルノ、カプア各大公国へと分裂した。こうした混乱の間に、サラセンはバーリ、さらにタレントを占領した。サラセンの船は、八四〇年アンコーナに、八四六年にはオスティアの前面に現れた。ローマに対する不意の襲撃は、打撃をもたらすまでにはいたらなかった。このキリスト教世界の首府に対する第二回目の攻撃は、八四九年、見事に防がれた。同じころ、バーリを首府とするサラセン国家がアプリアに成立した。皇帝と教皇とは、中部イタリアの情勢を安定化させることができたが、南イタリアについては、ルートヴィヒ二世のあらゆる労苦は、南イタリア諸侯国の不統一のために、結局、無駄におわった。ルートヴィヒ二世の死（八七五）ののち、西欧皇帝の秩序維持者としての権威は失墜した。サラセンは、カプアとガエタの中間にあるガリリアーノを占拠し、そこから中部イタリアや教皇領国家を荒らし始めた。八八二年には、彼らはモンテ・カシーノを破壊した。イングランド、アクィタニアと同様、ヴァイキングの襲撃を受けた南・中部イタリアでは、多くの司教座、修道院が荒廃した。効果的な援助をもたらしたのはギリシア人であったが、彼らは、著名な将軍ニケフォロス・フォーカスのもとで、八〇年代にカラブリアを回復し、さらにアプリア、ルチェラのサラセンによって占拠されていた部分を奪回した。中部イタリアでは、キリスト教徒は教皇の指導の下に一つの連合体に結集し、九一五年のガリリアーノでの決定的勝利によって、国土を解放したのであった。

アフリカのサラセンが、南・中部イタリアを襲っている間に、スペインのイスラム教徒は、ガリア、北イタリアの海岸で行動していた。ここでは、八四〇年頃に、大規模な襲来が始まっていたが、しかし、深刻な脅威をもたらしたのは、六〇年代末に掠奪団が侵入するにいたってからである。彼らはカマルグに堅固な拠点を築いた。九〇年代に入ると、サラセンは、フレジュス司教管区内に有名な要塞ラ・ガルデ・フレネを築いた。彼らは、ここから、プロヴァンス、ジェノヴァ地方を荒らし、アルプスの峠を占拠し、その侵寇はヴァリス、ザンクト・ガレンにまで及んだ。彼らによって襲われた地域の試練は、十世紀の二〇年代、その頂点にたっした。ここでもまた、多数の教会、修道院が滅んだ。プロヴァンス地方のエクス、アンブラン、アルルの司教座は、数十年にわたって、空席のままであった。

九世紀後半、ノルマン人とサラセンによる苛酷な荒廃化を免れたのは、北イタリア、東フランク王国、そして、南ロートリンギアにすぎなかった。しかし、この地域も、十世紀西欧世界に侵入してきたハンガリー人の犠牲となるはずである。かくして、サラセン、ノルマン人、ハンガリー人の嵐が、ゲルマン・ローマの西欧の全体を蹂躙した。もちろん、すべての地方が等しく被害を受けたわけではない。内陸部が海岸部や国境地帯ほど苦しまなかったことはいうまでもないであろう。しかし、また、激動に直接さらされた地域の中でも、防衛の働きによって、いくつかの段階が生じた。だから、大きな激動が弱まったとき、再建への出発状況は、そのときどきで多様であった。多様な出発状況は、西欧内部における政治的、文化的重心の片寄りを生じた。それよりももっと、将来にとって重要であったのは、ほかの状況であった。すなわち、南ヨーロッパでは、キリスト教的世界とイスラム教的世界が厳然と分離したままであり、その結果、サラセンの侵入がただ破壊的にのみ作用したのに対し、北ヨーロッパでは、キリスト教文化を受け入れたノルマン人との共生が生じたということである。中部ヨーロッパでも、同様な状態が生じた。というのも、まもなく宣教師がハンガリーに入っていったからである。九世紀末、十世紀初頭の崩壊期に、ゲルマン・ローマ文化の実質を維持した人びと、そして、国家権力は、困難な試練の中にあっても、スカンディナヴィア、および東部中央ヨーロッパを西欧世界に包含しようと準備しつづけていたのである。

# 第十六章　ルートヴィヒ敬虔帝の死からルートヴィヒ二世の死にいたるまでの教皇と西欧

ローマ教会の歴史は、九世紀、教皇ニコラウス一世（八五八―八六七）、ハドリアーヌス二世（八六七―八七二）、ヨハネス八世（八七二―八八二）のとき、一つの頂点にたっした。教皇権と皇帝権の関係において、根本的な変化が生じた。それは、ヴェルダンの分割、さらにはロタール皇帝家の男系断絶に起因するものである。

教皇領国家――その基礎は、八二四年の『ローマ勅法 Constitutio Romana』によっておかれた――に対する皇帝の宗主権は、不変のまま存続した。ローマでは、皇帝の規制を緩めようとしたが、効果はなかった。八四四年、教皇二重選挙のおそれが出たとき、教皇セルギウス二世は、皇帝の承認を待たずに、聖別された。しかし、ロタール一世は、宮廷司祭長メッツのドローゴと息子ルートヴィヒとを、多数の従者を連れさせて、ローマに派遣し、ドローゴは、教会会議によって事の次第を吟味することを主張した。教皇の聖別は、今後、皇帝の命令にもとづいて、皇帝代理人の出席のもとでのみ、執行されるべきであるとされた。この方式は、八四七年には、もちろん、サラセンの脅威という口実のもとに、守られなかったが、しかし、その後はずっと守られつづけた。皇帝の同意は、『教皇職記録 Liber Pontificalis』という公式の歴代教皇伝記の中においてさえも、記載されている。ローマの内部においても、皇帝の権威は通用していた。「レオの都市 Civitas Leonina」の囲壁構築は、八四六年、ロタール一世により指令され、レオ四世により、八四八／八五二年、実施されたのであった。

ルートヴィヒ二世は、教皇選挙にあたって、ロタール一世よりももっと強く介入した。彼の特使は、八五五年、高い教養の持ち主ではあるが、レオ四世によって免職させられた枢機卿司祭アナスタシウス（図書館司書職 Bibliothecarius）を教皇位に就けようとした。この企ては失敗におわったが、それというのも、アナスタシウスが亡き教皇によって免職させられていたという理由によって、ローマの妥協派にとってさえ、我慢ができない存在であったからである。ニコラウス一世の選挙は、皇帝の出席のもとに行われた。ハドリアーヌス二世は、皇帝側推薦の候補者ではなかったが、ルートヴィヒ二世との和解にもとづいて、挙げられたのである。ヨハネス八世の選出については、詳しいことはなんら伝えられていない。

非常に重要な変化は、ヴェルダン条約後に起こった皇帝登位と教皇による皇帝戴冠との結合によって、生じた。フランクの「王政」が分裂し、皇帝が他と並ぶ分国支配者となったいま、ローマを保護支配下におくということが、皇帝を国王たちから区別する唯一の指標となった。教皇によるカロリング皇帝系統の承認が、それと関連して、大きな意味をもってきた。ロタールの長男ルートヴィヒ二世は、八四四年、セルギウス二世によってイタリア王に、八五〇年にはレオ四世によって副皇帝に戴冠された。ロタールは、彼の先任者とは異なって、なんら独自の戴冠式を挙げなかったので、ローマでの戴冠が特別な作用をもつにいたった。ニコラウス一世は、すでに、その中に決定的な法的要素を見いだしている。ルートヴィヒは、八七一年、ギリシア人との論争において、ローマに対する彼の支配と教皇による聖別を引き合いに出しているのである。かくして、教皇による皇帝戴冠は、西欧における皇帝登位の基本的要素となり、それは、もちろん、ロタール系の断絶後、はじめて歴史的に効果を発揮することになるのである。

フランクの政策という枠の中で、教皇と皇帝は、ロタール家の結婚紛争をめぐって衝突するまでは、協力関係にあった。他の大きな帝国規定と同様、ヴェルダン条約もまた、〔事前に〕ローマに送付されたようにおもわれる。セルギウス二世は、メッツのドローゴに教皇代理人の地位を与えた。レオ四世も、同様に皇帝の政策を支持した。ベネディクトゥス三世は、皇帝とランス大司教の和解を承認した。彼はロタール一世の死後、皇帝の息子たちの相続争いを仲裁しているのである。

教皇と皇帝の利害の共通した地域は、カール大帝以来、南イタリアであった。ここに大きな変化が現れたのは、サラセン人傭兵がベネヴェントとナポリの紛争（八三四—八三九）、およびベネヴェント王位継承戦争（八三九—八四七）に雇い入れられ、結局、バーリにイスラム教国を樹立するにいたったときであった。カロリング家は、このとき、相続争いによって麻痺状態に陥っていた。そこで、キリスト教側の統一戦線結成をめざした最初の主導権は、ギリシア側によって握られた。ギリシア側は西皇帝と、八三九、八四二、八四三／八四四年、対サラセン同盟結成をめぐって交渉し、同盟は、ギリシアの皇女とロタールの息子ルートヴィヒ二世の結婚によって固められるはずであった。ロタール一世はこの提案を好意的に受け取ったが、実現にはいたらなかった。フランクは、サラセンが八四六年にローマを襲うにいたって、ようやく積極的になった。ルートヴィヒ二世は、八四七年、アラブ人をベネヴェント市から追っ払い、二人のランゴバルド系王位継承権者の間に平和を仲介したが、それは結局のところ、ベネヴェント、サレルノ両大公国への分割に帰着した。しかし、アラブ人は南イタリアの広い箇所で地歩を確保しており、その結果、カプアが、第三のランゴバルド系大公国としてサレルノから分離した。八五二、八六〇、八六三年の再三にわたるフランクの介入も、部分的成果しか上げることができなかった。八六六年になって、ようやく、ルートヴィヒ二世は、南イタリアの状態を整え、キリスト教徒の統一戦線をつくりだすことに成功した。八六七／八六八年には、ビザンツとの新しい同盟結成の交渉が行われたが、しかし、八七一年、新たな紛糾で終わりを告げた。にもかかわらず、ルートヴィヒ二世は、この年の二月、バーリを取り返した。ロタールの息子が権力の頂点にたっしたとき、南イタリアの諸侯たちが謀反の盟約を結び、またもや、あらゆる成果を覆してしまった。盟約者たちは、八月三十一日、ベネヴェントで皇帝を捕らえ、皇帝がフェーデ権放棄を誓ったのち、九月十七日、ようやく彼を釈放した。サラセンはタレントから新たに南イタリア諸侯国へ押し寄せた。サレルノとカプアからは、再び皇帝へ救援の要請が寄せられ、彼は八七三年両都市を解放した。しかし、ベネヴェントとナポリは、なおも敵意を抱いたままであった。ベネヴェント大公は、ギリシア人に救援を求め、それをえた。彼は八七三年、東皇帝バジレウス一世の宗主権を認め、彼にバーリを引き渡した。ルートヴィヒ二世の力は打ち破られた。彼は八七三年秋、南イタリアを去り、八七五年八月十二日に死んだ。対サラセンの防衛にあたって、フランク人に代わって、ギリシア人が指導的勢力として立ち現れてくるのである。

教皇は、南イタリア政策においては、ルートヴィヒ二世の側にしっかりとついていた。教皇は、とくに、キリスト教徒の統一戦線結成をめざしたフランクの努力を支持した。たとえ、ギリシア人に対する教皇側の不信の念は消えなかったにせよ、である。これに反して、皇帝と教皇をトラブルに導いたのは、ロタールの結婚紛争であったが、そのとき、ニコラウス一世は、八六三年末、メッツ教会会議の決議を破棄し、トリアー、ケルン両大司教を罷免した。ルートヴィヒ二世は、教皇領国家に対する監督を強化したが、暴力によって危機を解決することはさし控えた。たとえ、ギリシア側が、八六七年、フォティウス紛争(45)の頂点にあって、皇帝にニコラウス一世の免職をしきりに勧めたけれども。他方、ニコラウス一世の方も、世俗分野に関しては一切介入することを慎んだ。彼はゲラシウスの両剣論(46)の基盤の上に立っていたが、この理論は、八二九年、フランクの司教団によって新たに復活させられたものであった。ニコラウスは、もちろん、皇帝戴冠をローマ教会固有の権利と考え、それによって、「皇帝権の源泉として、教皇の権威を、世襲権と完全に同等なものにしたのであった」（クナーベ）。しかし、彼は、戴冠された皇帝については、これを世俗の支配者として認め、〔教皇自身に〕俗界の権力を求めることはしなかった。

八六七年十一月十三日のニコラウス一世の死は、皇帝と教皇間の危機を除去した。ハドリアーヌス二世のもとで、密接な協力関係が再び回復され、彼は、八七二年、ルートヴィヒ二世を、南イタリアの反乱にさいしてなされた誓約〔フェーデ断念の誓約〕から解放し、ルートヴィヒ二世を改めて皇帝に戴冠し、ベネヴェントでの拘禁の恥辱を抹消した。また、ロートリンギアの相続問題では、ハドリアーヌス二世は皇帝側を支持した。ただ一点だけ、皇帝と教皇の考え方はちがっていた。すなわち、ルートヴィヒ二世が自分の後継者としてルートヴィヒ・ドイツ王、ないし、その長男カールマンを想定していたのに対し、教皇庁では、シャルル禿頭王による後継が考えられていたのである。

皇帝は、八四〇年以後、そして、八五五年以後にはまさしく、もはやフランク帝国を代表するものではなかったが、しかし、フランク帝国は、依然として西方キリスト教世界の核であり、またそうしたものとして、教皇の固有の活動舞台でありつづけた。西欧の非フランク人の小国家に対するローマの関係は、弱いものであった。アイルランドとの接触については、なんら報告は残っていない。ブルターニュがフランクから分離したさいには、教皇の意に反して、ブルターニュ大司教管区ドルが設立された。アストリアスがアルフォンソ三世のもとで強化されたとき、おそらく八七六年、ヨハネス八世は、オヴィエードの首都大司教座教会への昇格を認め、サンチャゴ・デ・コンポステラの聖別、スペイン教会会議の開催を命じたとおもわれる。ローマとイングランド間の昔からの繋がりは、断ち切られはしなかったが、ノルマンの襲撃のもとで苦しんだ。およそ八七四年頃の、カンタベリー、ヨーク両大司教に宛てられた教皇の書簡、八七八、八九一／八九六年カンタベリーに宛てられた同書簡が保存されている。それらは、ウェセックスが危機を克服し、南イングランドの状態がしだいに安定化しつつあった時代のものである。八七五年頃、マーシャのブルグレッドは、デーン人との戦いで自分の王国を失ったのち、使徒の都市〔ローマ〕へ戻ってきた。ウェセックス王エゼルウルフ（八三九—八五八）は、その息子アルフレッドを、すでに八三五年にローマへ派遣しており、レオ四世は、この子供を名誉領事に任命している。二年後に、エゼルウルフ自身が、ノルマンに悩まされて、使徒〔ペテロ〕の墓へ巡礼にきたとき、アルフレッドが父に同伴している。八八四年、教皇マリーヌス一世は、アルフレッド大王の懇願にもとづいて、サン・ピエトロ大聖堂の傍らにあった「サクソン人の学校

Schola Saxonum」を、関税と貢租納付の義務から免除した。しかし、教皇たちの膨大な文書、書簡の中にあって、イングランド、スペイン関係のものは、ごくわずかな比重を占めるにすぎない。裁判権における教皇の首位性の確立が実現したのも、西帝国の内部においてであった。その発端は、レオ四世（八四七―八五五）に始まるが、ニコラウス一世のもとで、ようやく発展をとげたのであった。

教皇領国家の内部においては、かつての皇帝、ゴート王、総大主教の宮廷所在地であったラヴェンナが、ローマの対極をなした。このアエミリア・フラミニア州の首府は、もともとは、おそらく一度はローマの教会管区に属していたとおもわれるが、いずれにせよ、五、六世紀になると、他のどの首都大管区教会よりは、より密接にローマの従属下に入っていた。ビザンツ時代には、ラヴェンナ人はこの従属から逃れようとした。六六六年、皇帝コンスタンス二世は、キリスト単意説論争の間に、彼らにローマからの離脱特権を付与したが、六八〇／六八二年の教会平和締結にさいしては、もちろん、彼らはその特権を放棄しなければならなかった。ラヴェンナの教会大管区長は、その後はずっと、以前のようにローマで叙任されたが、しかし、教会大管区の統治においては、大きな自由を獲得した。フランクがイタリアへ介入してきたときには、彼らはカロリング家の援助をえて、自分自身の教会国家を建設しようと企てた。彼らはそれを実現できなかったが、それだけでなく、それ以来、「ロマーニャ、ペンタポリスにおける領地、領土的諸権利にかかわる――新たな政治的嫉妬」（ブランディ）によって、昔の対立感情が強められた。レオ四世のとき、八五三年には、公然たる紛争へとすすんだが、そのとき、総督領は、大司教ヨハネスの兄弟である大公ジョルジョの下で、政治的にほとんど自立しており、大司教はローマ教会の領地を簒奪したのであった。問題は、皇帝の出席をえて、教皇がラヴェンナで開催した教会会議で決着がつけられた。八六一年、争いが再燃し、ニコラウス一世は、大司教をローマに喚問した。教皇は大司教を、八六一年三月、破門に処し、すぐにラヴェンナに現れた。大司教ヨハネスは、ローマの十一月教会会議の決定に服した。彼は二年毎にローマへ出頭しなければならず、教皇の承認を得た後にしか、属司教を任命してはならず、そして、属司教のローマ行きを妨げてはならない、とされた。「六八二年の屈服が、単に離脱権利の放棄に終わったのに対し……この二回目の重大な敗北は、九世紀の精神に沿って、とりわけ属司教問題にも及び、属司教のラヴェンナへの所属性は弱まり、ローマへのそれが強められてしまった」（ブランディ）。

ブランディは、ローマがラヴェンナに「自己の優越性と従属の形を初めて試してみたのだ」と考えている。それは、塩の粒があれば cum grano salis〔多少の知識があれば〕、理解される。何故なら、ラヴェンナやフランクの教会大管区長に対する教皇の裁判権の教会法的前提は、さまざまであったからである。ラヴェンナの場合には、歴史的権利が引き合いに出されている。フランクの場合には、譲歩できない聖ペテロの座の首位権が根拠とされている。実際、ニコラウスがめざしていた教会の中央政府は、伝統的な教会法を知らなかった――それが、体系として発展しはじめるのは、『偽イシドール教令』（第十八章を参照せよ）からである。もちろん、ローマと首都大司教座教会との繋りは、西欧の諸大司教に対するパリウムの授与によって強められ、すでに、偽イシドール以前に、教皇首位権の思想が、法的な効力を発揮しつつあったが、それは、偽作教令の基本的命題とほとんど違わないものであった。……「〔教皇の首位権は〕ガリアその他の地域の教会法によって、撤回されえないものであり、またローマの代理人あるいは皇帝といえども、その規定に介入することのできないものである Sunt qui Gallicanos canones aut aliarum regionum putent non recipiendos, eo quod, legati Romani seu imperatoris in eorum constitutione non interfuerint」と、リヨンのアボガルドは、その論文『教会の管理について De dispensatione rerum ecclesiasticarum』で書いている。皇帝の語を抹消すれば、この文章から思い浮かぶことは明白である――つまり、すべての教会会議決議は、ローマの認証を必要とする、という偽イシドールの文章である。

この偽作教令が、いつローマで知られるようになったか、を確定することは困難である。というのも、この種の思想の流動的移動性を考慮しなければならないからである。下限年代を示唆するのは、八六五年、西フランクの司教団に宛てた教皇書簡で、これは、はっきり、偽イシドール文書に依拠していることを示している。しかし、ニコラウスが、その書簡の中で、「教会は、教皇たちの書簡を、たとえ偽作のものであろうと、文書庫、あるいは永年にわたる典令資料の中に所蔵し、秘かに敬愛してきた penes se in suis archivis et vetustis rite monumentis recondita veneretur」と述べているので、ハウクは、偽作文書がすでにしばらく前からローマにあった、と推測している。ハーラーは、その最初の利用の痕跡をレオ四世に見いだすことができた、と考えている。〔ロタール二世の再婚問題に同情的な大司教〕ヒンクマールに反対したランスの反対派が、八三五年、偽作文書をローマにおくった、ということはありうることであるが、しかし、この問題に関してヒンクマールに書き送られた教皇書簡には、はっきりとした偽イシドール文書への言及はみられない。それ故、ニコラウスが、八六三年にケルン、トリアー両大司教を罷免したとき、偽作文書を知っていたかどうか、は決められない。おそらく、ソアソンのロタードが、最初に『偽イシドール教令集』をローマにもたらしたのではなかろうか。ロタードは、罷免された大司教エボーと、八四一年、ロタール一世による彼の暫定的復職期間内に、付き合いをもったランス大司教管区内の司教の一人である。ロタードとヒンクマール間の公然たる争いは、八六一年に勃発したが、このとき、ヒンクマールは、ロタードによって免職させられた聖職者の、贖罪後の復職を要求したのであった。大司教は、この反抗的な属司教を、管区教会会議で破門に処した。ロタードはローマに訴えたが、さし当たっては管区司教裁判に付されることになり、裁判は彼を八六二年免職し、修道院内拘留の判決を下した。問題は、同時に教皇の前にもたらされ、ニコラウスは、八六三年、至上命令としてロタードのローマ送致を要求した。八六五年一月、教皇はローマ教会会議において、免職を撤回した。手続きは文字通り偽作教令の規定に則っており、ニコラウスはヒンクマールに宛てた文書の中で、そのことを示唆している。

ヒンクマールは、教皇はもちろん上訴を受理することができるが、しかし、事柄は司教裁判に差し戻さなければならない、という現行の教会法を引き合いに出したが、無駄であった。大司教と国王とは、ロタードに対してはともに反対の立場に立っていたが、ローマの判決に屈した。同じころ、ヒンクマールとシャルル禿頭王のあいだには疎隔が生じた。すなわち、エボーによって叙階されたランスの聖職者ヴルフハッドが、宮廷の愛顧を得、国王は彼にブールジュ大司教職を委ねようとしたのである。司教団は、八五三年〔ヴルフハッドを不適格とした〕管区教会会議の判決を撤回しようとはしなかったので、シャルル禿頭王は、ローマを通じて、ヴルフハッドの再任用を強制しようとした。ニコラウス一世は、八六六年春、ランス大司教の前に、エボー任命の聖職者〔ヴルフハッド〕を許すか、あるいは、新しい教会会議のまえに問題を提出し、そこへヴルフハッドが控訴するのを許すか、どちらかの選択肢をおいた。そんなことをすれば自分の地位の法的根拠が危うくなると考えたヒンクマールは、許しの発言もしなければ、また新たな裁判を開くこともしなかった。八月にソアソンに招集された教会会議は、彼の影響下に、手続きの再開を拒否し、教皇に対し、赦しをするならみずから行うべし、と勧告した。シャルル禿頭王は、教皇の決断を待たず、即座にヴルフハッドを大司教に叙階させた。ニコラウス一世は、八六六年十二月、このエボー系の聖職者の再任を命じた。彼はヒンクマールに宛てた不機嫌な文書の中で、ヒンクマールによって命じられた免職の合法性について、一年以内に釈明するよう一任し、すべてのエボー関係文書の提出を要求した。教皇、あるいはその助言者たちは、明らかに、ヒンクマールをローマの裁判にかけることを意図していた。ランス大司教は、みずからの選出とその職務遂行の合法性をなんら論証しようとはしなかったが、心の中では、苦り切っていたにちがいない。八六七年十月二十五日、トロアで開かれた帝国教会会議において、第二の公式の覚書がまとめられた。集まったフランクの司教たちは、教皇に対して、大管区長と属司教の権利と義務について新たに確定し、ローマでもたれる司教裁判の位置付けについて、根本的に説明するようにと要請した。旧法と新法の併存がこうした非常な混乱を惹き起こす原因であったので、教皇による根本的な釈明が必然的であるようにおもわれた。もちろん、それには至らなかった。ニコラウスは、もはや教会会議の使者に接見することができなかった。死の直前、彼はヒンクマールの弁明を満足すべきものと宣言し、それによって紛争は終わりを告げたのである。

ランスとローマのあいだの、第三の、最後の争いは、教皇ハドリアーヌス二世のときに起こった。大司教の甥で、同名のラン〔司教〕のヒンクマールが、八六八年夏、国王裁判の前に召喚された。というのは、彼が国王の家臣に賦与していたラン教会の封地を接収したからである。ランス大司教は、さし当たっては甥に有利なように介入したが、その後、同人は教会裁判で審理をうけるべきこと、国王に対しては忠誠の誓いをしなければならない、という結論にたっした。ところが、ランのヒンクマールは、伯父の介入以前に、ローマへ上訴していた。その年末に、ハドリアーヌスは、国王によるラン教会の財産没収を破棄し、告訴人をローマへ送るようにと命じた。国王はそれに従わず、八六九年春、司教をヴェルブリーの教会会議に召喚し、司教は、万が一に備えて――逮捕の場合には――自分の司教区に聖務停止を課すると宣言した。にもかかわらず、シャルルはランのヒンクマールを拘束し、ランスのヒンクマールの方は、指令された聖務停止を解除した。再び新旧教会法が対立することになった。ローマとの往復書簡はきわめて激しい形態を取ったが、国王も大司教も確固としていた。ランのヒンクマールは、八七一年八月、ドゥージー教会会議で罷免された。シャルル禿頭王は、結局、教皇と教皇庁官僚とを反目させることに成功した。彼が知ったことは、厳しい困難なときに発言したのは、司書官のアナスタシウスであって、ハドリアーヌスではなかった、ということである。国王は、八七二年、彼の特使を直接、教皇のもとに派遣し、密書によって、教皇から和解の返答をえた。すなわち、国王は、ランのヒンクマールをローマへ送り、教皇は、彼に対して旧教会法に則った裁判官を立てるであろう、と。さらに付け加えて、ハドリアーヌスは次のようにもいう。自分は、ルートヴィヒ二世の死後、シャルル以外の何者をもローマの王にして皇帝とは認めないであろう、と。教皇は、単に譲歩しただけでなく、驚くべき方向転換を行ったのである。ローマとランスのあいだの十年間の闘争は、旧教会法の勝利をもって終わった──つまり、教皇による中央集権的教会統治の刻は、まだ打たれてはいなかったのである。

ケルン、トリアー、ランスとの衝突といった具合の教会紛争は、ローマと東王国の司教団とのあいだには、起こらなかった。もちろん、東王国には、ただ三つの首都大司教座教会しか存在せず、しかも、そのうち物の数に入るのは、ただ二つ──マインツとザルツブルク──にすぎなかった。ハンブルク教会は、八四五年の破壊によって、ひどい状態におかれた。ルートヴィヒ・ドイツ王は、布教活動を維持したいと考え、アンスガルに、ケルンの属司教座ブレーメンを委ねた。〔ハンブルクとブレーメン両司教座の〕合同は、八四八年、マインツの教会会議で実現した。数年後、ケルン大司教グンターもこれに同意を与えた。教皇ニコラウス一世も、八六四年、両司教座の合併を承認したが、そのさい、ブレーメンをケルン大司教座教会管区から分離した。大司教アンスガル（八六五年没）とリムベルトとは、布教基地としてデンマークにシュレスヴィヒとリューゲンを、スウェーデンにビルカを建設した。しかし、スカンディナヴィアの布教には、ほとんど発展力が欠けており、八〇年代には完全に崩壊した。

それと異なっていたのは、南東部のスラヴ人に対する布教であり、それは、レーゲンスブルク、パッサウ、ザルツブルク、アクィレーヤによって担われた。それらは、三〇年代から、ボヘミア、モラヴィアを席巻し、さらにクロアティアを捉えたが、後者には、早くからローマからのキリスト教の影響がダルマティアを越えて波及してきていた。フランクの宗主権を承認したスラヴ人諸侯は、みなキリスト教を認めた。モラヴィア侯プリビーナは、八三五年、ザルツブルクのトライスマウアーで洗礼を受け、ルートヴィヒ・ドイツ王から、ザーラおよびプラッテンゼーを中心とするスロヴェニア支配圏を受領した。ボヘミアの十人の公たちは、八四四／八四五年、レーゲンスブルクで洗礼を受けた。ドラウ河南岸のセルビア・クロアティア地域は、アクィレーヤの布教圏であった。われわれが聞いているところによれば、ザルツブルクの大司教たちは、四〇年代、五〇年代に、パンノニアに三十二の教会を建てたといわれるが、その中には、ペッタウ、ザルヴァル〔モースブルク〕、ヒュンフキルヘンがあり、それらは大部分、プリビーナの支配するスロヴェニア侯国にあった。プリビーナは、故郷モラヴィアでは、ナイトラ〔ニトラ〕に教会を建設した。また、モラヴィアそのものでも、布教は順調に進展したにちがいない。八五二年のマインツ教会会議において、モラヴィア人が新改宗者として取り扱われているからである。同じ年、アクィレーヤの布教地域では、クロアティア人のニク司教区が歴史の光の中に登場してくるのである。

ところで、かつてのアヴァール人国家の広範な地域は、フランク帝国には、完全に編入されていた訳ではなかった。三〇年代に、マルヒ河流域には、新しいスラヴ人国家が成立した。モラヴィア人諸種族の統一は、大公モイミールの業績であったが、彼を前にして、モラヴィア侯プリビーナは、八三〇／八三五年、フランクへ逃亡した。モイミールの没落、その甥でキリスト教徒であるラスティスラフ〔八四六―八七〇〕の大公任命は、ルートヴィヒ・ドイツ王の仕業であり、そうすることによって、彼はモラヴィアに対するフランクの上位支配権を改めて固めたのであった。しかし、ラスティスラフは、フランクの上位支配を甘受するつもりは少しもなかった。八五五年、彼の指導のもとに、モラヴィア独立のための闘争が始まった。ラスティスラフは、八六一年、ナイトラを含めてグラン〔エッツェルゴム〕にいたる地域を占拠したが、八七〇年、ルートヴィヒ・ドイツ王の手に落ち、目をえぐられ、修道院へおくられた。フランクの了解をえて、伯父ラスティスラフに取って替わり、新しくモラヴィア大公となったスヴャトプルーク〔八七〇―八九四〕も、まもなくフランクの上位支配権をまたもや振り落とした。八七一年、ボヘミアはモラヴィアの支配下に陥った。ルートヴィヒ・ドイツ王は、八七四年、フォルヒハイムの平和で、貢納を納める条件付きでモラヴィアの独立を認め、〔東国王〕ケルンテンのアルヌルフは、八九〇年、オムンテスベルクの和議で、ボヘミアに対するモラヴィアの支配を承認した。かくして、ドナウ河北側に大モラヴィア国家が成立したが、それは、シュレジアやガリシアにいたるまでのスラヴ民族をその支配下に統合したものであったのである。

モラヴィア大公ラスティスラフは、非凡な支配者であった。彼は、新しい国家体制が、キリスト教の受容によって固められることを承知していた。もしモラヴィアがキリスト教国として西欧共同体の中に入るとすれば、その存立が脅かされることはもはやない。しかし、反面、モラヴィアがバイエルンのザルツブルク大司教管区内に属せしめられるかぎりは、完全な独立というのは達成されえない。そこで、ラスティスラフは、八六二／八六三年、東皇帝にたいして、司祭を派遣するようにと依頼することになったのである。

ギリシアの宣教使節団は、八六三／八六四年、モラヴィア国に入った。その指導者は、テッサロニケ出身のコンスタンティノス（キリル）とメトディオスの兄弟であった。八二七年生まれの弟コンスタンティノスは、八四二年、就学のためコンスタンティノープルに来、そこで、テッサロニケのレオとポティオスを師とした。ポティオスが皇帝宮へ出仕すると、コンスタンティノスがその教壇を引き継いだ。若い教師は、しかし、まもなく教会に奉仕するようになり、助祭、次いでおそらく司祭になったとおもわれる。八六〇年、彼は皇帝の使節として、今日のウクライナのカザール人のところへ赴いた。帰国すると、モラヴィアへ行くようにという依頼が待っていた。彼を同伴した兄のメトディオス（八一五年生まれ）は、八四〇年頃、スチュルモンの皇帝軍司令官《ストラテーゴ》であり、次いで修道院に入り、院長になった人物である。テッサロニケ出身者として、兄弟、とくにかつての軍司令官メトディオスにとって、スラヴ語は親しいものであった。スラヴの方言はなおそれほど分化していなかったので、彼らはモラヴィア人ラスティスラフに、いわば母国語で語りかけることができた。西方の教会とはちがって、東方教会はなんら統一的な教会用語というのを知らなかったので、コンスタンティノスもメトディオスも、聖書、あるいは典礼のテキスト（その中には、ローマのミサ、すなわち『聖ペテロ典礼』も含まれていた）を、モラヴィア俗語に翻訳するのになんの疑念も抱かなかった。彼らはこの目的のためにグラゴール文字をつくりだしたが、この文字はギリシア語小文字《ミヌスケル》から造字され、とくにスラヴ的発音のために、いくつかの記号をつけて増やされたものである。

まる三年間、兄弟はラスティスラフの国で教えた。彼らの成果は、まもなくバイエルンからする布教を隅に追いやった。しかし、彼らは育て上げたスラヴ人の司祭の子供たちを叙階することはできなかった。何故なら、彼らは司教ではなかったからである。そこで彼らは、コンスタンティノープルに向けて旅立ち、まずヴェネツィアに到達した。ここで彼らに、八六七年、ニコラウス一世からするローマへの招待状が届いた。二人の兄弟がローマに着いたときには、すでにニコラウスは死んでいた。しかし、ハドリアーヌス二世は、華々しく兄弟を迎え入れた。何故なら、コンスタンティノスは聖クレメンスの聖遺物をローマにもたらしたからである。コンスタンティノスはこの聖遺物を、クリミアのカザールへの旅行にさいして発見していたのであった。

しかし、ギリシア人宣教師に対する反発が起こらないはずはなかった。それほど激しくはなかったにせよ、ギリシア風の典礼――ローマには、それ独自の仕方で生活をしているギリシア系修道院がかなり存在した――や、ミサへの俗語の導入に異論が唱えられた。すでにヴェネツィアで、コンスタンティノスは自己弁護をしなければならなかったし、ローマでも同じような非難が喧しかった。多くの人びとは、ただ三つの神聖な言語――キリストの十字架に記されたことによって神聖なるものとされたヘブライ語、ギリシア語、ラテン語――だけを用いるべきであると主張した。しかし、教皇はそうした偏狭さにはとらわれてはいなかった。彼はローマの教会で、スラヴ風の典礼を挙行させ、メトディオスを司祭に叙し、兄弟に従ってきていたスラヴの若者のうち数人を司祭に、他の者を助祭に叙階した。コンスタンティノスは、八六九年二月十四日、ローマで死んだ。メトディオスは、教皇の推薦状をもって、スラヴの布教地に帰っていった。そのさい、付帯条件として付けられたことは、スラヴ人を前にしての宣教にさいして、「書簡」と「福音書」はラテン語で読まれるべきこと、ということであった。八六九／八七〇年、モラヴィアでは政治的変動が起こったので、彼はさし当たってプラッテン湖畔のスロヴェニア侯国で働いたが、そこでは、コゼルが父プリビーナの後を継いでいた。しかし、すぐにメトディオスはローマに帰り、ハドリアーヌス二世は、八七〇年、彼をシルミウム（ベルグラードのミトロヴィーツァ）の大司教に叙任した。新しい教会大管区は、セルビア・クロアティア、スロヴェニア、モラヴィアの布教範囲全体を包括するとされた。それは特別な意義をもつ行為であった。何故なら、当時まさに、ブルガリアがローマの手から滑り落ちようとしていたからである。ニコラウス一世は、教会法上の理由から、ブルガリアの汗《カン》の要望をしりぞけ、ポルトのフォルモーススをブルガリアの布教担当司教に挙げたからである。八七〇年二月、ブルガリアはビザンツの服従下に帰っていった。ハドリアーヌスがメトディオスをシルミウムの大司教に挙げたとき、彼はそれによって、かつてシルミウムを首府としたイリリクームにローマの権利を主張しようとしたのである。それはそうとして、メトディオスは、すっかり破壊された帝政末期のイリリクームの首府に司教座を置くことはできなかった。彼はコゼルのところへ帰り、さし当たり、その中心的城砦ザラヴァールに拠点を置いたのであった。

大司教メトディオスが居を移した地域は、東フランクの辺境領パンノニアに属し、そこはレオ三世によってザルツブルクに帰属させられ、すでにザルツブルクによって布教済みであったのであるが、その結果、メトディオスはバイエルンの大司教管区長と衝突することになった。パンノニアで活動していたザルツブルクの司祭長は、八七〇年、郷里へ帰った。メトディオスは、どうやら、ルートヴィヒ・ドイツ王の息子カールマンによって逮捕され、八七〇年十一月、レーゲンスブルク（?）で開かれたバイエルンの教会会議のまえに連行された。ザルツブルク大司教は、彼の教会の設立事情、布教活動についての詳細な報告書『バゴアールとケルンテンにおける改宗事業 Libellus de conversione Bagoariorum et Carantanorum』を編纂させた。メトディオスは、教皇の不可譲の権利を引き合いに出したが、シュヴァーベン（エルヴァンゲン）に連行され、そこで拘留された。ハドリアーヌス二世の抗議も効果はなかった。ヨハネス八世にいたって、ようやく精力的に介入した。彼は大司教の釈放を要求し、目的を達したが、大司教に対しては、もちろん、典礼にさいしてのスラヴ語の使用を禁じた。メトディオスは、八七四年独立をかちえたモラヴィアに赴き、モラヴィアの使徒となった。ヨハネス八世は、また、セルビア大公であるスクラヴォニアのモンテミール統治下の教会を、メトディオスの管轄下に置いた。このころ亡くなったコゼル侯は、東フランクの宗主権、バイエルンの布教管轄下に止まったままであった。それより前、ハドリアーヌス二世がシャルル禿頭王に接近したのが、八七〇／八七三年のローマとバイエルン司教団とのあいだの摩擦に由来するのは、想像に難くない。イリリクーム、教皇代理駐在司教区テッサロニケの喪失を、包括的なスラヴ大教会管区の設置によって埋め合わせようという壮大なプランは、ニコラウス一世によって着想され、ハドリアーヌス二世によって、大々的に推進された。後者は、ブルガリアの喪失と、パンノニアでのバイエルンの抵抗とによって、損害を被っていたからである。しかし、モラヴィア国教会の設立は、非常な成功であった。メトディオスは、その活動において、ボニファティウスと並ぶ存在となった。彼は、その生活ぶりを厳しく批判したモラヴィア侯スヴャトプルーク（八七〇―八九四）から、かつてラスティスラフから得たような後援を期待できなかったが、しかし、教皇ヨハネス八世の信頼を得、教皇は、スヴャトプルークとそのお気に入りのナイトラ司教ヴィヒンクに対して、メトディオスを強く支持し、八八〇年、スラヴ風典礼の禁止を解除した。メトディオスは、八八二年、コンスタンティノープルへ旅し、そこで皇帝と総主教によって快い歓迎を受けた。彼は八八四年四月六日、亡くなった。

スラヴ人使徒の死によって、危機が生じた。教皇シュテファーヌス五世は、メトディオスが後任として推薦したゴラズをローマに召喚し、スラヴ風の典礼を禁止し、首都大司教座の管理者としてヴィヒンクを指名した。メトディオスの弟子たちの小さなグループは、耐え切れなくなって、ブルガリアに避難した。この移住者たちは、ブルガリアで（スラヴ語を用いた）ギリシア風の典礼に立ち帰り、グラゴール文字をギリシア語アルファベットで新たに表記し直して、キリル文字を創りだし、それが今日まで正統スラヴ語として用いられているのである。

そうこうする間、モラヴィアでは、ヴィヒンクはスヴャトプルークと仲違いをし、八九三年、ヴィヒンクは追放された。教皇ヨハネス九世（八九八―九〇〇）が、教皇特使をおくりこんで行おうとしたモラヴィア教会大管区の再組織は、九〇六年、ハンガリー人の襲来によるモラヴィア国の瓦解のため、挫折した。八九五年、東フランクの宗主権のもとにかえってきたボヘミア、またどうやらクラクフ、ハンガリーの一部（スロヴァッカイ、エスツェルゴム）では、教会の拠点は維持された。クロアチア侯ドマゴイは、ルートヴィヒ二世の死にさいして、フランクの支配権をはねのけたが、しかし、ローマ的特徴を帯びたスラヴ風典礼には忠実にとどまった。その教会は、トミスラフ侯が国王に登せられたとき、九二五年、ダルマティアのスパラート教会管区に編入されたのである。

# 第十七章　教皇権、皇帝権（八七五―九〇四）の衰退

皇帝ルートヴィヒ二世の死は、当時の人びとを、重大な法的問題のまえに立たせることになった。再興された西欧の皇帝権は、たとえ八五〇年以来、教皇による戴冠が決定的要素となっていたにせよ、八七五年までは、カロリング本流によって相続されていた。この点で、八一七年の『帝国継承令』はずっと有効性を保ったのであり――フランク内部の混乱にあっても、ロタールとその子孫の帝冠に対する権利は、けっして問題視はされなかった。ロタール家系の断絶によって、はじめて、だれが帝冠保持者を決定するのか、という問題が生じた。それは同時に、イタリア王国の後継者はだれか、という問題でもある。叔父たち――ルートヴィヒ・ドイツ王とシャルル禿頭王――は、八六七年（あるいは、八六八年）、メッツで、ロタールの遺領の平等分配、ローマ教会の共同保護を取り決めた。しかし、ルートヴィヒ二世は、八七二年、ルートヴィヒ・ドイツ王の息子バイエルンのカールマンを自分の後継者に内定し、他方、ハドリアーヌス二世は、同じ時期、シャルル禿頭王に皇帝位を授ける約束をしていた。そのさい、教皇は、古きローマ人民 Populus Romanus の法と教皇の戴冠権だけでなく、『帝国秩序令』の規定をも根拠としてあげている。後者によれば、ロタールが男子なくして死んだ場合には、キリスト教人民 Populua christianus が、生き残っている兄弟の中から、皇帝権の後継者を決定する、とあるのである。皇帝が死んだとき教皇座にあったのは、ヨハネス八世、九世紀の重要な教皇たちの第三番目で、そして、最後の人であった。ヨハネスは、ニコラウス一世のもとで、助祭長としてすでに大きな影響力を行使していた。彼は既成事実をつくり出そうと考え、八七五年八月、ローマの聖職者、元老員議員を集め、彼らによってシャルル禿頭王を皇帝と宣言させた。シャルル

は、九月二十九日、パヴィアに現れ、一部のイタリア豪族から忠誠の表明を受け、ローマに入って、そこでヨハネス八世によって、八七五年クリスマス、皇帝に戴冠された。八七六年一月二日、教皇はサンス大司教アンセージスをガリア、ゲルマニアにおける教皇代理人の地位にあげた。かつてのロタール一世と同様、シャルル禿頭帝もまた、明らかに、教会という方法を通じて、皇帝権を改めて、全フランクに通用させようと考えたのである。教皇にとってとくに問題であったのは、教皇領国家における自治の拡大であり、また対サラセン防衛であった。シャルル禿頭帝は、教皇選挙は皇帝特使の面前で行われなければならない、という規定を廃棄し、ヨハネス八世に、南イタリア政策の主導権を委ねた。すでにルートヴィヒ二世は、ローマ教会に、スポレートの七都市とビザンツ領ガエタを譲り、彼に南イタリア・シチリアにおける教皇世襲領の再興を認めていた。シャルル禿頭帝は教皇に、三大修道院、すなわち、ファルファ、リエティ、ソラクテの聖アンドレアスの、収入を譲渡した。シャルルはまた、スポレート、ベネヴェント各大公領を教皇の支配下におき、ビザンツ領のナポリ、カラブリア各大公領を「贈与した」。八七六年二月、シャルルはパヴィアでイタリア豪族たちの忠誠の誓いを受け、イタリアの統治を義兄のボソに委ね、そのうえで、すぐに西王国へ帰って行った。

まもなく、シャルル禿頭帝の権限譲渡にもかかわらず、教皇が南イタリアの状態を統御できないことが明らかになった。そこで、ヨハネス八世は、サラセンに対して皇帝の実力行動を動員するあらゆる方策をとった。〔その一つとして〕全フランク教会会議がポンティオンに招集され、帝国の統一性が回復されるはずであった。しかし、ルートヴィヒ・ドイツ王側の司教で出席したのは、ケルン大司教ヴィリベルトだけであり、またランス大司教ヒンクマールの反対にあって、西王国自体においてさえも、サンス大司教の教皇代理職は差し止められた。それはともかく、シャルル禿頭帝は、〔この会議において〕西フランクの豪族たちが彼を皇帝として承認し、皇帝を自分たちの「守護」に選ばせることに成功したのであった。

八七六年八月二十八日のルートヴィヒ・ドイツ王の死去は、新皇帝からもっとも危険な対抗者を取り除いた。東フランク王国の息子たちは、父の王国を分割した。長男カールマンはバイエルンを獲得し、次男ルートヴィヒ（若王）はフランケンを、末子カールはシュヴァーベンを獲得した。三人の東フランク国王は、けっしてお互いに一致することはなかったので、シャルル禿頭帝は、いまやイタリアへ介入する可能性をもつにいたった。しかし、皇帝は、帝国の統一を回復する機会が到来したと信じ、八七六年九月、アーヘン、ケルンを越えて、ルートヴィヒ（若王）に向かって前進した。遠大な野望はまもなく瓦解した。十月八日、甥は叔父をアンデルナッハで撃破した。皇帝の威信は大打撃をこうむった。しかし、政治的動きはこの敗北からは生じなかった。何故なら、東フランクの兄弟間の対立は、叔父・甥間のそれよりはるかに大きかったからである。

シャルルの第二回目のローマ行は、イタリアの情勢が騒然としたものであったため、これを拒否するわけにはいかなかった。ヨハネス八世は、八七六年四月、欠席裁判で、ローマ貴族党反対派の首領と枢機卿司教ポルトのフォルモーススに有罪の判決を下していたが、フォルモーススはこの反対派と結び付いていたのである。南イタリアでは、ナポリとベネヴェントは、教皇の指導下に入ることを欲してはいなかったが、彼らは秘かにスポレート人によって支持されていた。イタリア総代官ボソは、シャルル禿頭帝によって召喚されたが、それよりまえ、八七六年夏、彼は、ロタール系の唯一の正統な血筋を引いた女イルムガルトと、前皇帝未亡人アンギルベルガとを引き合わせ、協力を誓わせていた。バイエルンのカールマンは、すでに八七五年九月、イタリアに入ったことがあったが、いまや新たな征旅を準備していた。ヨハネス八世は、八七七年八月初め、ラヴェンナに教会会議を招集し、そこでは一五〇人の司教が教皇と皇帝の背後にいることが誇示された。そのうえで、シャルル禿頭帝は、まもなくアルプスを越えた。皇帝と教皇は、ヴェルチェリで相会し、九月初め、パヴィアへ同行した。ここで彼らは、バイエルンのカールマンが、大軍を率いてアルプスを越えたとの情報に接した。皇帝はただ少数の扈従しか連れておらず、要請されていた西フランク豪族たちの来援は間に合いそうにはなかったので、彼は西王国への後退を余儀なくされた。この帰途の途中、八七七年十月六日、彼は死んだ。

このような状況のもとでは、教皇はカールマンと結ぶほかはなく、イタリアの有力者たちは、すでにパヴィアでカールマンに忠誠の誓いをしていた。バイエルン王は、ローマ入城そのものは次の年まで延ばした。しかし、彼は永遠の都を目にすることはなかった。帰りのアルプス越えで重病を病み、ルートヴィヒ・ドイツ王の長男は肢体不自由に陥り、その苦しみは、八八〇年彼が死ぬまで続いた。ヨハネス八世は、八七八年末、ローマを発し、船でジェノヴァに赴いた。彼はそこで、カロリング家に対して全フランクの教会会議を招集するようにと要求した。彼のもともとのプランは、ルイ吃音王〔シャルル禿頭帝の長男〕に皇帝位を提供するというところにあった。しかし、ジェノヴァをたち、プロヴァンスに来て、彼は西フランク王の健康状態が悪いということを知った。すでに当時、教皇は、万一の場合、皇帝候補者としてボソを考慮に入れていたようにおもわれる。ボソは、前皇帝〔ルートヴィヒ二世〕の娘イルムガルトとの結婚によってロタール系の代表者となり、プロヴァンスでは確固たる権力基盤をもっていたのである。ヨハネスは、八七九年三月まで、ボソの候補者案を堅持していた。ルイ吃音王の病状悪化と死（八七九年四月十日）が、ようやく事態にちがった方向をもたらした。ボソは、八七九年十月十五日、彼の腹心とプロヴァンスの司教団、すなわち、ヴィエンヌ、リヨン、ブザンソン、タランテーズ、エクス、アルルの司教たちによって、八一七年の『帝国秩序令』の規則に従って、王に挙げられたのである。これによって、ロタール系が再び浮上してきた——ただし、イタリアにおいてではなく、ブルグントにおいてではあったが。

後継者問題は、西王国を混乱に陥れた。何故なら、東フランクのルートヴィヒ（若王）が、国王候補として名乗りをあげたからである。彼はこの機会に、西ロタリンギアを獲得したが、他方、吃音王の息子たち、ルイ三世とカールマンとは、結局、残された父の遺産を分け合った。東・西フランクのカロリング王たちは、ボソと、ロタール二世の庶子ユーグとに対抗して、共同戦線を張ったが、ユーグは八七八年以来、ロタリンギアに対する領有権を主張していた。ロタール系の二人の王位請求者に対する共同行動は、結局、全帝国がルートヴィヒ・ドイツ王の末子のカール三世に帰属する前準備となったのであるが、その帝国は、八八二年、次兄ルートヴィヒ（若王）によって、さらに八八五年、西フランクの従兄弟たち〔ルイ三世とカールマン〕によって、相続されていたものである。ただ、ボソだけが、強固に結合されたブルグント・プロヴァンス部分王国を保持しただけであった。ヨハネス八世は、八七九年春、東フランク家系に目を付け、さし当たってカール三世と接触した。しかし、フランキアの状態は、当分の間は、ルートヴィヒ・ドイツ王の息子だれ一人にも、イタリアに介入することを許さなかった。八七九年秋になって、ようやく、カール三世はパヴィアに現れ、八八〇年一月、ラヴェンナで教皇と会見した。このイタリア行は、シュヴァーベンの支配者に、ただイタリア王の王冠をもたらしたにすぎなかった。二回目のイタリア行（八八〇年十二月―八八一年三月）になって、はじめて、ローマでの皇帝戴冠（八八一年二月二十一日）の時間が見つけだされた。教皇は、そのとき、実際上の援助をほとんど得られなかったが、それは、八八二年二月、ラヴェンナでの第三回目の会合のときも同様であった。当時、サラセンはまさにガリリアーノに拠点を確保し、そこからローマへのテロ活動を展開していたのである。皇帝の権威がいかに衰退していたかを、如実に示したのが、八八二年十二月十五日のヨハネス八世の恐るべき殺害(47)である。それは、来るべき教皇史における暗黒時代の予兆にほかならなかった。

ヨハネス八世のあと、短い期間に、マリーヌス（八八二―八八四）、ハドリアーヌス三世（八八四―八八五）、シュテファーヌス五世（八八五―八九一）と相継いだ。マリーヌスは、聖ペテロの座にのぼる以前に、司教座をもった最初の教皇であった。この教会法違反も、また、古き秩序の動揺の一表徴であった。新教皇は、八七六年の反対派を許し、フォルモーススにポルト司教区を返還した。彼は八八三年、皇帝に働きかけて、スポレート辺境伯ヴィードの解任をかちとったが、しかし、それは新しい混乱を惹き起こしたにすぎなかった。ハドリアーヌス三世の時代に、帝国の状態は、ついに改善されたかにみえた。皇帝は、ノルマン人に対して成果をあげ、この状態を利用して、自分の庶子ベルンハルトを後継ぎにしようとした。教皇も——なんという歴史の皮肉であろう——この件について、皇帝を助ける用意があった。しかし、教皇は、東フランク王国への旅の途中で死に、事態はまたもや暗礁に乗り上げた。ハドリアーヌスの後任のシュテファーヌス五世は、皇帝の意向に反して挙げられたものである。カール三世が、八八七年、帝国における後継問題の取り決めに当たって、彼に助けを求めたとき——後継者には、まだ年端もいかぬ皇帝の孫で、ボソの息子、ヴィエンヌのルイが見込まれていた——教皇はこれを断り、それによって、帝国の解体を促進することになった。カール三世の失墜に、シュテファーヌス五世が無関係であったとはいえないであろう。

皇帝カール三世の退位と死は、カロリング帝国史に一画期をしるすものであった。プリュムのレギーノは、いまやはじめて、非カロリング家出身者が部分国家の国王に挙げられたことを確認して、この画期を強調している。カロリング家の支配下にとどまったのは、ロタリンギアと、ヴィエンヌを首府とする低ブルグントをふくめた東フランク王国であったが、低ブルグントの未成年の国王ルイ〔三世〕は、皇帝ルートヴィヒ二世の孫として、ロタール家系を代表していた。新しい東フランク国王ケルンテンのアルヌルフは、バイエルンのカールマンの庶子であった。西王国では、ロベール（カペー）家のオド、高ブルグント（ブザンソン大司教管区）では、ヴェルフ家のルードルフが、王位を手に入れていた。イタリアの王位は、フリウーリのウンルオフィング家とスポレートのヴィドネン家のあいだで争われた。帝国と王朝は四散した。しかし、最後の、弱々しい帝国一体の絆をなしたのは、東フランクのカロリング家の宗主権であり、分国支配者のだれもが、スポレートのそれを除いて、これを認めていた。アルヌルフは、ノルマン人の脅威と新たに始まったモラヴィアでの闘争に直面して、さし当たって皇帝に登位することを考えなかった。教皇シュテファーヌス五世は、八九〇年、もちろん彼に、「悪しきキリスト教徒と厄介な異教徒 mali christiani, imminentes pagani」に対抗するための援助を乞うたが、八九一年二月二十一日には、スポレートのヴィードを皇帝として戴冠するほかはなかった。

シュテファーヌスの後任として、聖ペテロの座に登ったのは、ポルトのフォルモースス（八九一―八九六）であった。たとえ彼の就任が、いかなる司教も彼の司教区から他の司教区に移動してはならない、という古い規定に反するものであったにせよ、である。反対者は、フォルモーススの名誉欲を非難している。しかし、教皇は、その生活態度においては、汚れのない、倫理的に厳しい、いな禁欲的でさえあった人物であった。スポレート系の皇帝権を、彼は甘受しなければならなかった。八九二年四月三十日、彼はヴィードの息子ラムベルトを副帝に戴冠しさえした。フォルモーススは、こうした解決で満足はしなかった。すでに八九三年秋、アルヌルフに対して最初の救援要請がなされている。アルヌルフのイタリア征旅は失敗におわった。皇帝ヴィードの死（八九四）ののち、八九五年九月、東フランク王に対する新たな教皇の救援要請が発せられた。アルヌルフは、八九五年十二月、パヴィアに現れ、それからローマへと進んだ。東フランク王は「レオの都市」を攻略し、帝妃の母アギルトルートをローマから退去させた。そして、八九六年二月半ば、アルヌルフは教皇の手から帝冠を戴いた。スポレートに対する遠征計画は放棄されねばならなかった。というのも、新皇帝は突然、東フランク・カロリング家の遺伝病に罹ったからである。逃げるように、アルヌルフは四月、北方へ引き揚げた。彼がアルプスに到達するまえに、教皇フォルモーススは八九六年四月四日、亡くなったのである。

死はフォルモーススから厳しい審問を免れさせたが、「死後追想有罪宣告 Dammnatio memoriae」を免れさせなかった。それは残酷な形で執行された。八九七年、彼の遺骸が掘り出され、祭服を着せられて、教会会議のまえに持ち出され、助祭が彼に代わって罪の告白をした。教会会議は、死んだ教皇の登位と職務遂行の無効を宣し、最後に遺骸はティベル河に投げ込まれ、それは、隠修士によって収容され、改めて埋葬された。この身の毛もよだつ裁判は、復讐を呼び起こさずにはいなかった。八九七年、フォルモースス派が蜂起した。シュテファーヌス六世は廃され、つまるところ、絞殺された。それに続くフォルモースス派の二人の教皇も、もちろん、幸運ではなかった。すなわち、教皇ロマーヌス、テオドールス二世は、相次いでこの世を去った。これに勇気づけられて、反フォルモースス派が指導権を握り、八九八年春、司教カエーレのセルギウスの教皇への選挙を実現したのである。セルギウスが、この司教区移転によって古い教会移動禁止の規則に違反したということに、ローマの人びとはほとんど困惑しなかった。短期間内に三人もの、外からする司教の教皇登極は、古くから行われてきた、妨げになりがちな原則を、ほぼ空洞化したのである。それ故、フォルモースス派が、今選出されたばかりのセルギウスを武力でもって追放し、教皇ヨハネス九世（八九八年四月—九〇〇年五月）を挙げたのは、法的根拠からではなく、党派政治的根拠からであった。ヨハネスの最初の努力は、皇帝ランベルトと協力して、いくらかでも秩序ある状態をつくりだすことに向けられた。北イタリアの司教たちの参加をえたローマでの教会会議は、フォルモーススに対する裁判に永劫の罰を下し、遺骸毀損者、反フォルモースス派の指導者、とくにセルギウスに呪いをかけ、将来の教皇登極をより良く守ろうとした。とりわけ、この教会会議が定めたことは、以前行われていたことであるが、教皇叙階に当たって皇帝の特使を出席させるということであった。皇帝ランベルトとヨハネス九世は、続いてラヴェンナで教会会議を開き、そこでローマの決議が承認され、またローマ人同士のあいだで争いが起こった場合には、皇帝に提訴する、ということが申し合わされた。つまり、ロタール一世の『ローマ勅法』が復活したのである。

人びとは将来に期待をかけたが、それは、若い皇帝の突然の死によって崩れ去った。ランベルトの死とともに、ローマ教会はその最後の拠り所を失ってしまったのである。八九九年十二月八日、不治の長患いのちレーゲンスブルクで没した皇帝アルヌルフからも、その王国の後継者で、なお未成年の子供からも、援助は期待できなかった。

ヨハネス九世の後任、ベネディクトゥス四世（九〇〇―九〇三）は、九〇一年に若いプロヴァンスのルイを皇帝に戴冠したが、彼はフリウーリのベレンガリオとの闘争で敗れた。目をえぐられて、九〇五年、彼はプロヴァンスに帰ってきた。すでにこの時点で、ローマでは重要な決定が下されていた。引き続いて支配し続けてきたフォルモース党の内部に、ベネディクトゥス四世の他界後、亀裂が生じたのである。およそ二カ月後に、司祭クリストフォールスが、合法的に職務を遂行していた教皇レオ五世を追い落とし、それに取って代わった（九〇三年九月）。彼は自分の成功を喜んでばかりはいられなかった。九〇四年初頭、カエーレのセルギウスは、武装した連中を引き連れてローマに乗り込み、権力をもぎ取ったのである。彼の教皇在位期は、画期をなすものであった。それは、もちろん、フォルモース党の決定的な分裂のせいもあるが、むしろ、セルギウスが有力な家門と結んだ同盟に負うものであった。これによって、ローマの歴史に新しい時期が始まった。ローマ市と教皇に対するローマ都市貴族の支配の時期が始まるのである。

# 第十八章　カール大帝の孫、曾孫期における改革、神学、教養

カロリング・ルネサンスは、統一帝国の終焉とともに終わったのではなく、カール大帝の孫たちのもとで、第三の、最後の頂点に達したのであった。ローマでは、その効果がこの段階にいたって、ようやく、はっきりと認められる。フランク帝国では、ルートヴィヒ敬虔帝のもとで始まった分裂が、ヴェルダンの分割後、ますます進んだ。唯一の皇帝宮廷に代わって、いまや三つの、のちには五つの同等の宮廷が併存することになり、しかも、それらはけっして、各分国の唯一の、あるいは傑出した教育場所というのではなかった。ただシャルル禿頭王の宮廷――そこでは、偉大なるアイルランド人ヨハネス・スコトゥス〔エリュウゲナ〕（八四五年前から八六七年後まで）が活動していた――は、その中にあって、ある程度までは、西方諸王国の文化的生活の極点を示すものであった。

フォントノワの戦い(48)について、ロタール一世の陣営のある者が歌にして詠《うた》っている。また、フランクの兄弟戦争の歴史を書いたニタールは、シャルル禿頭王の家臣であったが、母方を通して、じつはカール大帝の孫であった。俗人貴族の教養については、ほかにもこれを物語る証拠がある。例えば、バルセローナ伯ベルナールの夫人ドゥオダの、息子ギヨームのための『教育手引書』、フリウーリ辺境伯エーベルハルトやマーコン伯エックハルトの『蔵書目録』などがそれである。しかし、戦争と内乱は、次の数十年間に帝国貴族層の粗暴化を増進させ、ニタールの作品は後継ぎがなく、俗人教養の萌芽は摘み取られてしまった。

ルートヴィヒ敬虔帝の息子たちは、非常にすぐれた教育を受け、父と同様、神学問題に関心を抱いた。皇帝ロタールには、ヴァラフフリートが八四一年に二つの作品を、八四八年にはプリュムのヴァンダルベルトがその『殉教

者録 Martyrolog』を献呈しているのであるが、そのロタールは、フラバーヌスとルクスィーユのアンジェローム に、聖書の注釈を要請しているのである。ゲルマニアの教師〔フラバーヌス〕は、その作品のいくつかをルートヴィヒ・ドイツ王に捧げているが、王は、兄弟戦争による疎隔ののち、彼をマインツ大司教に挙げているのである。また、この東フランク国王は、『創世記』と『詩編』について、ランスのヒンクマールに質問し、教会学者アンブロシウスの作品の研究に携わっている。アーヘンの宮廷と親密であったセドゥリウス・スコトゥスは、また他のカロリング家の人びととの結び付きももち、ロタール二世のために『君主の鑑』を書いた。シャルル禿頭王はもっとも広い視野をもち、彼には、およそ五十人の同世代人の作品が捧げられている。この西フランク国王は、重大な神学上の判断さえも諮問しているのである。

宮廷と教養の中心である大きな教会とのあいだの、もっとも重要な結節点となったのは、この時代にあっては、国王の礼拝堂であった。アーヘン、フランクフルト、レーゲンスブルク、コンピエーニュの王宮付属礼拝堂は、寄進教会へと格上げされた。国王たちは、そうすることによって、教会改革者の昔からの要望を満たした。その聖堂参事会員たちは、宮廷聖職者の構成員にはとどまったが、国王の側近にあってずっと奉仕しつづける礼拝堂付司祭とは異なって、固定した屋敷と教会上の身分を持つにいたった。ロタリンギアやプロヴァンスでは、そのうえ、宮廷礼拝堂ともっとも名声の高い首都大司教座とのあいだに、密接な繋がりが生まれ始めていた。東王国でも、同様な発展が、ルートヴィヒ・ドイツ王の治世末期にみられる。また、聖職者にあてがわれる最高の宮廷官職を、王国内のもっとも名声高い大司教管区長に委任することによって、国王たちは、宮廷付聖職者を既存の教会組織の中に組み入れたいという改革者の要求にこたえたようにおもわれる。西王国においては、宮廷司祭長と宮廷官房長とは、もちろん、以前と同様、修道院（サン・ドゥニ、サン・ジェルマン・デ・プレ、トゥールのサン・マルタン）へ与えられた。イタリアでは、この時期、なんらか特定の教会〔の長〕を宮廷官職に就任させるということは知られていない。

大修道院のいくつかは、王妃、王子、王女の結婚持参支度財産としての王領地に密接に結び付けられていた。宮廷付属礼拝堂や国王修道院からは、その後も、大修道院長や――とくに西王国では――司教たちが現れた。しかし、新しい教養育成地は、宮廷聖職者の直接的働きかけによっては、ほとんど成立しなかった。以前の時期よりも、より明瞭に、司教団が教養の担い手として現れてきた。司教たちは、これまでは宮廷付属礼拝堂の仕事であった公的歴史叙述をも、みずからの仕事として引き受けているのである。

カロリング・ルネサンスの末期にあっては、大フランク帝国の諸地域が、ひとしくそれに関わりを持った訳ではなく、外的危機が高まりつつあった時期には、多くの古い中心地が脱落した。ザクセンは、カロリング文化に対して、なお完全には開放的ではなかった。プロヴァンスは辺境に位置し、早くからサラセンの侵寇に悩まされていた。アクィタニアは内乱によって打ちのめされ、その海岸部はノルマン人によって襲撃された。ただブールジュ、ポワティエ司教区だけは、フランキアと密接な交流関係にあった。しかし、フランキア自体においても、ノルマン人やブルトン人との闘争によって厳しい試練をうけたトゥールやルーアン司教区は、背後に退かざるをえなかった。九世紀の第三・四半期、精神生活の重心は、サンスとヴィエンヌ、トリアーとケルン、マインツとザルツブルクの各司教管区にあった。フランクの中心地と並んで、ローマが精神的中心地として新たに台頭してきている。

カロリング・ルネサンスの第三段階は、ルートヴィヒ敬虔帝の時代と比べて、多種多彩であるようにおもわれる。学芸は、学校の文法学者だけでなく、フェリエール（サンス司教区）のループスや、オーセールのハイリック、ヨハネス・スコトゥスといった、言語学者、普遍的知識をもった「人文主義者」によって代表された。天分に恵まれた詩人たち（セドゥリウス・スコトゥス、サン・タマンのミロ、ゴットシャルク、プリュムのヴァンダルベルト）にも、欠けてはいなかった。大抵の著作家は、学芸だけにとどまらず、聖書釈義にも努めた。キリストの生と苦難をテーマとした同時代の四行脚韻のラテン詩を、高古ドイツ語に翻訳したオトフリートの詩自体も、教養ある、広い意味での釈義的作品である。歴史と聖者伝も、同様に大事にされた。「歴史的」に書かれた『殉教録』という新しいジャンルは、リヨンやヴィエンヌで始められたが、そこでは、フロールスやアドがベーダの『殉教録』に新たに手を加えていた。それらにもとづいて、パリの修道士サン・ジェルマン・デ・プレのユジュアールは、八七五年、シャルル禿頭王の要望をうけて、『殉教録』を編纂したが、それはまもなく広く知られるようになり、ついには『ローマ殉教者祝日表 Martyrologium Romanum』の基礎となったのである。

ギリシア語をマスターしていたのは、西・中部王国の宮廷では、アイルランド人のヨハネス・スコトゥスとセドゥリウス・スコトゥスの二人であり、また教皇の司書官アナスタシウスがそうであった。ヨハネス・スコトゥスとアナスタシウスは、『偽ディオニシウス』(49)の著作をラテン語に翻訳し、それは、将来の西ヨーロッパにおける精神形成に大きな意義をもっただけでなく、ヨハネス・スコトゥスその人の哲学的・神学的考え方に霊感を与えたのであった。シャルル禿頭王のこの宮廷教師に、独創的思想家として、比べられる者はだれもいない。彼は、ブールジュ大司教ヴルフハルトの要請に応えて、八六七年、その主要な著作である『性質の区分について De divisione naturae』を著したが、その中で、神（創られることなき、創る性質 natura creans non creata）によって創造された世界（みずから創ることなき、創られた性質 natura creata non creans）は、イデア（創られた、創る性質 natura creans creata）を通って、キリストの仲介によって、最終目的としての神（創られもせず、創ることもしない性質）に帰着する、と説いている。創造と救済というキリスト教の教義が、ここでは、教義内容を弱めることなく、新プラトン主義風に解釈されている。神は、ヨハネスにとっては、それが直接、あるいは間接的にイデア、創造について啓示しないかぎりは、ついに近づきがたいものであった（否定的神学）。彼にとっては、人間とは、感覚、理性、知性を経て上昇するものである。感覚的認識は、罪に堕ちることによって、はじめて、理性的認識にいたる必然的前段階となる。理性的認識は、しかし、同時に、それが感覚的・外的なものから精神的なものへ導く限りにおいて、罪の救済手段となる。理性《ラティオ》は、信仰と切り離しては捉えられておらず、むしろ、信仰を照らすために神から贈られた力として捉えられている。理性は、知性的認識、すなわち、神の直視へと導いていくが、それは、神の側における顕現が前提とされる。人間の神への回帰は、キリスト、自己啓示をする神、そして、神の恩寵によってのみ、可能である。罪は、新プラトン主義的解釈によれば、所与の形への固執であり、罰はそのこと自体の中にある、と説明される。死はより高度な形への進歩、イデアへの回帰とされる。イデアは神性の流出ではなく、神の意志の表現と理解され、イデアはロゴスの中に永遠性をもっているのである。イデアが人間の精神の中に潜在的にある限りにおいて、すべての被造物は、人間とともに、キリストによって救済されるのである。

ヨハネス・スコトゥスは、西王国におけるカロリング精神のもっとも重要な代表者の一人であったが、しかし、その唯一の証人ではなかった。カロリングの神学は、聖体の秘蹟と救済の予定に関する議論において、その頂点にたっした。古キリスト教の時代には、聖体は「肉体をもち、それ自体に救済の結び付いた人キリストの現前（アナムネーゼ）」と捉えられていた。そこでは、大いなる神秘がただよっていた。秘蹟における救世主の現前を、ロゴスに、歴史上のイエスに、そして、キリストの神秘の肉体 Corpus Christi mysticum に関係付けようとするとき、その力点の置き方によって、さまざまな神学流派が生まれてくることになる。九世紀の聖体秘蹟論争のきっかけを与えたのはアマラールであったが、彼は八二一年の『ミサ釈義』において、パンの引き裂き Factio panis について解釈し、そのさい、聖なるパンの諸部分を、主の三つの身体 triform corpus、すなわち、マリアから生まれ、復活において光り輝くものに変容する身体、戦う教会 Ecclesia militans（生ける者の共同体）、勝利の教会 Ecclesia triumphans（死者の共同体）に、それぞれ対応させているのである。この神秘性の具象化は、フロールスによって異端として反対され、八三八年のキエルジーの教会会議において、謬説と断定された。しかし、キエルジー前でも、コルビーのパスカシウス・ラードベルトゥスが、八三一／八三三年、『主の身体と血について De corpore et sanguine Domini』という著作を、コルファイの同僚修道士の教化のために書いているが、その中で、彼は、聖体とマリアから生まれたキリストの肉体の完全なる同一性を強調し、十字架上の殉教の再現としてのミサにおける殉教の現実性を際立たせている。この著作は、ラードベルトゥス自身によって手が加えられ、より増補された形で、シャルル禿頭王のまえに提出されたとき、はじめて神学者たちの関心を呼び起こした。

　コルビー修道院長〔ラードベルトゥス〕は、アムブロシウスに与《くみ》していたが、カロリングの神学者たちは、アウグスティヌスの旗印のもとに立っていた。アウグスティヌスは、もちろん、聖体を「物自体 Res ipsa の、相応の模写」と理解し、と同時に、「肉体の聖性 Sacramentum corporis を象徴するものは、物自体から離れた距離にあること」を強調しているのである。ラードベルトゥスに対する最初の反論は、八四五年直後に、フラバーヌス・マウルスによってなされた。彼は、聖体拝領を、信仰によって、肉体をつけたキリストと合体することと定義している。またザクセンの修道士ゴットシャルクも、その他の点ではフラバーヌスの対立者であったが、八五〇年頃に著した著作によって、コルビー修道院長に反対する立場をとった。彼は、一世紀前にヨハネス・ダマスケーヌスがやったように、パンとぶどう酒の中におけるキリストの現在と、神と子における両本性〔神性と人性〕の位格的〔ペルソナ的〕結合とを対比している。ゴットシャルクは、聖体の中に客観的実在をみていた。ただし、ただ聖体に内在する神の力の形においてであるが。彼は、十字架上の殉教の実際の繰り返し、とするミサの解釈を拒否している。ザクセン人のこの基本的考え方を分け持った者に、彼の友人で、コルビーの教師ラトラムがいたが、彼は――二、三の古キリスト教神学者のように――聖体の中におけるキリストの現在を、洗礼聖水の中における聖霊の効力と対比している。

　パスカシウス・ラードベルトゥスは、八五三年直後に再び着手した『マタイ伝注釈』とサン・リキエのフレデガールに宛てた書簡とにおいて、自説を擁護した。彼は、ミサ聖祭に関する自分の解釈を改めて強調し、変容した主の身体というあまりにも物質的把握から生じてくる誤解に抗議し、とりわけ、聖体拝領にさいしてはキリストの身体を粉砕するのだという、彼に帰せられているありもしない命題を退けている。ミサにおける聖変化を、彼は、その都度繰り返される、神秘に満ちた主の身体と血の再創造として理解している。論争はこれでもって終わりを告げ、異なった事情のもとで、十一世紀に再び取り上げられることになるであろう。

聖体の秘蹟をめぐる論争は、比較的小さなグループの中で展開された。それよりもはるかに激動的であったのは、修道士ゴットシャルクの救済予定説をめぐる論争であり、そこにおいては、司教たちもそれぞれの立場を表明した。ゴットシャルクは、ザクセンの伯ベルンの息子として、八〇四年ごろ生まれ、子供のときから、フルダ修道院に入れられた。その勉学が終わると、八二四年前に、彼はライヘナウへおくられ、そこから八二七年頃、彼と同学の士であるヴァラフリートに付いて、フルダへ帰ってきた。ここで彼は、当時このボニファティウスの修道院で学んでいたフェリエールのループスを教えた。まもなくこのザクセンの修道士は、院長フラバーヌスと争いに陥った。というのも、ゴットシャルクが修道院からの離脱と、彼の父によってなされた寄進地の返還を求めたからである。大司教オトガールは、八二九年のマインツの教会会議で、修道院に寄進された財産を放棄するという条件で、彼に脱退を認めた。双方とも、これに満足せず、フラバーヌスは皇帝に提訴した。ルートヴィヒ敬虔帝の裁断は伝えられていないが、ザクセン人は、児童献身誓願から解放されているのである。

ゴットシャルクは、その結果、フルダを去ることになったが、しかし、のちに再び修道士に立ち戻った。彼の放浪の逗留地となったのは、コルファイ、コルビー、オートヴィエ、ルベであった。ザクセン人は、最後には、オルヴェ修道院（ソアソン司教区）に入り、そこで、八三五／八四〇年、司祭叙階を受けた。ローマへの巡礼行から、彼はフリウーリに向かい、そこでしばらく辺境伯エーベルハルトの館に滞在し、次いで布教師としてクロアティア、ブルガリアに入っていった。八四八年、フランキアに帰ってきている。

八四〇年、そして、八四五／八四六年のフラバーヌスの書簡によれば、すでにイタリア滞在中から、ゴットシャルクは、アウグスティヌスの天才的な、しかし、一面的でもある解釈者として、至福か永遠の劫罰《ごうばつ》か、どちらかへの二種類の予定が定められていること、救済は選ばれた人にのみ限られていること、という説を展開していた。フランキアへ帰ってくると、彼は、八四八年十月、ルートヴィヒ・ドイツ王を議長とするマインツの教会会議の前に呼び出された。ここで、彼は、いまや大司教となったフラバーヌスに対して、自説を擁護したが、しかし、異端者、放浪の修道士として断罪され、鞭打たれて、オルヴェへ帰された。フラバーヌスは、首都大管区長ヒンクマールに通報し、ヒンクマールは、次の年、シャルル禿頭王によってキエルジーに招集された教会会議の前に、修道士を喚問した。ゴットシャルクはここでも発言の撤回を拒否し、改めて鞭打たれ、永遠の沈黙の罰を下され、ランスの修道院オートヴィエへおくられた。というのも、ヒンクマールは、〔ゴットシャルクのいるオルヴェ修道院を管轄する〕ソアソン司教ロタードを信用していなかったからである。

修道院拘束というのは、牢獄と同義ではない。ゴットシャルクは、もちろん、本来の修道士集団生活の外にある小屋で寝起きしたが、他の修道士と同様の飲食と衣服の給付を受けていたようである。彼はさらに書き続け、友人をえ、友人は彼の著作を拡めた。ヒンクマールは、簡潔にまとめられた予定説に関する論文をもって、彼らと対決し――それによって、ようやく、事は動き始めたのであった。コルビーのラートラムは、自分の弟子、かつ友人〔であるゴットシャルク〕のために、論争の場に入った。ヒンクマールの方は、五人の高名な神学者に助言を求め、その中には、メッツのアマラール、トロアのプルーデンティウス、フェリエールのループスがいた。しかし、プルーデンティウスとループスは、それぞれニュアンスはあったが、ゴットシャルクの側につき、ゴットシャルクは、彼でまた、浩瀚《こうかん》な文書をキエルジー教会会議参加者におくった。宮廷の方もまた、慎重になった。シャルル禿頭王は、ループスとラートラムに助言を求めた。両者は、八五〇年、詳細な論文『三つの問題について論ず Liber de tribus questionibus』と『予定説論考 De praedestinatione』でもって答えた。フラバーヌスとヒンクマールは、善なる者に対する救済予定だけを有効であるとした。ループスは、二種類の予定説に固執したが、そのさい彼は、「栄光への予定 Praedestinatio ad gloriam」と「懲罰への予定 Praedestinatio ad poenam」の区別をし、選ばれた者への救済の限定の問題については、控えめな意見を表明している。ラートラムは、「栄光への予定」を、神の恩寵の自由な行為として、「懲罰への予定」を極悪への放擲《ほうてき》として描いている。

ヒンクマールは、神学的には孤立しており、ヨハネス・スコトゥスに援助を求めた。新プラトン主義の哲学は、大きな神学上の玄義の解決には、なんの役にも立たなかった。ヨハネスの不十分な試みは、サンスおよびリヨンの首都大管区長を論争の場に引き出すことになった。サンスのヴェニローは、アイルランド人〔ヨハネス・スコトゥス〕への反論を、属司教プルーデンティウスに委任し、属司教は八五一／八五二年に新しい論文を書いて、態度を表明している。リヨンの大司教アモーローは、それまでは仲裁的立場をとってきたのであるが、そのリヨン教会の名において、フロールスがシャルル禿頭王の宮廷教師〔ヒンクマール〕に反対の態度を示した。ヒンクマールは、この問題で、アモーローをフロールスに対して反目させようとしたが、新しいリヨン大司教レミギウスは、第二の論文を編んで、主として、ランスの同職者〔ヒンクマール〕に反対したのであった。

ゴットシャルクは、その結果、ほとんど忘れ去られ、論争は他の次元で行われることになった。論争の主たる対象となったのは、四つの指針書であったが、それらは、ヒンクマールが八五三年に、シャルル禿頭王の援助をえて、キエルジーの小さいサークルの中で認可させたものであった。ここでは、懲罰への予定は、予知されるもの Praescientia と解釈され、自由意志の回復は、伝統との調和において、救済をめざした恩寵の贈り物とされ、神の救いの意志と救済とは、当時支配的であったアウグスティヌス主義とは反対に、はっきりと全人類に及ぶものとされているのである。ヒンクマールの指針書に対しては、新しいリヨンの論争書と、八五五年のヴァランスの教会会議が批判の声をあげ、この教会会議で決議された規準 Canones は、多くの点でヒンクマールに対立したリヨン、ヴィエンヌ、アルル各司教の立場を確定したものであった。サンス大司教管区の司教団は、八五六年、新任のパリ司教アエネアスを、伝統的なアウグスティヌスの教義にはっきり立たせた。八五九年、サヴォニエールのフランク会議では、リヨンとランス両党の衝突が起こった。問題は会議の案件からはずされた。ヒンクマールは、第三の、最後の論文で、立場をより明確にしたが、その中に、彼は、アウグスティヌスよりは、彼の見解により対応したギリシアの神父たちの教義をはめこんだのであった。議論は、八六〇年、またもやテュセーのフランク会議で沸騰した。そこでの融和的公式声明書は、ヒンクマールの多くの見解を取り入れたが、しかし、基本的分裂は乗り越えられなかった。ローヌ沿岸〔リヨン〕の司教団は、八五九年、問題を教皇のまえにもちだした。ニコラウス一世は、ヒンクマールとゴットシャルクを、八六三年、メッツ教会会議に招いたが、しかし、両人とも現れなかった。どうみてもアウグスティヌス的方向に近かった教皇がイニシアチヴを取ったということは、ゴットシャルクの友人たちに新しい希望を与えた。八六六年、オートヴィエの修道士グントベルトは、ゴットシャルクの著作を携えて、秘かにローマへ赴いた。しかし、西王国では、戦線はすでにぼやけていた。ヒンクマールは、サンス大司教エギーロに、彼の問題について代理人となるように委任した。ニコラウス一世は、当時、別の重大な苦慮を抱えており、もはや決断を下しうる状態にはなかった――彼は八六七年秋に死んだ。

修道士ゴットシャルクも、同じころ（八六六―八七〇年の間）、この世を去った。彼は大きな影響力をもった魅力的人物であった。けっして新しくはなかったが、その最内奥において輝いていた人間であり、高度な信仰と教養を人格的に身につけた彼には、深い神秘が明瞭な真実として現れていた。この種の人間にありがちな無愛想さは、修道院拘留が長引くにつれて、精神異常とおもわれるまでに高まった。しかし、神の恩寵の体験は、その苦悩の高みにあって、この不幸な修道士を強め、ゴットシャルクは、時代を超えて歌いつがれている歌に、その体験を語っているのである。

聖体と予定説が、カロリング第三世代の神学者たちが論争にたずさわった唯一の問題ではなかった。三位一体説、霊の性質や神の直観に関する問題なども論ぜられ、それもまたゴットシャルク、ヒンクマール、ラートラムによって取り扱われた。より重要であったのは、八六七年夏、コンスタンティノープルの教会会議が、西ヨーロッパのニコラウス一世に破門状をつきつけたことから生起した動きであった。教皇はビザンツに対抗するためフランクの司教団を動員した。彼はランスのヒンクマール、ボーヴェーのオドに、ラテン人に対するギリシア側の伝統的非難に対して反論することを委任した。サンス大司教管区では、パリのアエネアスが論文『ギリシア人を駁《ばく》す Adversu-su Graecos』を書いている。東方は、八六八年のヴォルムス帝国教会会議でその立場を表明した。しかし、コルビーのラートラムは、東方の抗議に包括的に答えた『ギリシア人の反論を駁す Contra Graecorum opposita』を書き、その他の司教たちを影の薄い存在にした。とくにラートラムは、『聖霊の公現 Processio Spiritus Sancti』をめぐる古い論争に立ち入り、ビザンツに対する教皇の首位権を擁護した。八六七／八六八年に再燃したギリシア・ラテン論争は、当時行われていた大神学論争の終幕をなすものであったが、その論争は、ヴェルダン条約後に起こり、初めから主として、フラバーヌスの他界後はもっぱら、西フランキア（ランス、サンス大司教管区）とロタール系ローヌ渓谷地域（リヨン大司教管区）の在俗・修道聖職者によって遂行されていたものであった。

西王国の司教団においては、ルートヴィヒ敬虔帝時代の帝国・教会政治の衝撃が、なお強く影響を及ぼしていた。カロリングの「高位教会」の最後の、偉大なる代表者は、シャルル禿頭王ならびにその後継者――彼らにとっては、帝国の統一が、友愛の形でなお重んじられていた――のもっとも忠実な協力者、ランスのヒンクマールであった。大司教と王権との密接な協力は、五〇年代から始まったが、そのころシャルルは、俗人貴族の圧迫的な影響から脱しようと努めていた。協力は、八六五年から八六七年にかけての国王と大司教間の重大な信頼の危機、その十年後のシャルルのイタリア政策によって生まれた緊張を乗り越えて続いた。カロリング時代の神権政治的国家思想は、ヒンクマールによって、その最後の表現をえた。大司教は、ルートヴィヒ敬虔帝のとき、フランク人の意識にのぼったゲラシウスの両権論から出発した。彼は国家の領域――Res publica――を明確に、教会の領域から区別した。彼は、彼にとっての中心問題であった王権を、神によって据えられた職務〔ミニステリウム ministerium〕と定義した。しかし、彼は、〔王権に対する〕無条件の忠誠義務を否定した。とくに司教についてそうであるとし、彼は、司教を封建法的紐帯のしがらみから解放しようとおもった〔テオドール・マイヤー〕。彼ら司教は、国王に対して、すべてにおいて in omnibus 忠実である義務はなく、職務にしたがって iuxta ministerium、つまり職務にもとづいて忠実であるべきである。それによって、ヒンクマールが、司教たちの「国家」に対する義務を否認しようとしたものでなかったことは、国王とランの属司教との争いにさいしての彼の態度がそれを示しており、そのさい、大司教は、教会の封地問題に関する支配者の権限を承認しているのである。

ゲラシウスは、その両権論において、神のまえにおいてより高い責任を負うという点で、王権 regalis potestas よりは、聖なる司祭の権威 auctoritas sacrata pontificum に、より大きな重さを賦与した。ヒンクマールは、司教の高い権威を、国王の聖別の典令――その典令は、彼みずから作成したところであった――の上に根拠付けた。もちろん、塗油は、神による国王職への任命の外的表徴であるばかりでなく、国王を俗人を超えたところに高めることを意味した。主によって塗油された者に触れることは、とくに重い犯罪とみなされた。しかし、国王は、塗油されたからといって、彼と同様、一人の主なるキリスト Christus Domini〔主により油塗られし者〕である司教のように、罷免されえないというわけではない。司教が、専制支配者に対して、つまり、神の法に反する君主の重大な過ちに対して、裁き手となりうるかどうか、という問題は、すでに八三三年に提出されていた。ヒンクマールは、その権限を基本的には肯定している。八五八／八六〇年、そして、八六〇／八六三年のルートヴィヒ・ドイツ王およびロタール二世に対する彼の態度が示しているように、彼は、帝国教会会議、すなわち、全フランクの教会会議を、その前で国王といえども責任を負わねばならない最高審、やむをえない場合には国王をも廃位できる機関とみているのである。

国王たちと司教たちは、すべての部分国家において、相互に依存しあっていた。兄弟戦争の終結後、司教団は、ルートヴィヒ敬虔帝の時代の改革運動の再開を期待した。高位聖職者たちは、フランク人の会議、部分国家における集会、帝国教会会議に、再び規則正しく出席するようになった。教会の立法活動も西方では著しい規模にたっしたが、他方、東方では、フラバーヌスの死によって、中断が起こっている。しかし、基本方針樹立をめざした大改革会議は、西方でもまた、行われなかった。規則的といっていいほど繰り返されたテーマは、教会領、私有教会制度、贖罪規定、教会の結婚法に関する問題であった。全体として、それらは、司教区の内的建設に関わるものであり、聖職者、修道士、俗人に対する司教の権威に関わるものであった。

帝国集会、帝国教会会議とならんで、大管区教会会議、司教区教会会議も開かれたが、そこでは、大体似たようなテーマが取り扱われた。司教たちに帝国奉仕を求めるその強い要請が、大管区教会会議を著しく阻害した。国王がその招集、あるいは決議作成に直接関わりをもった大管区教会会議は、帝国教会会議とほとんど変わらなかった。司教区教会会議で行われた細かい作業にも、乏しい史料から知られるように、注目に値するものがある。司教区規約は、ランス、ブールジュ、トゥール、ル・マン、オルレアン、シャーロン、ソアソンで公布されている。小教区の網の目は、九世紀後半、広汎につくりあげられ、共誦祈祷司教に対する闘争は、成功裡に遂行された。一人の長老司祭 Archipresbyter のもとにおかれていた古い大司祭教区に代わって、西方では、あちこちで、すでに首席司祭教区 Dekanatsbezirk が現れていた。首席司祭は、その教区内の聖職者の生活と職務遂行を監督し、それによって、農村における私有教会に対する司教の権威を強めた。首席司祭の名前が最初に出てくるのは、八四〇年ごろのル・マン司教区においてであったが、この制度は、まもなくシャンパーニュにも導入されるにいたった。ランスのヒンクマールは、八五二年、彼の大司教管区内の首席司祭に対する訓示を作成させている。同じころ、地域的な首席副司教制 Archidiakonate の設置もすすんでいたが、この制度は、往々にして昔の共誦祈祷司教区と結び付いていた。首席副司教は、教区の境界やその財産管理を取り締まり、また首席司祭、司祭を監督した。その最初の証拠は、ラングル（八七〇）、オルレア（八七一）、ランス（八七四）各司教区から出てくる。副司教制、首席司祭制の導入によって、中世司教区制度はその形態を整えた。しかし、この制度が一般的に普及するまでには、なお、長い期間を必要としたのである。

教区、司教区組織から、修道院、寄進教会に目を転ずると、その収支決算は、はるかにマイナスであった。俗人修道院長制の悪弊は、シャルル禿頭王のもとで、まず西方で、次いで中部王国で増えつづけたが、他方、多くの古くからの修道院が、時折、あるいは連続的に消滅していった。しかし、これらの教会の多くが――たとえ、まさしく、最富裕でも、著名なものでもなかったにせよ――司教たちの手にとどまっていた、ということを見逃すべきではないであろう。ルートヴィヒ敬虔帝のもとで始まった改革は、全く敗れ去っていた訳ではなかった。また、後期カロリンガー諸王も、自由な修道院長選挙、財産収入分割 Mensenteiling を了解していた。シャルル禿頭王は八五三年に、皇帝ルートヴィヒ二世は八六五年に、巡察使による修道院巡検を指令している。

大管区教会会議は、次第しだいに、部分国家単位での教会会議によって吸収されていったが、教会大管区長が九世紀に演じた役割は重要なものであった。カール大帝以来、彼らは大司教の称号をとり、その地位の表徴としてパリウムを帯びた。部分国家での集会、教会会議においては、サンスとランス（西王国）、ケルンとトリアー（ロタリンギア）、リヨン（プロヴァンス）、マインツ（東王国）、ミラノとアクィレーヤ（イタリア）の各大司教が会議を支配した。当時の大司教の中の代表的人物、そして、反抗的な属司教に対して、またローマに対して、教会大管区長の権限を精力的に擁護した人物、それは、ランスのヒンクマールであった。

古教会法によれば、大管区長は、けっして大管区内の司教たちの上司ではなかった。彼はただ司教たちに対し監視の権を行使しただけであった。彼は大管区教会会議を招集し、それを指導した。彼は司教選挙を承認し（拒否権を含む）、彼の属司教たちの重要な決定に対する同意権をもっていた。大管区長が大司教としてパリウム——それは、もともと、アルルの大管区長に、教皇の代理人として認められたものである——を帯びて以来、彼らは教皇の代理人と認められるようになった。すなわち、法的には、もちろん、より詳細には規定できない意味においてであるが、不安な地区 partem sollicitudinis について、任命されるものであったのである。他方において、彼らは、司教団と皇帝の間の仲介人であり、しばしば自己の大管区の巡察使となった。このような者として、彼らは、勅令を公布し、大管区内でのその遂行ぶりを監視する使命を帯びた。しかし、彼らが六世紀以来、口をはさんできた司教の選出については、彼らの影響はしだいに弱いものになっていった。帝国、および教会の改革によって強化された九世紀の大司教たちは、古くからの監督権を指導権に変えようと努めた。ヒンクマールは、パリウムをもった大管区長と、もたない大管区長とを区別した。パリウムをもたない大管区長は、総主教、あるいは首座大司教のもとにおかれ、それに対して、パリウム保持者はローマに直属する。フランク王国の大司教たちは、パリウムを得ることによって、アルルの教皇代理の権利を獲得することになる。つまり、彼らは自立的に、属司教の任命とか、大管区教会会議の招集権を行使することができる。かくしてフランク王国の大管区長の権限は明確にされ、拡張された。ヒンクマールによれば、大司教は、自分の選んだ場所に大管区教会会議を招集し、それを指導し、欠席した司教を処罰し、空席の司教区に査察官を任命する権利をもつ。また、司教の選挙、その叙階の順序立てをし、選挙された者を検査し、認可を下し、対立する複数の候補者が選出された場合、決定を下す権利をもつ、とされた。属司教は、教会領の譲渡の場合だけでなく、諸官職の受領や、大管区外への旅行にさいしても、大司教の承認を必要とする。司教、あるいは司教区教会会議の決議について、ひとは大司教に訴えることができる。ヒンクマールによれば、大司教は訴訟を独占しても良いとされ、属司教の行政に自由に判断して介入することができる。ローマへの提訴は、大管区教会会議によって出された判決ののちに、はじめて可能とされた。教皇は、その判決を検討するが、しかし、係争を、古教会法（サルディカ Sardica）(50)に従って、近隣大管区の教会会議に委ねなければならない。教会上の立法は、ヒンクマールによれば、普遍的公会議の事項であり、教皇には、ただ教令を宣言し、それを実施に移す機能だけが認められている。

ヒンクマールが自分の職務について抱いていた高邁な考え方は、八五六／八六四年、そして八六九／八七二年、属司教ソアソンのロタード、ランのヒンクマールとの争いへと導いた。ランス教会大管区内における紛糾は、エボーが、暫定的復職期間中の八四一年に叙階し、大司教ヒンクマールが停職処分にした聖職者や修道士の反対運動によって、より強められた。どう見ても、ランスの反対運動は、『ベネディクトゥス・レヴィータ(51)の勅令集』や『偽イシドール教令集』(52)が作り出された一大偽文書工房と密接な繋がりをもっていたようにおもわれる。もちろん、偽作者の傾向は、ヒンクマールの反対者たちの目的と、単純に重なり合うものではなかった。すなわち、偽作者たちは、もっと広い視野をもっており、政治的発展によって脅かされつつあるカロリングの改革事業を確保することを目的としていたのである。

カロリングの改革は、司教区、教会大管区の中に統一的秩序をつくりだし、精神的・宗教的教養や道義意識を高めはしたが、しかし、教会と世界の絡み合いを完全に解きほどくことはできなかった。没収された教会領の返還は滞っていた。私有教会制は法的に規制されていたが、しかし、この規制によって、また合法化されたのである。俗人修道院長制はただ塞き止められただけで、廃止はされなかった。

高位聖職者への選出は、ルートヴィヒ敬虔帝の特許状にもかかわらず、実際には自由に行われた訳ではなかった。三〇年代の混乱以後、あらゆるこうした分野には、逆行的展開がみられた。俗人貴族たちの道義上の野蛮化は、教会の結婚法を脅かし、私有教会所属聖職者に対する司教の権威を疑わしいものにした。新しい教会領の没収は、教会の物質的基盤を揺るがし、俗人修道院長制は、帝国の大部分において、再び優勢となった。高位聖職者は、カロリングの党派分裂に深く絡み合い、政治的熱狂と疑惑の念が、法の確実性を脅かした。文書偽作者の改革プログラムの主要点は、帝国集会でつねに繰り返された討議テーマに対応していた。すなわち、簒奪や没収に対する教会領の確保、宗教上・教会上の課題に対して聖職者が自由であるべきこと、教会的訴訟手続きの遵守、世俗外特権Privilegium foriをすべての聖職者に及ぼすことによって、司教職ならびに下級聖職者の法的安全性を図ること、これであった。改革の保障人としては、偽作者は、ヴェルダン条約後は、もはや皇帝をあげず、教皇をあげている。彼らにとっては、教皇こそが、すべての大問題Causae maiores、つまり、とりわけ司教職に関する問題についての最高裁判官でありえた。また、彼らの考えによれば、すべての教会会議はその権威をローマから受け取っており、教皇の明確な、あるいは暗黙の同意がないかぎり、いかなる教会会議の決議も有効性をもたないのである。

文書偽造というのは、それが歴史的関連性の中におかれたとき、はじめてよく理解されうる。ローマは、九世紀には、すでに多くのガリアの教会の母と見なされていた。ローマの使徒〔ペテロ〕による教会設立伝説はすでに五、六世紀のころ、アルルを起点として南ガリアに広まり、初期八、九世紀には、それは、ガリア・フランクの北方、すなわち、パリ、シャーロン、トリアー、ケルンでも知られるにいたっていた。ローマ教会は、教義、礼拝、法において、ピピンやカール大帝の改革に基準を提供してき、それらの法を確認し、あるいは特別免除を賦与してきた。「文書偽作者は、イデオロギーを発明したのではなく、歴史的基礎としてのイデオロギーに奉仕するはずの教令を発明したのだ」（ウルマン）。改革とは、中世にあっては、つねに古き法への復帰と理解されていた。偽作者は、自己を革新者としてではなく、再興者として感じ取っていた。そこで彼らは、その思想を、大カロリング家の勅令とか、昔の教皇の教令で装わせたのである。偽作者の手は、まず、改ざんされたオータンの『ヒスパーナ文書』に見出される。同じ工房から、次から次へと作品が現れる。すなわち、自称ハドリアーヌス一世からメッツのアンギルラムに渡された『アンギルラムの勅令 Capitula Angilram』、自称ベネディクトゥス・レヴィータが、マインツ大司教オトガールの助言をえて集成した、いわゆる「イシドールス・メルカトールの勅令類、教令類」である。

文書偽造は、八四七―八五二年間に行われた。何故なら、偽作勅令の中ですでに死亡したものと記されているマインツ大司教オトガールは、八四七年に死んでおり、いくつかの偽造教令がはじめて引用しているランスのヒンクマールの司教区規制令は、八五二年十一月一日に公布されたものであるからである。トリアー大司教テウトガルトが、ガリア・ベルギカ（トリアー・ランス教会大管区をおおう地域）における首位性への要求発言をしたのもほぼ同じころ、八五一／八五三年に当たっており、彼はその要求を偽文書を根拠として掲げているのである。偽イシドール文書の思考過程は、ル・マン発信の二、三の文書に見出される。すなわち、グレゴリウス四世の名において偽造された教皇教書、『アルドリクスの事績録 Gesta Aldrici』、『教皇職務録 Actus pontificum』などが、それであるが、この職務録はすでに八四一年、もしくは八三六／八三八年に完結していた。西フランクの勅令にベネディクトゥス・レヴィータが初めて引用されるのは八五七年であるが、このときから、引用は頻繁に行われる。偽イシドール文書は、ソアソンのロタードに対する訴訟（八六一／八六四）、とくにランのヒンクマールに対する訴訟（八六九／八七二）において、大きな役割を演じた。偽作行為の直接的きっかけをなしたのは、おそらくエペルネーの帝国集会（八四六）であったろう。そこで、改革プログラムを掲げていた西フランクの司教団は、帝国貴族層のために手痛い敗北を喫したのである。偽作者の工房は、もっとも古い証拠によれば、ランス大司教管区内に求められる。エペルネーの反動は、まず第一に、ランスのヒンクマールに当たり、彼はエボー党にしばらくの間の高揚をゆるした。

偽作者が、ローマと大管区長たちの間に、「受動的提訴受領者」（フールマン）として挿入している奇妙な首位大司教職は、ことさらに、エボー党の利益のために考え出されたようにおもわれる。エボー党は、〔その地位に〕トリアー大司教を推し、そこに、自分たちの大管区長〔ヒンクマール〕に対抗していくための後楯を求めているのである。さらに付け加えていえば、トリアーのテウトガウドは、最初に、そして、長い間、偽イシドールの意味における首位的地位への要求を申し立てつづけた唯一人の大司教にほかならなかったのである。

偽作された勅令、教令の影響は、九世紀内にとどまった。偽作文書はニコラウス一世に、もちろん、重要な操作手段を提供したが、しかし、彼の教皇職に刻印を押しはしなかった。偽作文書は、教皇権力を根拠付けたのではなく、むしろ、それを前提としていた、といった方が正しいであろう。しかし、それらはローマの権威に法的形式を与えたのであり、十一世紀には、教皇の教会統治のためのもっとも重要な道具、ローマの裁判上の首位権のための基礎となったのである。

カロリング時代の大論争は、六〇年代に鎮静し、教会法の発展は八〇年代、九〇年代に行き詰まった。偽イシドール文書は、八八二／八九六年のイタリアの教会法集成、いわゆる『アンセルムス献呈教会法集成 Collectio Anselmo dedicato』、そして、トゥリブールの東フランク王国教会会議（八九五）の議事録の中に、収録されることになった。偽作文書は、なお、フォルモーサの混乱の中でも一役買った。しかし、その後は、文字通り、背後に退くことになる。教会会議での立法は、八八一／八八四年、西王国（フィーム、ヴェル教会会議）、八九一年イタリア（パヴィア）、八九二年ブルグント（ヴィエンヌ）、八九九年、東王国（トゥリブール）において、それぞれ終わりを告げたのであった。

ローマの精神生活は、九世紀、ニコラウス一世（八五八―八六七）、ハドリアーヌス二世（八六七―八七二）、ヨハネス八世（八七二―八八二）のもとで、頂点にたっした。もっとも秀れた学識者は、司書官アナスタシウスであったが、彼は皇帝ルートヴィヒ二世に近く、八五五年には皇帝側の対立教皇として現れているが、その後、再びラテラーノと結びついている。アナスタシウスは、『教皇列伝 Liber pontificalis』の中で、ニコラウス一世の伝記を書き、「八六二／八六三年以降は一種の枢密書記官」として、教皇の教会政治に大きな影響力をもった。ハドリアーヌスは、彼に官房の指揮を委ね、司書官に挙げた。アナスタシウスをとりわけ有名にしたのは、ギリシア語からの翻訳（聖者伝、七八七年、八六九／八七〇年の普遍公会議の議事録、七世紀の教会史関係資料、ディオニュシオス・アレオパギータ、テオファーヌス）であった。アナスタシウスの教会史的関心を分けもったひとに、助祭ヨハネスがいた。彼は、アナスタシウスと協力して計画した教会史を途中で放棄したが、しかし、大教皇グレゴリウスの伝記を書き、スラヴ人の使徒キリル＝コンスタンティノスの歴史にとって重要な『クレメンス伝 Vita Clementi』を書き始め、その依頼者であるヴェレトリの司教ガウデリッヒによって、八八二年前に、それは完成された。四半世紀にわたるローマ文化の隆盛は、中世のローマ敬慕思想の発展にとって重要な意義をもっている。この隆盛は、カロリング期教皇制の崩壊とともに終わりを告げるが、その崩壊は、『教皇列伝』における伝統的な教皇伝記の消滅の中に見て取ることができる。『教皇列伝』の中には、殺されたヨハネス八世、短命であったその後任マリーヌス、ハドリアーヌス三世の伝記は、すでに見当たらない。古い様式の伝記をもっている最後のローマ司教は、フォルモーススの前任者であるシュテファーヌス五世（八八五―八九一）であった。

ラヴェンナは、形の上では教皇領国家に属したが、実際にはカロリング家に近く、そのラヴェンナ教会の『司教伝』の著者アグネルス（八四六年後に没）は、第一級の歴史家に属していた。南イタリアでは、カロリング中期、アリキス下のベネヴェントの宮廷が教養の中心となったが、九世紀中葉以後、同君主国の解体ののち、その意義を失った。モンテ・カシーノ大修道院長は、ランゴバルド系のベネヴェント侯やカロリング家、そして、東方皇帝とも繋がりをもっていた。八六七年、『修道院年代記』をもって始まったこの修道院の歴史叙述は、アラブ人による修道院の破壊（八八五）後は、カプアで書き継がれ、そこで修道士エルケンペルト（九〇四年後に没）は、反フランク的遺恨の念をもって、パウルス・ディアコーヌスによって書き始められた『ランゴバルド史』を、八八九年まで書き継いだ。ベネヴェントとカプアは、九世紀末、ナポリによって光を奪われたが、ナポリは、ヴェネツィアと同様、政治的には東方帝国に属しながら、事実上は独立しており、ローマと密接な関係を保っていた。司教区に関する歴史叙述は、ナポリでは九世紀半ばに始まり、次の時代には発展した。九世紀最後の十年代、ここには、ギリシア語からの翻訳文学が成立し、それは、この都市がギリシア・ラテン文化の交差点であったことを証明している。ナポリで活動した文筆家エウゲニウス・ヴルガリウスやアウクシリウスは、九世紀半ばごろ、教皇フォルモーススの代弁者であり、ローマと結び付きのあったことを証明している。カロリングの宮廷は、皇帝ルートヴィヒ二世（八七五年没）、ルートヴィヒ・ドイツ王（八七六年没）、シャルル禿頭王（八七七年没）たちの死後、次第に文化的意義を失っていった。もちろん、パヴィア――そこは、ランゴバルド・フランク領イタリアの「首府」として、大きな伝統をもち、ロタール一世によって設置された学校群の一大中心地であった――では、なお学芸と法が育成されていた。カロリング時代、パヴィアに対抗して台頭してきたミラノでは、一群の修道士たちがギリシア語研究に従事しており、そこからロタール一世『礼讃 Encomium』が生まれた。ベルガモのアンドレアスは、八七七年、パウルス・ディコーヌスの後を受けて、カロリング・イタリアの歴史を書いたが、フランクに対する反感を完全には隠しきれてはいない。パヴィアと並んで、北イタリアのもっとも重要な学校中心地であるヴェローナでは、法学が教えられていたが、そこからは、ルートヴィヒ二世、シャルル禿頭王、ヨハネス八世の死を悼む『司教アデラールの歌 Carmen de Aderardo episcopo』（九〇〇年頃）が生まれた。ヴィード系皇帝をめぐるサークルの中では、『ローマ市における皇帝の権限についての論考 Libellus de imperatoria potestate in urbe Roma』が書かれたが、これは、カロリング家の最末裔による皇帝権の譲歩に対して激しく抗議したものである。『ベレンガリ事蹟録

Geste Berengarii』は、フリウーリの対立皇帝の事蹟を褒め讃えたものである。最後の「君主の鑑」は、西王国から生まれた。すなわち、ヒンクマールが、ルイ吃音帝（八七七―八七九）、その息子のルイとカールマンのために、それを書いているのである。俗界の行為の讃美者Laudator temporis actiとして、この偉大なるランス大司教は、コルビー修道院長アーダルハルトの模範にならって、彼の死（八八二）の直前、若い国王カールマンとそれを取り巻く有力者たちのために、論文『宮廷の整頓について De ordine palatii』を書いている。ザンクト・ガレンのノートカーは、八八四年、『カール大帝伝 Vita Karoli』を書き、ちがった仕方ではあるが、カール三世のために、偉大な祖先を鑑として前に置いたのであった。ノルマン人に対するパリの抵抗を賞め讃えたのは、サン・ジェルマン・デ・プレ修道院長が書いた『パリ人の戦いについて De bello Parisiaco』であった。帝国歴史年代記は、西王国では八八二年、東王国では八九一年に途絶えている。

八七九―八九一年のノルマンの侵入は、カロリング領フランキアの中核地帯に手痛い打撃を与えた。しかし、シャンパーニュ地方では、ランの学校は連続し、中断されることはなかった。ランからは、シャルル禿頭王の最後の宮廷教師マンノーが出たが、彼はその主人よりは長生きした。九世紀末には、アイルランドの一群の文法学者が、このあらゆる攻撃に耐えた城壁都市〔ラン〕で活動していた。それに隣接するランスでは、大司教フルコが、八九三年にオーセールのレミギウスとサン・タマンのフークバルトに、同都市の精神生活の復興を依頼している。フェリエール修道院長ループスの親戚にあたるレミギウスは、オーセールの一連の大「人文主義者」の最後のひとであった。師匠ハイリックの後継者として、レミギウスは、八七六年ランスに招聘されるまでは、オーセールで教えていた。ランス大司教フルコの暗殺（九〇〇）の後、彼はパリへ行き、そこで死んだ（九〇八）。サン・タマンのフークバルト（およそ八四〇―九三三）は、彼の叔父ミロとハイリックの下で学んだ。彼の文学上の諸関係は、ソアソンからユトレヒト、マインツにまで広がっている。サン・タマン修道院（ヘンネガウ）は、周囲の瓦解と衰退の真只中にあって、その名声を維持した。修道院は、その古文書だけでなく、学芸の育成地として著名であった。ここからは、詩作と音楽のために非常に重要な作品群が生まれている。シャンパーニュとニーダーラインの仲介地点にあるというサン・タマンの地理的特色は、保存されている手書き文書からうかがわれる。サン・タマンからは、フランス語の最古の詩作であるウーラリア作品群と、ソークールの戦い（八八一）(53)の勝者、西フランク国王ルイの、古高ドイツ語で書かれた『讃歌』が伝えられている。

同じように厳しい試練を受けたケルン大司教管区にあって、荒廃をほとんど免れたのはヴェルデン修道院であったが、同院は、後期カロリングのもっとも重要な文化的中心地であったヘンネガウと、密接な繋がりを保ちつづけた。同院から、院長ホガー（九〇二年没）の手になる『音楽教本 Musica enchiriadis』が生まれている。新たにリエージュで、司教シュテファン（九〇一—九二〇）のもとで学校が興っているが、同司教は、ユトレヒトのラドボードと同様、西フランクの宮廷で、ランのマンノーのもとで学んだ人物であった。ノルマン人によってしばしば掠奪されたプリュム修道院の復興を手掛けたのは、院長レギーノ（八九二—九一五）であった。レギーノが、結局、俗人貴族との闘争のために、このアイフェルの修道院〔プリュム〕を放棄しなければならなくなったとき、トリアー大司教ラドボード（八八三—九一五）は、彼に、同様に荒廃したトリアーのマルティン修道院を委ね、彼は九一五年そこで死んだ。トリアーの教会復興に寄与したものに、和音の教科書——これには、ヴェルデンのホガー、サン・タマンのフークベルトのほかに、レギーノが関わりをもっていた——と、九〇六年完成されて、マインツ大司教ハットーに捧げられた教会法の教科『教会会議について De synodalisbus causis』がある。後世、レギーノは、とくに、九〇八年に完結した、この時代にあっての傑出した業績『世界年代記』の著者として名声が謳われている。

東フランク王国においては、カロリング・ルネサンスの終末のときになって、ようやくザクセンから光がさしてくる。もちろん、文筆活動は、布教司教座ブレーメン・ハンブルク（『アンスガル伝 Vita Anscari』、『リムベルト伝

Vita Rimberti』）と、帝国修道院コルファイに限られていたが、後者では、院長ボボ一世（八七九―八九〇）みずからが、執筆活動をしていた。このヴェーザーの修道院〔コルファイ〕では、八九〇年頃、「ザクセンの詩人 Poeta Saxo」と称する人物が、カール大帝を称讃する叙事詩を書いている。また、修道士アギウスは、リウドルフィング家の祖先の娘、ガンダースハイムのハトモードの伝記を著わしている。

東フランクの精神生活の重点は、依然として、フランケン、シュヴァーベン、バイエルンにあった。カール三世（八七六―八八七）のもとで、宮廷礼拝堂とボーデン湖畔修道院ザンクト・ガレン、ライヘナウのあいだに密接な結び付きが生まれ、アルノルフ帝のもとで、帝国年代記がレーゲンスブルク、ニーダーアルタイヒで書き継がれた。当時、ザンクト・ガレンは、院長ラートペルト（八九〇年頃）、トゥティーロ、ノートカー（八四〇―九一二）の三ツ星のもとで、最初の隆盛を迎えていた。ラートペルトは、彼の修道院の歴史『聖ガールスの非運 Casus s. Galli』を書き、トゥティーロはすぐれた芸術家、音楽家（トローペン）であった。しかし、両者とも、ノートカー・ブルブールスの前には影が薄かった。ノートカーは、言語的誤りにもかかわらず、才能に恵まれた詩人であり、セクェンツィア〔続唱、キリスト教聖歌の一つ〕の典令上の任務、詩的法則の特徴を作り出し（フォン・デン・シュタイネン）、また八八四年頃著した『カール大帝伝』によって、叙述の達人であることを示した。ザンクト・ガレンとライヘナウは、この時期、古高ドイツ語で書かれた宗教詩の中心地であり、それは、ザンクト・ガレンの学生で、コンスタンツ司教ザローモ三世の兄弟にあたるヴァルドーによって、フライジンクにもたらされた。かくして、ボーデン湖畔修道院は、当時、東フランクの教養育成、ドイツ語による文学育成の機能において、フルダとヴァイセンブルクに取って代わったが、そのドイツ語としては、八八〇年頃、ザンクト・ガレンとマインツでは、「歴史に深く根差した」いわゆる「トイトニカ語 teutonica lingua」が、「テオディスカ語 theodisca lingua」に代わって、使われていた。叙情詩人ノートカーに匹敵する叙事詩人ゲラルドは、どうやらラインフランケンか、オーベルラインの門閥出身者のようであるが、彼は、ラテン語の詩作『ヴァルタリウス』を九世紀最後の年に、アイヒシュテット司教エルケンバルト（およそ八八二―九一二）に捧げた。この叙事詩に登場してくる英雄たち――西ゴート人ヴァルタリウスとフランク人ハガーノ――は、ゲラルドによって、武芸に長じていただけでなく、学芸の教養ある人物として描かれているが、そのモデルとなったトゥールーズのギヨーム、フリウーリのエーリック両家出身の、九世紀カロリング期の豪族たちは、まさしくそうした人物であったのである。

全体的にみて、カロリングの第四世代の業績は、たとえ学芸に限られていたにせよ、無視しがたいものがある。詩作においては、とくに高い価値のものが現れた。個々の業績よりも少なからず重要なのは、二、三の古い教養中心地における学校制度の連続、大きな大管区司教座でまもなく始まった再建活動、そして、ザクセンにおける新しい教養中心の萌芽であった。かくして、精神生活は、きわめて厳しい試練の中にあっても、消滅せず、カロリング改革および同ルネサンスの遺産は、新しい時代に入っても、本質的に維持し続けられたのである。

# 訳注

## 第一章

（1）三章論争 Dreikapitelstreit……五四三―五四四年、モプスエスティアスのテオドロスら三人の主教の著作を異端とした皇帝ユスティニアヌス一世の勅令をめぐる論争。三人ともネストリウスに同情的であった。東方教会は勅令に同調したが、ローマ教皇ヴィギリウスは動揺を繰り返し、西方教会では半世紀も論争が続いた。なお、三人は後世、教理的には異端でないとされている。

（2）キリスト単意説 Monotheletismus 論争……受肉のキリストの人格にはただ一つの意志があるのみとする説。キリスト単性説が異端として斥けられたのち、キリストの行動様式 energeia はただ一つしかないとするコンスタンティノープル総主教セウギウスの説をめぐって争われた。ローマ教皇セヴェリヌス、ヨハネス四世、テオドルス一世らはこれに強く反対し、六四一年、これを異端と宣言。六四九年ラテラン教会会議も異端宣告を繰り返し、七世紀末ようやく論争は終結を見た。

（3）ベルベル人ターリク Tarik（Tariq）……ベルベル人の軍事指揮者。七一一年ジブラルタル海峡――ジブラルタル（ターリクの山）は彼の名前に由来す――を渡り、グァダレーテの戦いで西ゴート王ロデロッヒを倒し、さらにトレドを占領したが、アラブ代官ムーサの嫉妬を受け、七一二年ダマスカスにおくられて、命を断った。

（4）ヴィティザ Wittiza 家……ヴィティザ王（七一〇年没）の系譜をひく西ゴート王家の一派。ベルベル人を招いて、七一一年ロデリッヒ王を倒した。

（5）グァダレーテ Guadalete（ヘレス・デ・ラ・フロンテーラ J rez de la Frontera）の戦い……注（3）を見よ。グァダレーテは、セヴィラの南南西五〇キロの地点。

（6）アラブ代官ムーサ（イブ・ナサイル）Musa ibn-Nusair……アラブ人の西アフリカ代官。七一二―七一四年、スペインの大部分を制圧した。

（7）属州セプティマニア Septimania……中世初期ピレネー東麓からローヌ河口へかけての古地名。五〇七―五三四年、西ゴート王国の領地。アラブの一時的占領を経て、七五九年フランクの領有となった。

（8）ペラーヨ Pelayo（ペラギウス Pelagius）……アストゥリアス初代国王（在位七一八―七三七）。コヴァドンガの戦いで、イスラムを撃破し、初期レコンキスタ運動の第一歩をしるした。

（9）コヴァドンガ Covadonga……アストゥリアス東部の山岳地帯 Picos de Europa 内の一地点。七二二年ペラーヨがイスラムの大軍を撃破し、アストゥリアス王国を確立した。現在、巡礼地となり、岩窟にペラーヨの墓が安置されている。

（10）ヘノティコン Henotikon……キリスト単性論者と正統派の一致をはかるため、皇帝ゼノンの委嘱によって作成された神学令書。ヘノティコンとは「一致令」「一致の手段」の意。広く受け入れられたが、ローマ教皇フェーリクス二世（在位四九一―五一八）はこれを認めず、呪詛したため、教会分裂が起こったが、次の教皇ユスティヌス一世（在位五一八―二七）は呪詛を廃し、正常に復した。

（11）マルティヌス一世 Martinus（教皇、在位六四九―六五三）の運命……六四九年ラテラン教会会議でキリスト単意説のかどで有罪と判決され、六五三年には、皇帝コンスタンス二世に対する大逆罪のかどで死刑を宣告された。恩赦をうけて追放中に没した。今日では、聖者に列せられている。

（12）ペンタポリス Pentapolis……中世初期イタリア東海岸、五つの都市（リミニ、ペサーロ、フォーノ、セニガリア、アンコーナ）の地域をさす。七五二年小ピピンによりランゴバルドの支配から解放され、教皇領に寄進された。

## 第二章

（13）テルトリ Tertry の勝利……アウストラシアの宮宰（中）ピピンが、ネウストリアの宮宰ベルタールに勝利し、カロリング家がフランク王国の実権をにぎった戦い。テルトリはサン・カンタンの近く。

（14）カンシュタット Cannstatt の裁判……七四六年フランク王カールマンが、カンシュタット（現シュトゥットガルト）にアラマンネン貴族たちを裁判集会に招いて、皆殺しにした事件。かくしてアラマンネン部族の命脈は断たれた。

（15）パリウム Pallium……教皇の授与する大司教、司教標識の一つ。装飾用の白い羊毛製のバンドで、両肩から掛けた。本来は皇帝役職者の装飾であった。

（16）大司教セオドア Theodor（タルソスのテオドロス）……ギリシア出身で、六六八年カンタベリー大司教となる。イギリス全土を巡歴し、教区分割、司教座設定を断行し、イギリス教会の統一をはかった。

### 第三章

(17) フルクトゥオースス・ダ・ブラガ Furctuosus da Braga（没六七五年後）……西ゴート王の親戚の家系出身で、六五六年ブラガ総主教に任ぜられた。ビエルツォ、アストルガ、バエティカ地方に多くの修道院を建立し、それらの間に、兄弟関係をもたせた。

### 第五章

(18) シルヴェスター Silvester（教皇、在位三一四―三三五）伝説……キリスト教徒迫害のため癩病になったコンスタンティヌス大帝が、夢に現れたペテロ、パウロのお告げに導かれて、シルヴェスターのところにいき、治癒され、そのとき、教皇に教会の首位司教たる地位とローマの領有を認めたという伝説。のちにいわゆる「コンスタンティン大帝の寄進」にまで話はひろがった。シルヴェスターがラテラン大聖堂を建立したことは真実である。

(19) ロンスヴァル Roncevalle の退却……七七八年カール大帝がイスラム討伐のためスペイン遠征を行ったとき、退却をよぎなくされ、八月十五日、ロンスヴァル峠で「バスク人」に襲われた事件。全軍が混乱に陥り、殿軍の指揮官ローランが戦死し、その情景は後世『ローランの歌』として歌われた。第六章五八頁を参照。

### 第六章

(20) エーレスブルク Ehresburg……ザクセン族の軍神コール Cor（ヘルー Heru）――ここからケルスキー族の名前が由来した――の祀られた城。七七二年フランク軍によって奪われ、以後、ザクセン戦争の前進基地として重用された。ディーメル川の上流、パーダーボーンの南四〇キロの地点。

(21) テューリンゲン・ハルドラート反乱 Th ringen-Hardradaufstand……七八六年の反乱。ハルドラートは指導者となった伯。カール王の妃ハストラーダの暴虐が原因といわれる。

(22) コモルン Komorn……ハンガリー北西部、ドナウ河に臨んだ集落。十世紀に城が建てられた。グラン（エスツェルゴム）西方、上流五〇キロの地点。

(23)「輪 Ring」……アヴァール人の本拠。ドナウ河とタイス河の合流点とおもわれる。

## 第七章

(24) フェーデ Fehde……ゲルマン法における実力による紛争解決制度。法廷裁判とともに合法的とされた。生命・身体・財産・名誉を傷つけられた被害者のジッペ(親族)は、加害者の属するジッペに対して同じ損害を与えることができた。カロリング時代から制限が試みられ、十一世紀に制限は大きくすすんだ。

(25) ケンテナリ Centenari……カロリング王朝の最末端行政単位をケンテーナ centena(ゲルマン語ではフンターリ huntari)と称し、その長をケンテナリウス(ケンテナリは複数形)という。裁判を招集し、また軍事的下級指揮者を兼ねた。

(26) ヴィカーリ Vicarii……ケンテーナの裁判において、その主宰者は伯(コーメス)であったが、伯はケンテナリウスを下級裁判官(ヴィカリウス、複数形ヴィカリ)に任じて、実質的裁判権を委ねた。

(27) フロドガウト Hrodgaud の反乱……ランゴバルド王国制圧後、七七二年フリウーリ大公フロドガウトがカール王に対して起こした反乱。フロドガウトは殺された。

(28) ゴデスカルク福音書 Godescalcevangelium……一二七葉の紺地紙に、金・銀泥インクで書かれた豪奢な福音書。ゴデスカルは筆者の名前。七八一―七八三年、カール王の委嘱で書かれた。ながらくトゥールーズのサン・セルナン聖堂に保存されていたが、現在はパリ国立図書館にある。

(29) マウルドラムヌス聖書 Maurdramnusbibel……七八一年前頃コルビー修道院において、院長マウルドラムヌスのもとで、筆写された聖書。

(30) ヴェッソブルンナー祈祷書 Wessobrunner Gebet……古高ドイツ語で書かれた「創世記」讃歌。八一四年完成。ヴェッソブルンナー修道院(バイエルン)に保存されていたので、この名がある。

(31) ムスピリ Muspilli……断片的に残っている古高ドイツ語で書かれた幻想詩。世界終末を描いた一〇三行の頭韻詩。九世紀末期に書かれ、現在、バイエルン国立図書館に所蔵。ムスピリの語義は、火の鬼神、転じて世界終末の審判者としてのキリストを意味するといわれる。

## 第八章

(32) 契約の櫃 Bundeslade……神とイスラエルの民との契約である十戒の石板が納められた箱。神の御座の運搬者ヒルビムが、その上に対座し、神の臨在を示したといわれ、イスラエル人の移動とともに運ばれ、最後は神殿に安置された。

(33) アリウス派 Arianismus……アリウス（二五〇／五六―三三六頃）とその追随者によって唱導された古代教会の異端。キリストの神性を否定し、三二五年ニカエア公会議において異端と宣告されたが、移動期のゲルマン諸族にひろがり、その後の部族国家内において種々の問題を引き起こした。

(34) アポリナーリス派 Apollinarismus……四世紀末ラオディケア主教アポリナーリスの説いた異端説。アリウス派に反対してキリストにおける神性の完全を主張したが、人間性を犠牲にしたため、三八一年コンスタンティノープル公会議で異端と排斥された。

(35) プリスキリアヌス派 Priscilianismus……四―五世紀ごろスペインに起こった異端。霊肉二元論を説くグノーシス的原理とマニ教的要素をもっていた。起源はアビラ司教プリスキリアヌスとされており、彼は魔術を行ったというかどで斬罪に処せられた（三八五）。しかし、その追随者は北西スペインに広く残り、五―六世紀トレド、ブラガ各教会会議で繰り返し異端を宣せられた。

(36) キリスト単性説 Monophysitismus……キリストの人格は単一の性 natura を有するとする説。キリストは神性、人性を併せもつとする両性説と対立し、カルケドン公会議（四五一）で異端と宣言されたが、追随者はなお後を断たなかった。

(37) ネストリウス Nestorius……コンスタンティノープル総主教（四二八―四三一）。キリストの人性を強調したため、四三一年異端とされたが、その教えは次第に東方に拡がり、中国では景教と称された。

## 第九章

(38) アプシス Apsis……後陣。聖堂の奥に張り出した半円形または多角形の奥室。

(39) インディクティオ暦年 Indiktionsjahre……（ローマの）十五年循環暦算法により計算された年次。教会では三一三年元旦を出発点として、計算する。例えば、一九九〇年は、一一三年次にあたる。

## 第十章

(40) 七八六年の反乱陰謀……同年ブルターニュで反乱が起こり、カール王は軍隊をおくって鎮圧した。

### 第十一章

（41）ルートヴィヒ敬虔帝の事故……八一七年四月九日、ルートヴィヒが、近習二十人ばかりを連れて、お祈りのためアーヘンの宮廷から大聖堂へ赴こうと、連絡橋を渡ろうとしたとき、腐食していた木橋がくずれ、高所から落下した事故。多くが重傷を負ったが、ルートヴィヒは軽傷ですんだ。

（42）神判 Gottesurteil……中世裁判における、宣誓とならぶ、間接的挙証方法。火審（探湯、鋤刃歩行、灼熱した鉄をにぎる）と水審がある。

### 第十二章

（43）タティアーヌスの『四福音書調和』Tatians Evangelienharmonie……タティアーヌスはシリア出身のキリスト教弁証家で、一五〇年頃ローマへきて改宗したが、のち東方に帰り、グノーシス主義に傾き、極度な禁欲主義を説き、教会から異端として排斥された。彼は『四福音書調和 Diatessaron』を書き、それをもとに、九世紀第二四半期、フルダ修道院で翻訳がおこなわれた。

（44）『ヘーリアント Heliand』……八四〇年頃、フルダ修道院において古ザクセン語で書かれた韻文詩「キリスト伝」。

### 第十六章

（45）フォティウス Photius……コンスタンティノープル総主教（八五八―六七、八七七―八八六）。彼の登位の不法性をめぐって教皇ニコラウス一世と紛糾し、教皇を罷免すると同時に、彼自身も罷免された。のち復位したが、今度はブルガリア教区の帰属問題でローマと紛糾し、八七九／八〇年妥協が成立し、教区の実質的世話は東方教会に、裁判権はローマに帰属することとされた。

（46）ゲラシウス Gelasius の両剣論……教皇ゲラシウス一世（在位四九二―九六）。神は教権と世俗統治権という二つの剣を下し給うたが、後者は教権から発すると説き、コンスタンティノープルおよび皇帝に対するローマ教皇権の優位を主張した。

**第十七章**

（47）ヨハネス八世の殺害……ヨハネス八世は、八八二年十二月十三日、親戚の者によって、むごたらしく殺された。

**第十八章**

（48）フォントノワ Fontenoy の戦い……八四一年六月二十四日、ロタール一世が弟ルートヴィヒ・ドイツ王、シャルル禿頭王と戦って敗れた戦い。八四三年のヴェルダン条約（フランク王国の三分割）締結の契機となった。フォントノワはフランス中部、オーセールの近傍。

（49）『偽ディオニシウス Pseudo-Dyonysius』……五世紀頃の筆者不明の著作。「神の名について De divinis nominibus」「天国の位階制について De caelesti hierarchia」「神秘神学について De theologia mystica」の三部からなる。筆者は三世紀の聖者ディオニシウス・アレオパギータ Dionisius Areopagita に擬せられたので、この名がある。ディオニシウスは、ガリアにおくられた七人の主教の一人で、パリで殉教し、パリ郊外サン・ドゥニに葬られたといわれる。なお、現在のダダ（D. A. の繰り返し）イズムの名は彼に由来する。

（50）サルディカ Sardica……三四二（三？）年、西皇帝コンスタンス一世が招集した大教会会議。サルディカは今日のソフィア。一七〇人の司教が参加し、アタナシウスの正統教義の確認を行おうとしたが、東方のアリウス派司教たちが脱退。残った正統派司教たちは、司教の地位に関する教会法を制定した。

（51）ベネディクトゥス・レヴィータ Benedict Levita……本文二二三頁参照。

（52）『偽イシドール教令集 Dekretalen Pseudo-Isidors』……セヴィラの司教イシドールスが編纂したと伝えられる教令集。実際は偽書。内容は、①ニカエア公会議以前の教皇書簡（全部偽作）②教会会議の決議集（大半は真作）③シルヴェスター一世からグレゴリウス二世までの書簡（うち三五通が偽作）④コンスタンティン大帝寄進状（偽作）など、からなる。十六世紀にいたって、全面的に真偽の解明が行われた。

（53）ソークール Saucourt の戦い……八八一年八月三日、西フランク国王ルイが、北フランス海岸部のノルマン人に戦いを挑み、輝かしい勝利を挙げた。古ドイツ語でも、『ルイ王讃歌』が作られたほどであった。ソークールは、アッビル市近傍の地点。

# 解題

本書は、Handbuch der Kirchengeschichte, hrsg. von H. Jedin, Band Ⅲ/1（1973）, S. 3–30, 62–196.（オイゲン・エーヴィヒ E. Ewig 執筆分）の翻訳である。独立した著作ではないので、内容に即して、『カロリング帝国とキリスト教会』と題した。

オイゲン・エーヴィヒ E. Ewig は一九一三年生まれ、ボン大学で学び、初期中世史の権威であったレヴィゾン W. Levison の薫陶を受け、とくに中世初期フランク史を専門に研究するようになり、一九五四年マインツ大学教授、一九六四年よりボン大学教授として活躍した。その間、古代末期から中世初期にかけて政治史、教会史、思想史、文化史にすぐれた、かつ膨大な業績をあげた。その集大成が、論文集 Spätantikes und Fränkisches Gallien, 2 Bände, München 1976. である。この論文集には、論文四〇編（頁数にして一二五〇頁）が収録されており、そのいずれもが内容において緻密にして重厚、力作揃いである。さらに中世初期ラインの都市史にも関心を寄せ、その成果の一端が、詳細な内容をもつ Trier im Merowingerreich, Trier 1954. として公刊されている。

訳書は、エーヴィヒによってイェディン編『教会史綱要』第三巻の前半部として書かれたものの翻訳であるが、『綱要』という性格上、なにか特定のテーマに沿って論ずるといったものではなく、中世初期のキリスト教会の発展を満遍なく、しかも相当細部にまで及んで通観する形態をとっている。したがって、初期教会の発展を具体的に知るには絶好の書物ということができよう。これが本書の第一のメリットである。

しかし、それだけではない。その教会の発展の歴史が、カロリング帝国の高揚、絶頂、衰退という政治過程との密接な絡まり合いにおいて叙述されているところに、本書の第二のすぐれた点がある。カール大帝をはじめとするカロリング歴代の国王たちは、キリスト教の布教、拡大、その保護のために莫大な努力を払い、逆に教会によってその支配の思想的補強を受け、教会の方は国家権力の協力をえて、着々とその組織を整えていく。その過程がじつに見事に描出されているのである。政治史と教会史とが別物ではなく、全く一体の関係にあることが痛感させられるであろう。

そうした中にあって、政治支配者、教会の指導者が悩み、苦闘していく様が、如実に物語られる。とくに教会人の前進的活動について、詳細にたどっているのが、本書の第三の特徴といえるであろう。教会の成長を代表する人物としては、ドイツ布教に絶大な成果をあげたボニファティウス、教会の組織化と典令の整備に全力を傾けたメッツ司教クローデガング、アーヘン宮廷学校長アルクイン、ルートヴィヒ敬虔帝を補佐して教会改革を推進していくアニアーヌのベネディクト、分裂しようとするカロリング帝国の統一を維持しようと必死に努力するコルビー修道院長ヴァラ、解体寸前の帝国をなんとかまとめ、異端思想の排除と教会内の階層制確立をめざして献身するランス大司教ヒンクマールなどがそれであるが、このような人々の奮闘なしには、おそらく教会の発展はなかったであろうことが十分理解されるのである。

その反面の、初期教会の暗い、弱い側面も本書はけっして見逃してはいない。それらを真正面から見詰めて叙述しているのが、第四の特色である。例えば、七六七年教皇庁内部の党争の結果、対立教皇コンスタンティヌス二世が廃位され、目をえぐられた事件。七七一年教皇シュテファーヌス三世の侍従長クリストフォールスが、教皇の裏切りにあってランゴバルト王によって肢体切断の刑を受け、死亡した事件。七九九年教皇レオ三世が襲われ、一時は廃位され、肢体切断の宣告を受けたが、脱出した事件――その翌年、レオはカール王に帝冠をかぶせている――。

八八二年、ヨハネス八世が、親戚の者によって惨殺された事件。八九七年教皇フォルモーススが、生前の業績について「死後追想有罪宣告」を受け、その死骸が辱めを受け、その仕返しで同年シュテファーヌス六世が絞殺される、などなど、考えられないような出来事が相次いで起こっているのである。これは、教皇職の世俗権力者としての性格が高まり、争奪の的となったためと思われるが、九世紀末にはその地位はローマ都市貴族によって完全に左右される存在となり、十一世紀の聖職叙任権闘争に始まる抜本的改革を待たねばならなくなるのである。

教会ばかりでなく、世俗権力側でも、九世紀後半には、凋落の気配が濃厚となる。八三一年ルートヴィヒ敬虔帝による、みずから制定した帝国相続基本法を無視しての、新帝国分割案に端を発して、父と子供たち、そして、子供同士のあいだの際限のない争いは、ついには帝国の解体へと導いていく。本書の第五の特色は、この解体過程を、これまでのわが国の類書には見られないほど、詳細に跡付けていることである。中部フランク王国と皇帝権を相続したロタール一世、その子供たちロタール二世、ルートヴィヒ二世の運命は、悲惨というほかはない。ロタール二世は結婚問題をめぐる深刻なトラブル、ルートヴィヒ二世は迫りくるイスラム教徒の防戦に東奔西走するなかで、いずれも非業の最後を遂げる。ところが、帝位をえるべきはずの東フランク国王ルートヴィヒ・ドイツ王とその子孫は、決定的な時点で、家系の遺伝ともいうべき重病にかかって、無念の涙をのみ、西フランク王シャルル禿頭王の子孫もまた、いずれも夭折し、かくして帝権は消滅した。この複雑な過程が、簡潔な筆致ながら、本書の後半において、的確に述べられている。

第六に挙げるべき点は、当然のことながら、まとまりのある文化史的叙述がなされていることで、信頼できる聖書テキストの収集、準拠すべき典令の確立、さまざまな異端説をめぐっての熾烈な神学論争、アーヘン宮廷を中心とした教育活動（いわゆるカロリング・ルネサンス）、諸修道院で始められていく写本事業、そして、文学の芽生え、そうした事柄が過不足なく通観されている。

以上、本書のもつメリットをいくつか列挙したのであるが、こうした多彩な内容をコンパクトにまとめあげたこの労作は、まさにエーヴィヒのような碩学ならずしては、なしえない業績と言えるのではなかろうか。本書が取り扱う八—十世紀間のヨーロッパ世界については、わが国では、八〇〇年前後のカール大帝について若干の翻訳書があるだけで、カロリング朝期を全体的に概観したものはない。まして国家と教会の葛藤をくわしく考察した著作など皆無である。わずかに目に付く関連文献を挙げれば、次の数編にすぎない。

J・ブウサール『シャルルマーニュの時代』（井上泰男訳、平凡社、一九七三年）
R・フォルツ『シャルルマーニュの戴冠』（大島誠編訳、白水社、一九八六年）
M・D・ノウルズ『キリスト教史』第三巻『中世キリスト教会の成立』（上智大学中世思想研究所、平凡社ライブラリー、一九九六年）
Ph. ヴォルフ『ヨーロッパの知的覚醒—中世知識人群像—』（渡邊昌美訳、白水社、二〇〇〇年）
今野国雄『西欧中世の社会と教会』（岩波書店、一九七八年）第一章「西欧教会の形成とその性格」
日置雅子「ルートヴィヒ敬虔帝の『帝国整備令』（八一七年）」（『論集』二九—三〇、愛知県立大学、一九八一年）
同　「ロタール一世の皇帝権（一）—（五）」（『論集』三三—三六、愛知県立大学、一九八三—八八年）
竹部隆昌「八—九世紀イタリアにおける教皇裁治権とビザンツ帝国」（『西洋史学』一九一号、一九九八年）

このような現状をふまえると、本書の公刊にも一つの独自な意義があるのではないか、と考える次第である。

# あとがき

本稿はすでに十五〜十六年前に完成をみていたが、他稿のために出版が遅れてしまい、今回ようやく出版の運びとなった。健康上の理由により校正は文理閣に一任した。代表の黒川美富子さん、編集長の山下信さんをはじめ、文理閣の皆様のご苦労に心から感謝する。

今回は、これまでの出版物の目録も作成した。まとめてみると、七年余り前に健康上の問題が発覚してから、九冊の書物を世に送り出すことができたことがわかった。特に、自分の研究をまとめあげる作業の中で『ドイツ中世後期の歴史像』、『ドイツ中世前期の歴史像』を執筆・発刊できたこと、学生の頃から長年構想をあたため続けていた『中・近世ドイツ鉱山業と新大陸銀』、そして少しずつ書き溜めていた『精説スイス史』や『大黒死病とヨーロッパ社会』も含め、気がついてみれば、病と付き合いつつ苦しくも楽しくこれらの本を編むことができた。また、一昨年は車椅子の助けも借りて、かつて留学したハイデルベルク大学と、当時は東ベルリンにあったフンボルト大学、ポツダムなどを再び訪れることができた。私の病を最新の医療によって治療し、これらの執筆活動や旅行を可能にして下さった、京都大学病院の小川修先生、根来宏光先生に心から感謝申し上げたい。

いま、手元には無数の写真がある。これらはいずれも、ヨーロッパの人々が大切にまもってきた歴史的な建造物や文化に出会ったときに受けた感銘を、今なお鮮明によみがえらせてくれる。これらの写真をつなげて、写真集をしたためることができればと思うのだが、おびただしい数の写真からは思い出が溢れるばかりで、気がつけば取捨選択ができず、ただ戸惑っている自分がいる。一枚一枚の写真が今なお色褪せず、私を心踊らせてくれるのは、亡き妻、千世子のおかげであろう。妻は五十年間ものあいだ、数えきれないヨーロッパの町や村を、私と一緒に歩いてくれたのだ。天国にいる妻につくづく感謝する今日このごろである。

二〇一六年九月八日

京都・下鴨にて

瀬　原　義　生

訳者は、「あとがき」を編集部に託されて間もなく、二〇一六年九月二五日、八八歳で逝去されました。

本書が最後の出版となるため、寺村銀一郎氏（一九七五年立命館大学大学院文学研究科修士課程修了）のご協力をえて、年譜と業績目録を掲載します。

また、氏の研究の軌跡として、立命館大学退職後に勤務された京都橘女子大学（現　京都橘大学）を退職されるときの「最終講義　ドイツ史研究の五〇年」（『橘史学』京都橘女子大学歴史文化学会編　第一三号　一九九八年一〇月）を掲載します。

文理閣編集部

# 瀬原義生　年譜

一九二七年十二月一日　鳥取県米子市に生まれる
一九四一年四月　島根県立松江中学校入学
一九四三年四月　大阪府立高津中学校転入学
一九四四年　在学中、学徒動員にて日本坩堝株式会社大阪工場へ
一九四五年三月　大阪府立高津中学校卒業
一九四五年四月　大阪高等学校理科乙類入学
一九四五年十月　(同右)文科乙類へ転科
一九四八年三月　(同右)卒業
一九四八年四月　京都大学文学部史学科西洋史学専攻入学
一九五一年三月　(同右)卒業
一九五一年四月　京都大学大学院文学部史学科西洋史学専攻研究生
一九五六年三月　(同右)修了
一九五六年四月　立命館大学文学部専任講師
一九五九年四月　立命館大学文学部助教授

一九六六年〜六七年　ハイデルベルク大学、ベルリン（フンボルト）大学留学
一九六七年四月　立命館大学文学部教授
一九七〇年四月　立命館大学文学部主事（一九七一年三月に至る）
一九七七年四月　立命館大学文学部長・文学研究科長（一九七九年三月に至る）
一九八三年四月　立命館大学文学部学生部長（一九八五年三月に至る）
一九九〇年一月二三日　文学博士（京都大学）『ドイツ中世農民史の研究』一九八八年出版にて
一九九三年三月　立命館大学教授定年退職
一九九三年四月　立命館大学名誉教授の称号を受ける
一九九三年四月　京都橘女子大学文学部教授
一九九八年三月　京都橘女子大学教授退職

以後、研究と著述に専念
二〇〇七年四月二九日　瑞宝中綬章を受章
二〇一六年九月二五日　八十八歳にて永眠

なお立命館大学在職中、大阪府立女子大学、大谷大学、奈良女子大学文学部、同教養部、金沢大学法文学部、広島大学文学部、同志社大学大学院文学研究科、京都教育大学、大阪教育大学、島根大学文理学部、大阪大学文学部、富山大学教育学部、北海道教育大学旭川分校、京都府立大学文家政学部、山口大学人文学部、山形大学人文学部、京都橘女子大学、天理大学文学部において非常勤講師を務め、退職後も二〇〇〇年三月まで立命

館大学大学院非常勤講師を務めた。

＊「瀬原義生教授略歴・主要著書・論文目録」『立命館文學・瀬原義生教授退職記念論集』立命館大学人文学会編（第五三四号）一九九四年三月に依拠しつつ一部修正、追加。

# 瀬原義生　業績目録

## 【著　書】

『現代史入門』法律文化社　一九六〇年五月
『新版　現代史入門』法律文化社　一九七六年四月
『ドイツ中世農民史の研究』未来社　一九八八年三月
『ヨーロッパ中世都市の起源』未来社　一九九三年四月
『ドイツ中世都市の歴史的展開』未来社　一九九八年二月
『スイス独立史研究』ミネルヴァ書房　二〇〇九年一一月
『ドイツ中世後期の歴史像』文理閣　二〇一一年五月
『ドイツ中世前期の歴史像』文理閣　二〇一二年一〇月
『皇帝カール五世とその時代』文理閣　二〇一三年一二月
『精説スイス史』文理閣　二〇一五年九月
『中・近世ドイツ鉱山業と新大陸銀』文理閣　二〇一六年一月
『大黒死病とヨーロッパ社会　中・近世社会史論雑編』文理閣　二〇一六年六月

【共著中の論文】

「農民戦争と傭兵－シュワーベン同盟の場合－」「スウィス傭兵の成立」：京都大学文学部西洋史研究室編『傭兵制度の歴史的研究』比叡書房　一九五五年三月所収

「宗教改革と農民戦争」（Ⅰドイツ・オーストリア）、「独立国家の誕生」「スイスの宗教改革」「永世中立国スイス」（Ⅱスイス）：原随園監修、会田雄次・藤岡謙二郎・井上智勇・前川貞次郎・豊田尭《たかし》・村田数之亮編『新講座　地理と世界の歴史　第三巻』雄渾社　一九五六年八月所収

猪谷文臣・原弘二郎共編『西洋史通論』創元社　一九六三年四月　※担当箇所記載なし

「中世都市」「荘園制の変質　フランス・ドイツ」：前川貞次郎編『入門西洋史学』ミネルヴァ書房　一九六五年九月所収

「ヨーロッパ国際経済」：『世界歴史　第三巻（オリエント・地中海世界Ⅱ）』人文書院　一九六六年一月所収

「市民の誕生と都市の発展」：会田雄次・江上波夫編『法王の時代（世界歴史シリーズ10）』世界文化社　一九六八年一二月所収

「農民戦争と宗教戦争」：会田雄次・江上波夫編『ルネサンス（世界歴史シリーズ12）』世界文化社　一九六九年一月所収

「ドイツ農民戦争」：『岩波講座　世界歴史　第一四巻（近代一　近代世界の形成Ⅰ）』岩波書店　一九六九年七月所収

「ハンザ同盟　中世北欧商業の覇者」：『日本と世界の歴史　一〇　十三世紀』学習研究社　一九六九年九月所収

「フス戦争」：『日本と世界の歴史　一二　十五世紀』学習研究社　一九七〇年七月所収

「スイス」：今来陸郎編『世界各国史　第七』山川出版社　一九七一年一二月所収
「ゲオルク・フォン・ベロー『独逸中世農業史』」：山口啓二・黒田俊雄監修『歴史の名著』校倉書房　一九七一年七月所収
「ルターとミュンツアー」：本田喜代治・江口朴郎・浜林正夫編『進歩と革命の思想　西洋編　上』（新日本選書）新日本出版社　一九七二年八月所収
「ドイツと東欧諸国（第三章　市民社会の形成）」：中山治一編『大学ゼミナール西洋史』法律文化社　一九七三年四月所収
「ドイツ農民戦争の歴史的基底」：林基編『階級闘争の歴史と理論　第二巻　前近代社会における階級闘争』青木書店　一九八一年一月所収
「ヨーロッパ中世の手工業と商業」：木村尚三郎・佐々木潤之介・田中正俊等編『中世史講座　第三巻　中世の都市』学生社　一九八二年八月所収
「中世末期ドイツ市民の歴史意識－都市年代記を通してみた－」：青山吉信・木村尚三郎・平城照介編『西欧前近代の意識と行動』刀水書房　一九八六年二月所収
「中世前期ドナウとパッサウ」：関西中世史研究会編『西洋中世の秩序と多元性』法律文化社　一九九四年五月所収
「中世末期ケルン市における女性の経済活動－絹織物女親方組合を中心として－」：京都橘女子大学女性歴史文化研究所編『家と女性の歴史』日本エディタースクール出版部　一九九八年三月所収
※京都大学西洋史辞典編纂委員会編『新編西洋史事典』改訂増補版　東京創元社　一九九三年五月「商業の復活」「商業革命」「中世都市」「建設都市」「市参事会」「ギルド」等の項目執筆

【文部省科学研究費補助金研究成果報告書】

「ドイツ宗教改革と都市の民衆」：『欧米史上における「宗教意識・祝祭と民衆生活」に関する総合研究』立命館大学文学部瀬原義生教授　代表　昭和六二年度文部省科学研究費補助金研究成果報告書　科研費総合研究（A）課題番号：六〇三〇一〇五三　一九八八年三月所収

「ドイツ中世都市における市民教育」：『欧米史上における教育・文化の比較史的研究』望田幸男　同志社大学文学部教授　代表　平成元年度文部省科学研究費補助金研究成果報告書　科研費総合研究（A）　課題番号：六三三〇一〇五六　一九九〇年二月所収

「中世都市民の経済観念」：『前近代の西欧における生活史の比較史的研究』志垣嘉夫　九州大学教養部教授　代表　平成元年～二年度文部省科学研究費補助金研究成果報告書　科研費総合研究（A）　課題番号：〇一三〇一〇五〇　一九九一年三月所収

「東ヨーロッパにおける中世都市の起源－ポーランド・チェコスロバキアを中心として－」：『中・東欧における中世都市の建設とその発展過程』瀬原義生　立命館大学文学部教授　代表　平成二～三年度文部省科学研究費補助金研究成果報告書　科研費総合研究（A）課題番号：〇二六一〇一八四　一九九二年三月所収

「ドイツ帝国における集権化とその挫折」：『欧米史上における国家的集権と Regionalism の分析』長田豊臣　立命館大学文学部教授　代表　平成三～四年度文部省科学研究費補助金研究成果報告書　科研費総合研究（A）　課題番号：〇三三〇一〇四八　一九九三年三月　所収

「近世ドイツにおける都市的中心の形成過程」：『近世領域国家における中心都市の形成』瀬原義生　京都橘女子大学文学部教授　代表　平成七年度文部省科学研究費補助金研究成果報告書　科研費総合研究（A）課題番号：〇六四五一〇六九　一九九六年三月所収

【学術雑誌に掲載の論文】

「皇帝ジギスムントの対ヴェネツィア商業封鎖について－中世後期遠距離商業の構造分析－」:『西洋史学』日本西洋史学会編（第一六号）一九五三年二月

「ドイツ農民戦争における富農層について」:『史林』史学研究会編　三七（二）一九五四年二月

「東ドイツの歴史の現状」:『歴史学研究』歴史学研究会編（第一八三号）一九五五年四月

「フッガー研究序説」:『西洋史学』日本西洋史学会編（第三〇号）一九五六年六月

「ドイツ農民戦争の基本的性格－1－」:『歴史評論』歴史科学協議会編（第七九号）一九五六年九月

「ドイツ農民戦争の基本的性格－2－」:『歴史評論』歴史科学協議会編（第八〇号）一九五六年一〇月

「ドイツにおける領主制の起源に関する一考察－R・ケチュケの遺稿を中心として－」:『立命館文學・立命館大学文学部創設三〇周年記念論集』立命館大学人文学会編（第一五〇・一五一号）一九五七年一二月

「中世末期西南ドイツにおける租税について－上－」:『立命館文學』立命館大学人文学会編（第一五九号）一九五八年七月

「中世末期西南ドイツにおける租税について－下－」:『立命館文學』立命館大学人文学会編（第一六〇号）一九五八年九月

中村賢二郎・瀬原義生・鯖田豊之共著「西洋中世史研究の問題点－増田四郎『西洋封建社会成立期の研究』に関連して－」:『歴史学研究』歴史学研究会編（第二三六号）青木書店　一九五九年一二月

「いわゆるゲルマン的共同体と封建共同体」:『立命館文學』立命館大学人文学会編（第一七九号）一九六〇年四月

「シュワーベン都市同盟（一三七六－一三八九）について－上－」:『立命館文學』立命館大学人文学会編（第一

九六・一九七号）一九六一年一〇月
「シュワーベン都市同盟（一三七六―一三八九）について―中―」：『立命館文學』立命館大学人文学会編（第一九六・一九七号）一九六一年一〇月
「ドイツ中世都市における Pfahlbürger について」：『立命館文學』立命館大学人文学会編（第二〇〇号）一九六二年二月
「シュワーベン都市同盟（一三七六―一三八九）について―下―」：『立命館文學』立命館大学人文学会編（第一九九号）一九六二年六月
「シュトラスブルクにおけるツンフト闘争―上―」：『立命館文學』立命館大学人文学会編（第二二五号）一九六四年三月
「シュトラスブルクにおけるツンフト闘争―下―」：『立命館文學』立命館大学人文学会編（第二二六号）一九六四年四月
「一三・一四世紀西南ドイツにおける農奴解放―『チューリヒ古文書集』を中心として―」：『立命館文學』立命館大学人文学会編（第二二八号）一九六四年六月
「世界史の発展と西洋史学―西洋前近代史研究をかえりみて―」：『歴史評論』歴史科学協議会編（第一八四号）一九六五年一二月
「ハイデルベルクと東ベルリン」：『立命館文學』立命館大学人文学会編（第二五九号）一九六七年一月
「東ドイツの市民生活」：『立命館文學』立命館大学人文学会編（第二六一号）一九六七年三月
「中世末期南ドイツにおける世襲保有の成立」：『立命館文學』立命館大学人文学会編（第二七一号）一九六八年一月

「ヨーロッパ中世都市の起源－一－　序、ローマ帝国末期の都市、イタリア、スペイン」：『立命館文學』立命館大学人文学会編（第三一六号）一九七一年一〇月

「ヨーロッパ中世都市の起源－二－　西フランス、南フランス、ブルゴーニュ地方」：『立命館文學』立命館大学人文学会編（第三二一号）一九七二年三月

「ヨーロッパ中世都市の起源－三－　北東フランス」：『立命館文學』立命館大学人文学会編（第三三四・三三五号）一九七三年五月

「ヨーロッパ中世都市の起源－四上－　ベルギー」：『立命館文學』立命館大学人文学会編（第三六七・三六八号）一九七六年二月

「ヨーロッパ中世都市の起源－四下－　ベルギー」：『立命館文學』立命館大学人文学会編（第三六九・三七〇号）一九七六年三月

「中部ライン地域におけるフランク族の定住形態」：『立命館文学・立命館大学文学部創設五十周年記念論集』立命館大学人文学会編（第三八六～三九〇号）一九七七年一〇月

「ヨーロッパ中世都市の起源－五上－　ライン都市」：『立命館文學』立命館大学人文学会編（第四〇〇～四〇二号）一九七八年一二月

「ヨーロッパ中世都市の起源－五下－　ライン都市」：『立命館文學』立命館大学人文学会編（第四〇六・四〇七号）一九七九年五月

「ヨーロッパ中世都市の起源と支配権力」：『歴史学研究』歴史学研究会編（第四七一号）一九七九年八月

「ドイツ農民戦争における『神の正義』思想の歴史的系譜」：『立命館史學』立命館史学会編（一）一九八〇年五月

「中世前期南西ドイツの耕地・集落形態」：『立命館文學・立命館大学文学部創設八十周年記念文学部論集』立命館大学人文学会編（第四三九～四四一号）一九八二年三月
「アラマンネン大公国とライヘナウ修道院」：『立命館史學』立命館史学会編（七）一九八六年六月
「フランク王国の東進」：『立命館文學』立命館大学人文学会編（第五〇〇号）一九八七年三月
「南ドイツにおける中世都市の建設過程について－上－」：『立命館文學』立命館大学人文学会編（第五〇九号）一九八八年一二月
「南ドイツにおける中世都市の建設過程について－下－」：『立命館文學』立命館大学人文学会編（第五一〇号）一九八九年三月
「中部・北ドイツにおける中世都市の生成過程－上－」：『立命館文學』立命館大学人文学会編（第五二〇号）一九九一年三月
「ハンブルクとアルスター湖」：『歴史と地理　世界史の研究』山川出版社編（第四五九号）一九九三年一一月
「ドイツ中世都市の東漸過程（上）」：『京都橘女子大学研究紀要』京都橘女子大学研究紀要編集委員会編（第二三号）一九九六年一二月
「ドイツ中世都市の東漸過程（下）」：『京都橘女子大学研究紀要』京都橘女子大学研究紀要編集委員会編（第二四号）一九九七年一二月
「最終講義　ドイツ史研究の五〇年」：『橘史学』京都橘女子大学歴史文化学会編（一三）一九九八年一〇月
「シュヴァーベン戦争について」：『立命館文學』立命館大学人文学会編（第五五八号）一九九九年二月
「バーゼル市における宗教改革の貫徹」：『立命館文學』立命館大学人文学会編（第五六〇号）一九九九年六月
「ハインリヒ獅子公のエルサレム巡礼」：『歴史と地理　世界史の研究』山川出版社編（第五三九号）二〇〇〇年

一一月
「シュトラスブルク市における宗教改革の貫徹とその後の展開」：『立命館文學』立命館大学人文学会編（第五七一号）二〇〇一年九月
「ハプスブルク家の起源とその初期所領」：『立命館文學』立命館大学人文学会編（第五七五号）二〇〇二年七月
「原スイス誓約同盟の成立－ザンクト・ゴットハルト峠の開通を視野に入れて」：『立命館文學』立命館大学人文学会編（第五八〇号）二〇〇三年六月
「中世末期・近世初頭のドイツ鉱山業と領邦国家」：『立命館文學』立命館大学人文学会編（第五八五号）二〇〇四年六月
「スイス八州同盟の成立」：『立命館文學』立命館大学人文学会編（第五九〇号）二〇〇五年七月
「大黒死病とヨーロッパ社会の変動」：『立命館文學』立命館大学人文学会編（第五九五号）二〇〇六年七月
「第二次カッペル戦争前後－スイス宗教改革の転機－」：『立命館文學』立命館大学人文学会編（第六一二号）二〇〇九年六月
「中世ニュルンベルクの国際商業の展開」：『立命館文學』立命館大学人文学会編（第六二〇号）二〇一一年二月
「中世ニュルンベルクの国際商業の展開（続）」：『立命館文學』立命館大学人文学会編（第六二一号）二〇一一年三月

【書　評】
「Raymond L. Lee: American Cochineal in European Commerce 1526–1625」：『西洋史学』日本西洋史学会編（第一二号）一九五二年一月　＊コチニール Cochineal とは中南米のサボテンに寄生するコチニール貝殻虫から

抽出された赤色染料のこと。南ヨーロッパの樒の木に寄生するケルメス貝殻虫から採られた染料と同種。

「戸沢鉄彦教授還暦記念論文集『ブルジョア革命の研究』」：『西洋史学』日本西洋史学会編（第二三号）一九五四年一〇月

「H. Wahlen & E. Jaggi: Der Schweizerische Bauernkrieg 1653 und die seitherige Entwicklung des Bauernstandes」：『西洋史学』日本西洋史学会編（第二八号）一九五六年一月

「M・M・スミーリン著『宗教改革以前のドイツ政治闘争史概説』」：『立命館文學』立命館大学人文学会編（第一四五号）一九五七年六月

「山本幹雄著『アメリカ黒人奴隷制』」：『立命館文學』立命館大学人文学会編（第一四九号）一九五七年一〇月

「ミュラー＝メルテンス著『オットー時代』」：『立命館文學』立命館大学人文学会編（第一五七号）一九五八年四月

「H. Pannach. Das Amt Meissen vom Anfang des 14. bis zur Mitte des 16. Jahrhundert, 1960」：『立命館文學』立命館大学人文学会編（第一八七号）一九六一年一月

「富岡次郎著『イギリス農民一揆の研究』」：『立命館文學』立命館大学人文学会編（第二四二号）一九六五年八月

「鈴木昭一郎著『フランスの歴史と文学』」：『立命館文學』立命館大学人文学会編（第二四八号）一九六六年二月

「諸田実著『ドイツ初期資本主義研究』」：『西洋史学』日本西洋史学会編（第七七号）一九六八年四月

「伊藤栄著『西洋中世都市とギルドの研究』」：『史学雑誌』史学会編　七七（一一）一九六八年一一月

「伊藤栄氏の反論「伊藤栄著『西洋中世都市とギルドの研究』の書評に対する反論、『史学雑誌』七八（三）掲

載にこたう」：『史学雑誌』史学会編　七八（一〇）一九六九年一〇月
「井上泰男著『西欧社会と市民の起源』」：『社会経済史学』社会経済史学会編四二（六）一九七七年三月
「中村賢二郎著『宗教改革と国家』」：『西洋史学』日本西洋史学会編（第一〇五号）一九七七年八月
「フリッツ・レーリヒ著／魚住昌良・小倉欣一共訳『中世ヨーロッパ都市と市民文化』」：『社会経済史学』社会経済史学会編四四（五）一九七九年三月
「ペーター・ブリックレ著／前間良爾・田中真造訳『一五二五年の革命－ドイツ農民戦争の社会構造史的研究』」：『社会経済史学』社会経済史学会編　五五（二）一九八九年四月
「川口博編『伝統と近代－西洋近代史の再検討』」：『史林』史学研究会編七二（五）一九八九年九月
「野崎直治著『ドイツ中世社会史の研究』」：『社会経済史学』社会経済史学会編六二（二）一九九六年七月

【翻訳書】

M・ベンジンク／S・ホイヤー共著『ドイツ農民戦争　一五二四－一五二六年』未来社　一九六九年三月
F・レーリヒ著『中世の世界経済　一つの世界経済の繁栄と終末』未来社　一九六九年一二月
G・シュモラー著『ドイツ中世都市の成立とツンフト闘争』未来社　一九七五年一一月
E・ヴェルナー著『中世の国家と教会　カノッサからウォルムスへ　一〇七七～一一二二』未来社　一九九一年三月
M・モラ／Ph. ヴォルフ共著『ヨーロッパ中世末期の民衆運動　青い爪、ジャック、そしてチオンピ』ミネルヴァ書房　一九九六年三月
R・H・ヒルトン著『中世封建都市　英仏比較論』刀水書房　二〇〇〇年一〇月

C・ヴェロニカ・ウェッジウッド著『ドイツ三十年戦争』刀水書房　二〇〇三年一一月
カール・ヨルダン著『ザクセン大公ハインリヒ獅子公　中世北ドイツの覇者』ミネルヴァ書房　二〇〇四年一月
C・ヴェロニカ・ウェッジウッド著『オラニエ公ウィレム　オランダ独立の父』文理閣　二〇〇八年三月
アンドリュー・ウィートクロフツ著『ハプスブルク家の皇帝たち　帝国の体現者』文理閣　二〇〇九年七月
デレック・マッケイ著『プリンツ・オイゲン・フォン・サヴォア　興隆期ハプスブルク家を支えた男』文理閣　二〇一〇年五月
C・ヴェロニカ・ウェッジウッド著『イギリス・ピューリタン革命　王の戦争』文理閣　二〇一五年二月
ギュンター・プロープスト著「中世におけるハンガリー金の勝利行」:『中近世ドイツ鉱山業と新大陸銀』文理閣　二〇一五年一〇月所収
オイゲン・エーヴィヒ著『カロリング帝国とキリスト教会』文理閣　二〇一七年四月

【共訳書】
中村賢二郎・瀬原義生・倉塚平・田中真造・久米あつみ・森田安一　編訳『原典宗教改革史』ヨルダン社　一九七六年七月　にて　第一章「ルターとドイツ宗教改革」五・六節、第二章「ドイツ農民戦争とトーマス・ミュンツアー」の第I「ドイツ農民戦争」、第II「トーマス・ミュンツアー」六・八・九節
コルト・メクゼーパー／エリザベート・シュラウト共著『ドイツ中世の日常生活：騎士・農民・都市民』瀬原義生監訳、赤阪俊一・佐藤専次共訳　刀水書房　一九九五年六月
アンドレ・ジョリス著『地域からみたヨーロッパ中世　中世ベルギーの都市・商業・心性』瀬原義生監訳　守山記生・河原温・山田雅彦・青山由美子訳　ミネルヴァ書房　二〇〇四年一月

【学術雑誌に掲載された翻訳文】

E・ミュラー・メルテンス著「西欧における封建的発展と封建関係の定義をめぐって・ドイツ民主共和国における封建制成立論争－四－」:『歴史評論』歴史科学協議会編（第三九六号）一九八三年四月　所収

ゲルハルト・ハイツ／ギュンター・フォーグラー共著「一六世紀より一八世紀にいたるヨーロッパ農民運動」:『立命館文學』立命館大学人文学会編（第五一三号）一九八九年一〇月

ヴァルター・ケーラー著「ツヴィングリ、ルターの聖餐論争とマールブルク会談」:『立命館文學』立命館大学人文学会編（第六〇七号）二〇〇八年八月

レオポルト・フォン・ランケ著「一五三〇年のアウクスブルク帝国議会　ドイツ宗教改革の一転機」:『立命館文學』立命館大学人文学会編（第六三三号）二〇一三年一一月

【その他】

「発刊の辞」:『立命館文學・立命館大学文学部創設五十周年記念論集』立命館大学人文学会編（第三八六～三九〇号）一九七七年一〇月

「序」:『立命館文學・和田繁二郎教授退職記念論集』立命館大学人文学会編（第四〇三～四〇五号）一九七九年三月

＊「瀬原義生教授略歴・主要著書・論文目録」:『立命館文學・瀬原義生教授退職記念論集』立命館大学人文学会編（第五三四号）一九九四年三月、国立国会図書館蔵書、瀬原義生の著書中の記述により作成。（寺村銀一郎）

# ドイツ史研究の五〇年

本日は、こういう機会を設けていただいて、大へんありがとうございました。

わたくしが大学を卒業し、大学院に入学したのが一九五一年ですので、今年は四七年目にあたるわけですが、学部時代から数えると五〇年になります。この間のわたくしの歩みをふりかえってみようと思います。

そもそも、わたくしが何故ドイツ史を研究するようになったか、ということですが、これにはいろいろありますが、要するに旧制高校に入るときに、英語が苦手で、ドイツ語を主とするいわゆる文乙に入学したということに始まるでしょう。学部卒業論文は、「フッガー家と鉱山業」というテーマで書きましたが、これは大塚久雄先生の研究の一部について批判を展開しようとしたものです。すなわち、先生の名著『近代欧州経済史序説』という著作のはじめのところに、一六世紀初頭南ドイツ、アウクスブルクの大商人ヤコブ・フッガーについて論じたところがあるのですが、先生はこの人物を「前期的資本」と規定いたしました。つまり、彼は高利貸、商業資本家であっても、真の意味での近代的産業資本家ではなかった、というのでありますが、わたくしはフッガー家の鉱山経営を考察して、フッガー家の中心は鉱山経営にあり、諸侯にさかんに金融を行ったのは、鉱産物をスムーズに輸送するためであった、と論じました。

この考えは、今でもまちがっていないと思っています。なお、ドイツ鉱山業について一言しますと、スウェーデンのファルン銅山を開発したのもドイツ坑夫でしたし、一九世紀半ばアメリカ、カリフォルニアのゴールドラッシュに大いにかかわりをもったのも、ドイツ三月革命に敗れてアメリカに渡航したひとびとでした。地動説を唱えたコペルニクスという人も、父親が鉱山坑夫で、そこからカッパー（銅）、すなわちコペルニクスという名前をとったのでした。若い人が現在背負っているナップザックというのも、じつはドイツの坑夫、ナップが背負っていたものからきているのであります。

一六世紀のドイツ鉱山はきわめて大規模で、かつ技術的にもすぐれたもので、鉱物の年産量は二〇〇万グルデンにもたっしました。その中心をなしたのは銀と銅でありますが、この二つの鉱石は混ざり合って産出するのが普通であって、この両者を分離、精錬することが大問題であります。当時、ドイツの坑夫バルトロメウスというのが、水銀を混ぜて熱すれば分離するというアマルガム法という方法を発見しました。ところで、ヨーロッパで最も水銀を産したのはどこかというと、それはスペインでありました。ヤコブ・フッガーが一五一九年にスペイン国王カルロスに多大な選挙資金を出してドイツ皇帝カール五世にしたのは、じつはスペインの水銀が必要であったからであります。これ以後フッガー家はスペイン王室につぎつぎと融資をし、一七世紀初頭フェリーペ二世のとき、国家破産が宣言されて、フッガー家は融資がこげつき、ついに倒産したのでありました。なお注目すべき点は、スペインが征服地ラテン・アメリカで多くの銀山、とくにペルーのポトシ銀山を開発したとき、その銀精錬に用いた方法はドイツから習ったもので、スペイン本土から水銀をもっていったのであります。こういったことを卒業論文で書いたのでありますが、こうしたことはわが国ではまだ誰もいっておらないようで、いずれ学問的装いをつけて発表したいものだと思っております。

大学院に入りましたとき、まずとりかかったことは、卒論のとき読むことのできなかったアロイス・シュルテの大著『ドイツとイタリア間の商業・交通史』二冊を読むことでした。この上巻だけで七〇〇頁の本を読み通すことは、しんどい仕事でしたが、とにかく一年間かかって読みあげ、そこからヒントを得て書いたのが「皇帝ジギスムントの対ヴェネツィア商業封鎖政策」(1)と題する論文でありました。これは一五世紀初頭皇帝ジギスムントが、オスマン・トルコを支援するヴェネツィアをなんとかトルコから切り離すため、南ドイツ都市の対ヴェネツィア商業を前後一六年間禁止した政策で、これをめぐって南ドイツ商人は大へん苦しみました。とくにヴェネツィアから木綿を輸入して、麻と木綿を混ぜ織りしたバルヘント織物を生産し輸出していたアウクスブルク、ウルムといった町の商人、手工業者にとっては大打撃で、彼らは政策に抵抗するのですが、他方、麻織物輸出を主体とするコンスタンツ、ラーフェンスブルクといった町は、一三世紀後半に開通したスイスのザンクト・ゴットハルト峠を利用して、なんとか輸出を継続しようとしている、そういう実態をのべてみました。

じつは、高校時代に、スイスの作家ゴットフリート・ケラーの小説『緑のハインリヒ』とか『ゼルトヴィーラの人びと』といった小説を愛読いたしましたが、その中にザンクト・ゴットハルト峠のことがしばしば出てくるのです。たとえば、『仔猫シュピーゲル』という作品の中で、劇中劇の形である恋物語が語られているのですが、ヒーローはザンクト・ゴットハルト峠を往来する若い商人、恋人から試しに全財産を要求され、全財産をわたして、彼は峠の中程にある「悪魔の橋」から身を投げるというエピソードがしるされています。わたしは、このケラーの小説からザンクト・ゴットハルト峠の歴史を研究してみたいな、とひそかに思っていたものですから、先ほどのべた論文を書いたしだいです。なお、一〇年まえに、はじめて二〇〇〇メートルのこの峠にのぼることができました。南北ヨーロッパを分かつ分水嶺に立って、なんともいえない壮快感にひたりました。

さて、つぎに立ち向かったテーマはドイツ農民戦争でした。今から半世紀前ドイツ史研究を志した人びとの共通した問題意識は、何故ドイツがナチズムの暴挙へと走ったのか、その基本的原因をさぐろうというものでしたが、わたくしもまたその一端でもあきらかにして、同じ運命をたどった日本の民主化に寄与しようと考えたわけです。

ドイツが近代化、民主化するチャンスは、歴史上、三度ありました。一つは一五二五年のドイツ農民戦争、二つめは一八四八年のドイツ三月革命、三つめは一九一八年のキール軍港水兵の叛乱にはじまるドイツ革命でありましたが、この三度とも民主化は挫折し、ドイツはナチズムの破滅へと突きすすんだのでした。わたくしはその農民戦争の原因、敗北の原因といったものを明らかにしようと考えたわけですが、これについては、すでにフリードリヒ・エンゲルスの名著『ドイツ農民戦争』というのがあり、そこで述べられているエンゲルスの命題が現代の研究水準に照らして肯定できるかどうか、ということが問題になります。エンゲルスは、宗教改革・農民戦争を世界史における最初のブルジョア革命であったと考えているのでありますが、わたくしは中世末期ドイツ農村の経済状態や精神状態を考察して、このエンゲルスの命題が現在でも肯定しうるという結論に到達いたしました。その論文というのが「ドイツ農民戦争における富農層について」(2)という論文で、これは学界では好評をもって迎えられました。まあ、わたくしの出世作といってもいいでしょう。その後わたくしは中世を遡ってドイツ農民の歴史を研究し、一九八八年に『ドイツ中世農民史の研究』(3)という書物にまとめました。

ドイツ農民戦争というのは一五二四年六月南ドイツ、シュテューリンゲン村に勃発し、全ドイツを包みこんだ大農民一揆で、参加農民は四〇万人、殺された者ほぼ十万人に達するという、まさに戦争といえる規模のものでしたが、この一揆が敗北した大きな原因に、当時の市民階級がまったく傍観していたという事実があります。一体何故、市民は農民の蜂起を見殺しにしたのであろうか、そういう疑問におそわれて、わたくしの関心は次に都市の問題に向かっていきました。

おりからわが国においては都市化の現象が大きくすすんでおりました。都市への人口集中、農村の過疎化、そして、マイカーの激増による都市の交通難、ゴミ処理問題など、今日の社会問題が噴出し、それにつれて都市自治体への革新派首長の進出などがあり、これからのわが国の歴史は都市を主要な舞台として展開されるであろうことを考えまして、都市の歴史を追求してみようと思ったわけです。

そのころ、一九六〇年、有名な安保闘争のさ中、ドイツからおくられてきたとある古本屋のカタログに、『シュトラスブルク市古文書』七巻、八冊がのっているのを発見し、註文しました。かなり高価なものでしたが、幸いにも入手できまして、この史料集はわが国ではわたくししか持っておりません。立命館大学のじつに狭い研究室で、しかも真夏、クーラーもない部屋で、汗を流しながらこの史料集を読みまして、これからわたしはシュトラスブルク市の歴史にかんするいくつかの論文を書くことになります。

同じころ、京都大学の史学科閲覧室というところで、だれも読まなくて埃まみれになった『ドイツ史研究叢書』というのをみつけだし、フィッシャーというひとのかいた「シュヴァーベン都市同盟の歴史」という長文の論文を読みました。さらに、このときから再刊されて入手できました『ドイツ中世帝国議会議事録』あるいは『都市年代記』などを用いまして、つづけざまに三つの大きな論文を書きました。すなわち、「シュヴァーベン都市同盟について」(4)「城外市民について」(5)「シュトラスブルク市のツンフト闘争について」(6)という三篇です。

ドイツ中世都市は、大体、一一世紀末から司教座聖堂や大修道院、あるいは封建領主の館のかたわらに集まり、定住するようになった商人、あるいは手工業者たちが、商取引や生活防衛のために相互扶助をめざして誓約を交わして成立した共同体にはじまるのでありますが、初期のころその指導権をにぎったのは、大商人層でありました。彼らは自治組織として市参事会をつくり、その議席を独占します。そしてまた、彼らは都市内の土地を独占所有するようになり、あとから移住してくる市民に高い地代や家賃で貸付けます。市会議員の議席は代々相続されるようになり、なかには派閥をつくって、一般市民に乱暴狼藉を働くものもあらわれます。こうして彼らはしだいに都市貴族、あるいは門閥市民と称されるようになりまして、一般市民の生活にとって邪魔な存在になってしまいました。こうして一般市民、彼らは小商人、あるいは手工業者として同職組合、つまりギルド、あるいはツンフトに組織されておりましたが、その彼らが都市貴族を排除する闘争、いわゆるツンフト闘争を展開することになります。一三三二年におこったシュトラスブルクのツンフト闘争はそのもっとも典型的なものでありますが、わたくしはそれを微細なところまで考察しました。この論文はわたくしの代表作ともいっていいのではないかとおもいます。

　このように民主化をとげた都市へは、周囲の農民が逃げこんできたばかりでなく、小領主などでも市民権をほしがるものが現れてきます。これは、強大な領域国家、ドイツのいわゆる領邦国家の建設をめざしていた大封建領主にとっては、めざわりであるばかりでなく、封建支配を根底からゆるがしかねない動きでありました。そこで、都市と大封建諸侯は武力によって対決するほかはなく、こうして一三八八年大都市戦争というのが起こり、都市は敗れました。このあと、領邦国家の建設はおもうままにすすんでいき、都市の国政への発言権は全く否定されていきます。こうした政治過程をこまかくあとづけたのが、「シュヴァーベン都市同盟について」「城外市民について」の論文の内容であります。

　一九六六年、ドイツへ留学することになりました。かねてから行きたかったドイツでありますので、前期はハイデルベルク大学、後期は東ベルリンのフンボルト大学、つまり昔のベルリン大学で学ぼうとおもいました。ハイデルベルクは、ご存じの方もあろうかとおもいますが、大へん美しい町で、ことに雨の降る夜、ライトで照らしだされた城の情景などは、ぞくっとするような哀愁にみちたものがあります。大学では都市史の権威であるエーリヒ・マシュケ先生のゼミナールや講義に出まして、さまざまなことを学びました。

　後期一〇月末にはベルリンに移りましたが、当時、東ベルリンは社会主義国ドイツ民主共和国の首都であり、日本とは国交がなく、いわば密入国という形で入ることになります。一〇月下旬のうすら寒い日、フランクフルトからベルリン行きの列車に乗りましたが、この汽車は一種の封印列車で、東ドイツ領内に入ると、停車する駅のホームに警備兵が自動小銃をもっておりまして、降りることはできません。七時間かかってベルリンのツォー駅について、やっと降りることが許されるといったもので、大へん不安な思いをいたしました。ツォー駅から高架電車でフリードリヒシュトラーセ駅へいき、そこから東ベルリンに入るのですが、はじめてみるベルリンのウンター・デン・リンデン街は閑散としておりましたが、森鷗外が描いた世界へきた、という思いで胸が一ぱいでした。社会主義下の東ベルリンやそのほかの町のことは、お話ししたいことがたくさんありますが、ここでは先をいそぎます。フンボルト大学では宗教改革の研究、文献蒐集に重点をおくことにいたしました。宗教改革発祥の地であるヴィッテンベルクやライプツィヒ、あるいはマルティン・ルターが聖書のドイツ語訳に従事しましたワルトブルク城、ここはまた、あのワグナーのタンホイザー、歌合戦の舞台でありますが、そのワルトブルク城、あるいはドレスデン、マイセンなどを歩きましたが、一二月の吹雪の中を歩いたために一時健康を害してしまいました。

一九六七年三月帰国しましたが、わたくしのまえには、三つの研究課題がおかれておりました。一つはドイツ農民戦争を中心としてドイツ農民史をまとめること、二つは、ドイツ留学、あるいはその後のヨーロッパ旅行で目覚めさせられたヨーロッパ都市の起源についての全体像を描いてみること、第三は、ツンフト闘争を中心として、ドイツ中世都市の歴史的展開過程についてまとめること、でありました。農民史については、先ほど述べましたように一九八八年にまとめましたが、都市の起源問題はかなり時間をくいました。というのも、いまから三〇年まえごろからヨーロッパの学界でも、起源問題にかんする研究が洪水のようにあふれでまして、そのフォローに追われたからであります。幸いなことに、一九九三年にこれは『ヨーロッパ中世都市の起源』(7)と題して出版することができました。

本学にお世話になったのはその直後でありまして、この五年間は、第三の課題の実現に集中いたしました。ハイデルベルクに留学中、史学科閲覧室で一冊の書物を発見しました。フュルステンヴェルトの『カール五世時代における南ドイツ帝国都市の市政変革』(一八九三)という書物でありますが、本を手にしたとき、頁がまだ切られていませんでした。つまり、七〇年間、だれからも顧みられなかったのでありまして、胸があつくなりました。この書物は、宗教改革の結末である一五五五年、アウクスブルク宗教和議前後のドイツ中世都市の終焉を扱っており、わたくしはこの書物を中心材料として、ドイツ中世都市の最後を見取ってやろうと決心したわけです。この問題を最後の章といたしまして、全体で一四章からなる『ドイツ中世都市の歴史的展開』(8)と題する一書を、最近ようやくまとめることができ、目下、校正に追われており、三月初旬には世に出るはずであります。

あつかましく、わたくしの研究生活をふりかえってお話しいたしましたが、この五年間さまざまお世話になり、感謝のことばもありません。まだまだ研究課題は抱えておりまして、この気分上の忙しさは倒れるまでつづくのではないか、と思いますが、今後ともよろしくお願い申し上げます。

皆さまのご厚情に心から御礼を申しあげまして、終わりにしたいとおもいます。

（一九九八年一月一二日）

（1）『西洋史学』一六号（一九五三年）。のち、拙著『ドイツ中世都市の歴史的展開』（未来社、一九九八年）に収録。
（2）『史林』三七の一（一九五四年）。のち、拙著『ドイツ中世農民史の研究』に収録。
（3）未来社、一九八八年。
（4）『立命館文学』一九六、一九七、一九九号（一九六一年）。のち、拙著『歴史的展開』に収録。
（5）『立命館文学』二〇〇号（一九六二年）。のち『歴史的展開』に収録。
（6）『立命館文学』二二五―六号（一九六四年）。のち『歴史的展開』に収録。
（7）未来社、一九九三年。
（8）未来社、一九九八年。

## 訳者紹介

瀬原義生（せはら・よしお）

1927年　鳥取県米子市に生まれる。
1951年　京都大学文学部史学科西洋史専攻卒業。
1956年　京都大学大学院（旧制）修了。
立命館大学名誉教授、元京都橘女子大学教授、文学博士。
2016年９月25日　永眠

主　著　『ドイツ中世農民史の研究』未来社、1988年。

『ヨーロッパ中世都市の起源』未来社、1993年。

『ドイツ中世都市の歴史的展開』未来社、1998年。

『スイス独立史研究』ミネルヴァ書房、2009年。

『ドイツ中世後期の歴史像』文理閣、2011年。

『ドイツ中世前期の歴史像』文理閣、2012年。

『皇帝カール五世とその時代』文理閣、2013年。

『精説スイス史』文理閣、2015年。

『中・近世ドイツ鉱山業と新大陸銀』文理閣、2016年。

『大黒死病とヨーロッパ社会―中・近世社会史論雑編―』文理閣、2016年。

主訳書　M. ベンジンク／S. ホイヤー『ドイツ農民戦争―1524～26』未来社、1969年。
E. ヴェルナー『中世の国家と教会』未来社、1991年。
M. モラ／Ph. ヴォルフ『ヨーロッパ中世末期の民衆運動』ミネルヴァ書房、1996年。
R. H. ヒルトン『中世封建都市―英仏比較論』刀水書房、2000年。
C. V. ウェッジウッド『ドイツ三十年戦争』刀水書房、2003年。
K. ヨルダン『ザクセン大公ハインリヒ獅子公』ミネルヴァ書房、2004年。
C. V. ウェッジウッド『オラニエ公ウィレム』文理閣、2008年。
アンドリュー・ウィートクロフツ『ハプスブルク家の皇帝たち―帝国の体現者』文理閣、2009年。

デレック・マッケイ『プリンツ・オイゲン・フォン・サヴォア―興隆期ハプスブルク帝国を支えた男』文理閣、2010年。
C. V. ウェッジウッド『イギリス・ピューリタン革命―王の戦争―』文理閣、2015年。

カロリング帝国とキリスト教会

2017年４月25日　第１刷発行

著　者　オイゲン・エーヴィヒ
訳　者　瀬原義生
発行者　黒川美富子
発行所　図書出版　文理閣
京都市下京区七条河原町西南角〒600-8146
電話(075)351-7553　FAX(075)351-7560
http://www.bunrikaku.com

ISBN978-4-89259-802-9